收視率背後的祕密

劉旭峰 著

【推薦序】一位觀點犀利特殊的社會大記者

溫偉群（世新大學口語傳播學系教授）

劉旭峰先生是我過去跑新聞時的同業，我對他的新聞採訪與做人處事都相當尊敬。我很高興看到他的大作《收視率背後的祕密》出版，也很樂意寫幾句話推薦此書。

一九九〇年代的臺灣正面臨政治體制與社會的大轉型，公眾普遍對各類嚴肅新聞充滿關注，記者仍受到社會相當程度的尊敬。我在一九九四年由中國廣播公司的政治線記者，轉任當時新興的TVBS電視臺擔任司法警政記者。面臨媒介與採訪路線的雙重轉換，身處原本就緊張競爭的採訪環境，我的壓力自然不小。所幸我在這一年認識旭峰，至今我對他的協助仍然銘記在心。旭峰當時是臺視新聞部的當紅司法警政記者。在老三臺居優勢的時代，劉旭峰大記者發的新聞，是許多同業每天必看的功課。旭峰是路線上的大牌記者，卻完全沒有大牌的架子，他的新聞觀點經常有他犀利和獨特的切入點，許多記者同業都曾受益於他的提點。與旭峰一起跑新聞的日子裡，我體會到好新聞不僅在於即時取得關鍵訊息，更在於運用冷靜的腦與溫暖的心，才能呈現深入觀點與正向價值。

讀者看《收視率背後的祕密》這本小說，字面上是流暢的文筆與高潮迭起的故事，文字背後充滿畫面感，更有對社會的觀察與人性的省思。看著小說，彷彿當年那個觀察敏銳、說理清楚又有人性關懷的劉旭峰大記者又呈現在我面前了。這也再次提醒我要持續告知學生，社會關懷與人性省思是好記者的必要條件。

祝福旭峰兄，祝福眾多新聞工作者，更祝福我們的社會！

【推薦序】臺灣當代社會的呈堂證供

鴻鴻（知名詩人、劇場工作者）

若要問什麼行業是造就偉大作家的溫床？毫無疑問是記者。辛克萊・劉易士、海明威、歐威爾、馬奎斯僅是幾個大家耳熟能詳的例子。記者遍歷活生生的事件現場，也每天被能不能寫、該不該寫、該怎麼寫……的職業與道德焦慮所考驗。老到的記者必有無數未曾形諸文字的故事。可惜，臺灣作家有這樣的經歷者並不太多。或許由於媒體生態每下愈況，有良知的記者能夠待下去的，實在困難重重。

我在國立藝術學院的同窗劉旭峰，當年是來自屏東的質樸青年。戲劇系畢業後，他就進入傳播界，從平面到電子媒體，從記者、製作人到頻道管理者。他沒有留在劇場，而是穿梭在社會這個更大的劇場中，不論政經影藝、或是黑道白道，都有第一手的觀察體會。三十年的歷練，當他終於願意寫出那些線上新聞無力或不敢觸及的生命樣貌時，無論是法官、立委、明星、老兵、麵包店師傅、彩券行老闆、或是歡場女子，無論是加害人或復仇者，在劉旭峰筆下，無不以他們獨自的際遇、荒謬的存在，成為無可取代的臺灣當代社會的呈堂證供。其間幽默、悲涼、驚怖……一爐共冶的滄桑感，果然是臺灣文壇罕見底蘊深厚的功力之作。

在其中一篇的一個奇異夢境裡，作者藉著軍官的夢境彷彿離題似地寫下：「原來人與佛，都是要工作都是要乞食的。佛陀藉由乞食來施與福德的對象無分貴賤，人世間服務的對象也應該沒有上下尊卑之分。人與佛不管是入城乞食或者賣保險，人與佛都只是為了生存。重點在做事與做人的態度。」這裡其實洩漏了劉旭峰對所有無分貴賤賢愚的一份寬容之心。正是這種胸懷，讓這些故事雖然個個具有「奇譚」色彩，卻都能夠擺脫窺奇觀點，而引起讀者自身深切的共鳴。

看著年輕影劇創作者書寫的蒼白故事，我往往會建議他們一讀吳念真的《這些人，那些事》。而現在，又有旭峰的一本好書可以推薦了。這是一本極具畫面感的小說，希望未來臺灣影視也能出現像這本小說一般，能夠直面社會真相的精彩作品。

目次

來來來，告我呀！

狗仔雜誌，人人看人人罵。
狗仔胡亂報導殃及無辜，
雜誌老闆卻很囂張說：「告我呀！」

可以告雜誌嗎？可以。
告了有用嗎？沒用。
狗仔雜誌 不怕告，
狗仔只怕「非法正義」
不信，客倌們請往下看……

一

週刊接待室裡有三個男人在等待，只有小婉美女一人陪笑臉與他們周旋。

這是個詭異時刻，三名不同來歷的人卻在週刊出刊的同一天在社裡出現。

最早到的是「賤賤哥」，他的嘴角上揚永遠擺出笑臉，誰都認得他是皮笑肉不笑的綜藝節目丑角；第二個進來的人自稱「杜教授」，這名中年男子唇上留著灰白小鬍子，他在大學裡教授新聞兼任媒體公關；第三個進來的平頭男，他名片上註記的是某建設公司的副董事長，有著一雙讓人不寒而慄的銳利眼神，但平頭男要小婉別叫他郭董，而是叫他「副會長」。

對美女小婉來說，這真是個尷尬到不行的時刻。在雜誌社裡，她的工作是接待訪客，沒錯，她現在就陪著三位大叔。老板給她的指令也是：「陪他們瞎耗，拖他們時間。」

「賤賤哥」趿著搶眼的亮黃色休閑鞋不耐煩的房間裡踱步；「杜教授」用誇張的動作「叭叭」大聲翻閱週刊；「副會長」則一邊嚼口香糖，嘴上還叼著沒點燃的香菸在唇邊轉呀轉。

只十分鐘的等待就磨光三個人的耐性。不一會兒，「賤賤哥」踱到小婉面前，揮舞著誇張的手勢像在招呼攝影鏡頭來拍攝，他說：「這還要等多久呀？叫妳們週刊裡能負責的人出來呀！」

說真的，這讓小婉很為難，她只是法務室的助理，負責接待陳情的讀者或抗議的民眾。週刊對外的真正負責人是張社長，但社長不是她隨便就能叫得動的，至少在上班時間不是她能隨便亂叫的。

她早跟社長辦公室回報又有人來抗議了，但社長就是要她敷衍敷衍。美麗的小婉只好甜著笑容，陪三名陳情人繼續等。

「嘟嘟嘟」，桌上的電話機突然響起來，小婉飛快的按下擴音器。一個鏗鏘有力的男聲在電話彼端說：「上來吧，小婉，請調查局的王主任先上來！」

接待室裡的三個人面面相覷，除了藝人賤賤哥稍有知名度，但他們三個人其實彼此並不相識，相互猜疑誰才是專管情報的調查局王主任？

「報告社長，王主任還沒到！」小婉的回答，同時解答了在場三人的疑惑。

「你們《勁》週刊也太臭屁了吧，跟你們抗議還要排隊喲？要不要甘脆改抽號碼牌算了？」賤賤哥在綜藝圈的反應一流，他立刻搶到話機旁酸不溜丟的說：「這裡除了我們三個，還有其它抗議的沒到喲？就算調查局的來抗議，也必須排在我們三個人後面。」賤賤哥抬起眼睛招呼其它兩人，說：「你知道的，樓下有三個人在等。現在……，是你要下來，還是我們上去？」

「呃……」，話機裡的男人明顯有遲疑，他說：「呃，小婉哪，妳再幫忙……」

沒等社長把話講完，三個男人立刻沖著話機大喊：「就是現在，你給我下來！」

二

社長當然沒下來，而是抗議的人按著順序被請上樓。

社長很有原則，凡是小婉打發不了的抗議者，他一律請到辦公室。社長還有一個原則，那就是：「一個，一個來。」方便他個個擊破。

現在，坐在社長辦公室大沙發上的是賤賤哥，他抖著二郎腿，盯著眼前的社長。賤賤哥用充滿挑釁的口吻說：「不錯喔，搞八卦狗仔雜誌的，你打扮的倒是挺有型嘛，要不要上我的節目呀，我可以考慮讓你露露臉喲。」

社長重新把襯衫袖口翻折到略低於手肘的位置。他認為這樣的穿著，才能顯出有精神的模樣，以便應付每週出刊後，必定有人上門抗議的例行公事。

「怎麼樣啊？賤賤。」社長和賤賤哥攀交情裝熟，一副胸有成竹的大氣模樣，「你對我們的報導有怎樣的意見？」

「什麼怎樣的意見？」賤賤哥停止了抖腿，身體一弓，趨上前就給下馬威說：「你是社長吧，我們很熟嗎？你叫我賤賤。你為什麼不給我你的名片，難不成你當個《勁》週刊的負責人是覺得很丟臉，還是見不得人，是不是呀？」

社長笑笑的從辦公桌上拿起名片，「抱歉，抱歉，我以為你認得我咧。不過，我倒是經常在電視上看到你。」

「你太高估自己了吧。」賤賤哥不改綜藝主持人的尖酸刻薄，像似在幫觀眾尋找吸睛亮點，繼續挑剔社長的毛病。賤賤說：「我在電視上是討飯吃，不得已才拋頭露面，被你們認出來是應該的。那像你，躲在週刊後面隨便亂罵人，鬼才認得你咧。」

「呵呵呵！我們小人物，小人物，不像賤賤你有頭有臉。」社長用自我貶抑試圖化解尷尬，遞過名片的同時自嘲說，「小姓張，請賤賤兄你多指教。」

接過名片，賤賤看完大笑：「張——瑜！你叫張瑜！」然後誇張的大喊：「我還卡通影片『章魚哥』咧，難怪你辦的週刊這麼滑溜，黏糊糊的髒死了，臭張瑜（章魚）甩都甩不掉。」

「老哏了，賤賤。現在還拿名字跟我開玩笑，我早就免疫了。換個詞兒吧，太老哏了，既沒觀眾也沒收視率。」張瑜社長往沙發一靠，等著接受挑戰。

賤賤也沒在客氣，把當期《勁》週刊甩到茶几上。那是第二本娛樂版的封面，標題上寫著：

賤賤哥又犯賤．帶女藝人度春宵

小標題則是：

午夜三點被抓姦．美女主持人小乖淪鐘點女郎

「這個……，你怎麼解釋？」賤賤哥指著週刊問。

「我不需要解釋，週刊裡，我的記者已經寫的很清楚了。」社長還不忘調侃說：「賤賤哪，我還得感謝你，因為有你偷腥女藝人的這篇報導當娛樂版封面，這期我們多賣了八千本。」

「你們哪裡是報導新聞，根本在瞎編故事。」賤賤哥認真起來，眼睛外凸的模樣有點嚇人，「你們拍照片的那天，我的節目正在沒日沒夜的趕錄存檔。大家錄影錄到清晨三點，眼睛都睜不開了，才到電視臺附近的Motel休息一下，隔天中午還要連棚接著錄影咧。我們都是為了工作，怎麼就被你們寫成是我帶女藝人度春宵咧，我有哪麼賤嗎？」

「我的記者跟我回報，他說有查證哪，而且查證的對象還不只一人，都指證你有帶小乖美女進旅館。」社長氣定神閑的應付。

「小乖是我的助理主持人……」賤賤哥氣急敗壞的說：「當天去Motel的有七、八個人，怎麼就是我跟小乖『度春宵』咧？你有拍到我們嘿咻的影片嗎？」

「啊！」社長故作驚訝說：「喔，你們是七、八個人去開房間哪？原來我們記者還漏寫了你們

是去開『轟趴』呀？」

「下流，虧你還說的出口。你們搞媒體的也算是文化人吧。但是你們週刊不但沒文化，根本就是文化流氓。」賤賤哥怒氣沖沖的問：「你剛才說你有證人，你們究竟跟誰查證了？」

「記者有保護消息來源的義務！」社長搬出媒體界顛撲不破的鐵律，抬起下巴說：「我們有新聞採訪的自由！」

是的，《勁》週刊十五年前從國外殺進臺灣，在「新聞自由」這頂大帽子的庇蔭下，幹的卻盡是挖人隱私、漠視倫理、憎惡富人、作賤藝人、醜化政客、造謠生事等等陰暗見不得光的腥羶色報導。也許有些讀者的人性和《勁》週刊的本質一樣邪惡，愈是扒糞、挑撥、羶色甚至造謠瞎掰的內容，愈能吸引這些讀者的目光。尤其是名人、明星的八卦，在讀者窺伺慾望的衝動下更增添了買氣。這股窺伺的蠢動經過多年不正常的擾動，造就了這本八卦週刊市場上龐大的銷售量。雖然買它的讀者不見得相信它的胡亂報導，但週刊傷及的無辜已然不計其數。而且在商業的邏輯裡，《勁》週刊愈是賣得嚇嚇叫，週刊負責人就愈是敢驕矜自大，自以為是媒體圈裡的老大，講話的聲音很洪亮。

「我們是社會的眼睛，我們是社會的良心，我們有採訪的自由。因為，我們代表了社會正義。」社長起乩似的胡言亂語。

「去你的社會正義，那你能還給我清白和正義嗎？」賤賤哥怒飆：「我跟我的助理小乖絕對乾淨淨，我們一群工作人員除了去休息，其它什麼都沒做！」

社長則是一副愛理不理的死樣子，賤賤哥性子一起，氣急攻心立刻開罵：「你們根本就是胡亂造謠，黑白寫！」

「告我呀！」社長一副歡迎來告的囂張模樣，還笑說：「臺灣不是法治社會嗎。不爽，你可以告我呀！」

「我就是要告你！」賤賤哥收拾起嘻皮笑臉，嚴肅的警告他。

三

社長突然間僵住了。背對大門的賤賤哥以為社長是被自己的警告給唬住。但不是。是杜教授門都沒敲就直接闖進來，是他的突然闖入讓社長嚇了一跳。

「我就是要告你！」杜教授闖進來對社長大吼。

「我就是要告你！」這六個字，巧合的和賤賤的警告語重疊，加大了威嚇的氣勢。

小婉跟在教授後面拉扯他的西裝，一邊輕聲叫喚：「教授，教授……」一邊向社長點頭道歉。

社長嚇了一跳站起身來，下驅逐令說：「你是杜教授吧，我這裡還沒談完咧。請你放尊重一點，也尊重這位賤賤兄的隱私，請你在樓下再等一會兒，等我們談完，你再進來。」

「賤賤是這一期報導的錯誤，我的是上一期的錯誤，上一期的錯誤都還沒給我解決咧……，你是不是應該先給我道歉呀。」杜教授把上期的《勁》週刊丟到茶几上，忿忿的說：「我上禮拜來抗議，你就說要給我澄清，要給我們學校一個平衡報導。但是這一期的週刊都出刊了，你們什麼也沒做。你要我等到什麼時候？你必須還給我、還有給我們學校清白，你必須給我一個說法。」杜教授不待招呼，自己一屁股就坐上沙發。

賤賤哥看到氣急敗壞的教授坐在身旁，他並不排斥，反而心想，有個幫手幫忙吵架也挺好，於是，他又恢復搞笑本色嘻皮笑臉的說：「我不介意公開隱私。自從《勁》週刊進來臺灣以後，我們藝人早就沒有隱私了，歡迎大教授一起來旁聽。」賤賤哥兩手一攤表現出戲劇性的無奈表情，「倒是教授你，你們這種『高、大、上』的職業又是怎樣被他們給糟塌亂寫的呢？」

杜教授攤開桌上的上一期週刊，封面斗大的標題寫著：

國家文學獎大作家野店喝花酒，大學教授三七仔牽猴

小標題則是：

熊抱濕吻摟肩．教授深夜鹹濕偷吃奶妹

「教授你也會牽猴子喔？」賤賤看了看封面標題，故意講的戲謔。不過，看見杜教授苦著一張臉，立刻識相的閃到一旁看好戲。

「張社長，你上禮拜不是說要給我一個合理的解釋嗎？」杜教授用字正腔圓的普通話問：「我們等了一個禮拜，為什麼還沒有澄清？」

「這篇報導是有點誤會，我們還在查，還在查嘛。」社長使出拖延戰術。

「我不是說過，國家文學獎大作家到我校來演講，我們安排他晚宴、住宿，怎麼會被你們寫的這麼不堪？」杜教授指著週刊說：「人家大作家罹患胃潰瘍多年，已經很久沒喝酒了，哪裡會像你們雜誌寫的什麼『到野店喝花酒』？他兩天一夜的行程，女朋友從頭到尾陪著。哪裡有機會，又怎麼可能去接觸到其它女性？」更讓杜教授忿恨難消的是：「你們居然還把我也扯進來，根本是胡說瞎扯，要不是這次你們亂寫牽連到我，我連什麼叫『三七仔』、什麼叫『牽猴』都不知道。我今天

來，是再次要求你們，要給我同樣的篇幅做平衡報導和澄清。」

「在處理，已經在處理中了啦……」社長明顯在敷衍。他雖然自知理虧，但沒忘記身為大媒體負責人的金貴姿態，趾高氣昂的展開反擊：「不過，我們也是有採訪到爆料證人喲，整個採訪過程都有錄音記錄。我們會再進一步求證，如果、萬一、假設我們有錯誤，以後會更正的啦。」

「明擺的錯誤就在眼前，你們究竟要拖延到什麼時候？」杜教授鬆開領帶，帶著挑戰的語氣說：「這對我校和我個人的名譽傷害非常非常大，你們不但涉及刑事上的誹謗罪，又影響到我校招收新生，影響到我校生存，這恐怕還涉及民事賠償，我校已經請律師準備跟你們求償。」

杜教授果然是文化人，發洩情緒的同時，還能把《勁》週刊亂寫涉及的刑事、民事賠償都扯進來，這讓一旁只會耍嘴皮子的賤賤哥刮目相看。

「撰稿記者說，他有查證哪，我們有盡查證的義務呀！」也許覺得教授是讀書人是白道好欺負，社長對教授的態度不改一貫的強硬，他說：「你是老師吧？你應該知道的，新聞嘛，只要『可受公評之事』都可以報導和評論嘛。」

社長不是省油的燈，他很清楚，在「新聞自由」的大傘保護下，即使報導的內容沒憑沒據，但只要硬把它扯到公共利益，扯到「可受公評之事」，也就是公眾可以評論的事情上。然後，再硬掰、硬拗說他們有經過採訪、查證，只是為了保護消息來源無法公開。這種沒邏輯的瞎扯，稍微有點常識的人都能識破。但可笑的臺灣，在「新聞自由」的大帽子底下，只講證據卻毫無正義感的法官通常只會從寬認定。媒體即使胡亂報導瞎寫瞎說，通常也只是輕判甚至判決無罪，造謠的媒體就可以輕易脫罪。

「就算是『可受公評之事』，也不能胡亂瞎寫呀。」杜教授拿出他在課堂上的理論高聲說：

「新聞自由若用來揭發社會黑暗、捍衛公共利益，就算偶爾侵犯一點點個人隱私，我想全社會是可以諒解的。但你們《勁》週刊從來只報導私密的假新聞，以誇大聳動、傷風敗俗的手法揭人隱私，甚至捕風捉影做錯誤報導。這次你們亂寫我們學校的事，它從來就沒發生過。這根本不涉及社會公益，沒什麼可受公評，你們根本就違背了媒體的社會責任。」

「教授，你若要上課，回你的學校去，我懂得不會比你少。」社長端出媒體負責人的高姿態不客氣的說：「我對我們的消息來源有信心，我們有採訪到飯店裡的人。」

「飯店裡的誰？飯店那麼多人。」杜教授反擊：「是誰？請他出來對質呀！」

「記者有保護消息來源的義務！」社長又搬出媒體永世不敗的護身符。

杜教授不滿的說：「你根本在狡辯！」

「不爽，那你告我呀！」社長一副有恃無恐的痞樣，「我公司不分案情大小，只要有人提告，一律由公司聘請的律師團幫忙打官司。」他坐進深深的辦公沙發裡蹺起二郎腿，然後一臉自信的說：「我公司是最挺記者的，我們不會讓記者挨告而不聞不問。就像在戰場上，我們不會讓記者孤軍奮戰，我們有專門的律師團幫記者打官司。我不會讓記者獨自上法庭受審，這是我公司給記者們最好的擋箭牌。只要報導的內容有爭議，我公司委任的十八名律師會輪番上陣衝鋒法庭，揮舞正義的利刃幫我的記者披荊斬棘。」

社長輕蔑的看著杜教授，問他：「我公司聘有十八名專業律師，你們學校打算請幾個律師呀？」

「十八個律師？你們要到法院打群架嗎？你們是暴力集團，根本是媒體暴力集團！」杜教授吹起唇上的灰白鬍子怒罵：「你們是文化流氓，噢，不，不止咧。你們根本就是媒體的流氓幫派。」

「不爽，告我呀！」社長又擺出一副痞子模樣，挑釁的說：「你去找律師，看能找幾個來？我等著，你可以告我呀！」

杜教授擺起臉孔，鄭重的說：「我就是要告你！」

張瑜社長正想說：「歡迎！」，卻突然又僵住了動作。

四

這一次，他是被副會長大剌剌的摔門聲給嚇著。陳情抗議排在第三順位的副會長也是不耐久候，他不甩跟在後頭苦苦相勸的美女小婉，也是直接殺進辦公室。

「我就是要告你！」副會長講這六個字的聲音，再次和杜教授要提告的警語巧妙重疊。

只不過，張瑜社長似乎不怕挨告，他用命令的口吻對副會長說：「請你離開！你挑的時間太爛了！等他們兩位的事情先解決，你再上來。」

「太爛？」副會長對這兩個字特別敏感，他不客氣的把嘴上沒點燃的香菸吐在地毯上。走到社長辦公桌前，吐出嘴裡咀嚼到泛白無味的口香糖，惡狠狠的把口膠黏上電話機。

「太爛？你給我講清楚，你是嫌我進來的時間不對，還是你對我個人有意見？」副會長斜睨了沙發上的另兩名陳情者，繼續沖著張瑜社長說：「對賤賤哥這樣的藝界大哥你有時間；對大學教授你也有時間。對我這種在江湖走跳的人，你卻要我離開？你把我當成什麼了？」

社長一改剛剛對杜教授的輕佻，現下慎重著急的說：「不是啦，兄弟……」

「兄弟不是你叫的！」副會長的西裝鈕扣全都沒扣，挺胸凸腹的兄弟霸氣讓社長不寒而慄。

「我是說，事情的處理有先後順序嘛。」張瑜社長面對比自己更囂張的人，一時氣短顯露出圓滑。張瑜解釋說：「請你到樓下稍等，讓我先處理完他們兩個的事情，好不好？」社長求助似的對另外兩人說：「教授、賤賤哥，你們說是不是呀？」

沙發上的教授和賤賤互看一眼，賤賤立刻咧嘴大笑：「沒關係，沒關係的，我們都是來討公道的嘛，三個人一起談，我是沒問題的。」

「我們的目標一致，我也不介意。」杜教授也表達出善意。

「你看看這本垃圾雜誌……」，副會長把《勁》週刊隨手一拋，直接丟到社長身上。然後他順勢坐下椅子，面對面直接沖著張瑜社長，他翹起單邊的唇角惡狠狠說：「是你們那一個小弟敢這樣亂寫，你們是要離間我們的業務，挑撥我們『公司』嗎？」副會長特別把重音放在「公司」兩字上。

這幾年，臺灣社會強調法治化，雖然法治和正義不能完全劃上等號，但法治確實讓黑社會幫派收斂不少。副會長所屬的「虎神幫」為了避開情治單位找麻煩，早已經改頭換面，對外一律不叫幫派，而改稱公司。

賤賤撿起副會長丟出來的週刊，喜孜孜的唸著上面的標題：

虎神幫新舊勢力喬不攏，爭食地方利益殺到見骨

小標題是：

新勢力被逼近絕路．虎神幫新仇舊恨大揭祕

賤賤對著副會長傻笑，說：「哎喲，會長，我們是同梯的喲……」賤賤隔著杜教授想跟副會長攀交情，「我們被他們『唬爛』的事情是登在同一期的喲，那我們就算是同一梯的。我們是《勁》週刊同一梯的受害者，那我們可以組一個『勁週刊受害者聯盟』來復仇囉，像電影一樣，運用闇黑勢力來主持正義。啊，你是登在第一本，我是登在第二本。那這樣好了，我應該叫你學長囉？」

賤賤不改綜藝諧星本色，沖著副會長連喊了兩聲：「學長好！」

但是在這樣氣氛凝重的談判時刻，現場沒人笑的出來，更沒有人附和。賤賤只得摸摸鼻子，自討沒趣的繼續坐著。

「說，你們雜誌是受誰的指使？」副會長不囉嗦直接挑明來意：「我們萬華和基隆兩個『分公司』只不過是想自立門戶……。才剛剛踏出一步，你們就說我們的勢力走近絕路。你是在唱衰我們嗎？說我們無路可走了嗎？你們到底是什麼意思？」

「我們記者也是接獲線索才寫的？」社長委曲的說。

「那也該問問我們的意見再寫呀。」副會長不死心的追問：「你說，是那個『爪耙子』跟你們胡亂講的？」

「我們記者已經盡力了，已經盡力查證了。」社長委婉的說：「這款社會事，是可受社會公評的……」

但他的話音沒落，賤賤搶著插話：「章魚哥，你是不是又要說『可受公評之事』呀。」賤賤挑剔的說：「你就不能換個新鮮詞兒嗎？這招你剛剛已經用過了。」賤賤向教授擠了擠眼睛說：「怎麼樣，教授，我學的很快吧。」

教授點頭微笑，一副「孺子可教」的神態，對賤賤讚賞有加。

「快說，是誰叫你們記者放話的？」副會長拉長了身體趨向前，給社長壓力。

「我們有保護消息來源的義務。」社長覥著臉說。

「你這臺詞也太熟悉了吧，呵呵呵……」賤賤哥酸不溜丟的嘲諷社長，他和教授兩人不由得會心一笑。

「告我呀，那你可以告我呀，我們公司有律師可以陪你們上法院。」社長使出最後的絕招。

「別上他的當！」杜教授搶前一步說話：「告你？就算我們三個都告你有什麼用？法院對你們媒體都是輕判的，我查過你們《勁》週刊的有罪判決至少超過三〇件。但法官不是判你們易科罰金就是登報道歉，對你們這種財大氣粗的外資企業根本不痛不癢。臺灣的司法只講求證據，不講求正義。像你們這種無良媒體就應該比照一般刑事罪犯，只要有三次以上的前科記錄，就不准再易科罰金交保，直接發監執行去監獄裡蹲。讓監獄裡的大哥們執行非法正義，在牢裡好好教訓你們，看你們以後還敢不敢亂寫。」

副會長沒阻攔教授和賤賤的插話，他只狠狠盯著社長，跟社長對話：

「我只想知道，是『公司』裡的誰，誰透過你們雜誌亂放話？」

「我雜誌不是你們幫派份子的放話工具。」

「你做的就是放話的齷齪勾當。」

「你可以告我呀！」

「究竟是誰？」

眼看場面僵住了，社長拿起還黏著口香糖的桌機想叫警衛，卻被副會長一把按住話機。同時間，賤賤和教授也站起身來，慢慢逼近而且包抄社長。

「告我呀！你們告我呀。」社長話說得很衝，但語氣卻像在求饒。

「我不告你。」副會長銳利的眼神刺向社長，「我只要你給我一個名字。」

四個人，八隻眼睛，辦公室的氣氛瞬間急凍。

五

「你們別亂來呀……。」社長驚惶的跟三個人說。

「你們三個別亂來！」，更宏亮的警告語傳了進來。

大門應聲推開，小婉帶著兩名調查局幹員衝進辦公室。其中一名年輕幹員用手摀住外套蓋住的腰間，一副要拔出配槍的戒備模樣。

「王主任！王主任！」張瑜社長一見到調查局主任就像盼到久違的救星，大聲喊著說：「王主任，你終於來啦。」

社長七拐八拐輕巧的掙脫三名抗議者，直接躲到王主任的身後。

「喲，調查局的王主任嗎？你是今天第四位抗議者嗎？那不好意思，你要排隊喲，排我們三個後面。」賤賤嘻嘻哈哈的想打圓場，但沒人理他。

眼前的態勢是：社長站在王主任和小婉的身邊不講話，身邊的年輕幹員則像個保鑣小弟，警戒的眼神直盯著前方的三名抗議者。在這種氣氛下，任誰都感覺的出來，社長和調查局是同一國的。至於賤賤、杜教授和副會長只是鬆散的臨時同盟，情況對三名抗議者極為不利。

「好囉，好囉，那今天就到此為止囉。張瑜社長，嘿嘿，章魚哥……，我相信章魚哥會還給我們一個公道的。」賤賤把張瑜聯想到滑溜的章魚，忍不住又呵呵的笑了出來，賤賤對社長說：

「你會給我們澄清的平衡報導，是不是呀？」

社長有情治人員撐腰，自信心好像也活過來了，張瑜拍拍胸脯說：「你們的抗議我都有收到，我保證盡我最大的努力給各位一個交代。後續的進度，我的助理小婉會跟進，她會跟大家聯絡。」

小婉一聽自己被點名，紅著一張臉點頭稱是。

雖然沒有人相信滑溜的張瑜所做的承諾。但是該表達的都表達了，再加上又有調查局的人在，一時間，三個人都失去繼續抗爭的鬥志。

賤賤率先說：「那我先走囉，還要趕去電視臺錄影。」他眼光掃向教授和副會長，問說：「你們兩位走不走？」

三個人交換了眼神，心裡想的其實是同一個答案：「不走，又能怎樣？」

「走囉！」副會長吆喝一聲，但自己閃到一邊，謙虛的讓賤賤和教授先行。

三個人按照早前進辦公室的順序，由賤賤帶頭、教授居次、副會長墊後，依序走出門口。但是副會長經過社長身邊的時候，不知是有心還是無意，副會長突然用肩膀頂了社長的肩膀。

「小心點！」社長緊張的跳開，調查局王主任則立刻趨前隔開兩人。

副會長拍拍自己的肩頭，然後對張瑜社長小小聲說：「是呀，夜路走多了會碰到鬼，大家都小心點！」然後快步離開跟上賤賤他們的腳步。

在小婉的恭送下，三個人搭電梯下樓離開。

六

社長的手心沁滿了汗水。當文化流氓碰上了真正的江湖兄弟，還真是讓他有點招架不住，他連連抽出面紙擦拭手心和額頭上的汗珠。

「怎麼了，秀才遇到兵？」王主任一屁股坐下沙發。

社長重視外表形象，重新捋了捋鬆掉的襯衫袖口，「是呀，有理說不清。」

「需要幫忙，就說一聲！」王主任說的輕鬆但簡潔有力。

「小事一樁！小事一樁！」社長也坐下，坐在自己社長的大椅子上，大大鬆了一口氣。做為大媒體的負責人，面對政府白道派來的小小官員，他又重新拾回大社長的自信，他說：「雜誌每次出刊都會有人來抗議的啦，只是這次不小心惹到黑道兄弟，麻煩了點。待會兒開編輯會議我一定要好好教訓那些傻記者，叫他們今後少給我惹黑道。我們雜誌要的是吸睛的八卦，多報導你們白道或演藝圈的是是非非，這些攤在陽光下的白痴，愛怎麼修理就可以怎麼修理。就算來找麻煩，我也不怕，最多叫律師上法院，反正大律師我們有的是。」

「是呀，就盼望你們雜誌社主持正義。」王主任話說的言不由衷。

王主任左顧右盼確定四週沒有其它閒人之後，他鄭重的咳嗽一聲，站在一旁的年輕幹員立刻有所警覺，他連忙欠身退出辦公室。離開前，小幹員還不忘把房門輕輕帶上，然後站到門口警戒。

辦公室裡只有兩個人，有祕密，現在可以交易。

主任從貼身口袋裡取出一個ＵＳＢ隨身碟，慎重的遞給社長。

社長歡喜的說：「我一整天都在等你，這次又是什麼好料？」接著打開筆電插進ＵＳＢ。

「這次的內容，嗯，要看怎麼寫，應該會引發政壇的大波瀾。」王主任情治人員幹久了，說話習慣點到為止。

社長盯著螢幕裡的資料痴痴傻笑，「哈哈哈，這頭驢蛋完蛋了！驢蛋部長現在的聲望很高呀，不是傳聞他有可能更上層樓嗎？大家都在傳，有風聲說，他有可能接掌內閣，不是嗎？」

主任簡短的答說：「但，上面的……，不喜歡他。」

「喔！所以要醜化他囉？」社長習慣性的保持懷疑：「我們媒體就是要監督政府、要維護社會的公平正義。所以呀，我不管你們上面的怎麼鬥，愛怎麼鬥就怎麼鬥。但是，嘿嘿嘿，我只要我們下一期的封面有爆炸性的故事就足夠。」

張瑜社長不愧是老媒體人，他一邊看螢幕上的資料一邊連參考標題都下好了，他說：「主任哪，封面故事的標題我有想法了，就叫：『高人氣部長破功．二十項投資淨賠納稅人百億．虧損清單大曝光』。我把這頭驢蛋部長幹的賠錢蠢事列一張表給他放榜，告訴納稅人，咱們驢蛋部長專門浪費公帑來給自己炒人氣。我的雜誌一登，其它媒體一定跟進，驢蛋部長的人氣肯定就跌落谷底。你看，這個新聞切入點怎麼樣？」

王主任抿抿嘴、舔舔唇只是微笑，他不動聲色也不表示意見。

經歷過政權更迭的王主任心裡清楚的很，媒體自詡「為民喉舌」、「監督政府施政」，所以需要「百分之百的新聞自由」，但這些口號只不過是掩飾媒體瞎亂報導的遮羞布。為了所謂的新聞自由，媒體通常更需要檢調人員的配合和司法單位的保護。就像人權團體永遠把「人權」當作行惡陋行的藉口；在野政黨也永遠拿「民主」、「自由」當作奪權鬥爭的擋箭牌。

一直代表政府和媒體打交道的王主任始終搞不懂，為什麼媒體要叫做「永遠的反對黨」呢？難道反對黨就一定代表正義，反對就一定有理嗎？反對黨可以不管政府做對做錯，都要永遠反對政府嗎？媒體難道就沒有自己的是非，媒體就沒有自己的判斷能力？政府做的對或者不對，不是應該由是非來作最後的裁決？而不是任由自詡為「永遠反對黨」的媒體老板、社長、總監、總編輯或名嘴來決定吧？王主任看過太多所謂的媒體人有自己個人的政黨色彩、主觀偏見和利益考量。他也見過太多媒體人根本就缺乏足夠的智慧和能力來分辨對錯與是非。

「呵呵呵……」王主任心裡其實在竊笑，他高度懷疑眼前這個劣跡斑斑的張瑜社長，能夠從他提供的片段資訊就斷定出它的真偽或是非？

「哎，張瑜根本是痴人說夢。」王主任其實也有說不出的感慨和無力，但為了餬口的鐵飯碗，也只能勉強自己繼續利用媒體和媒體負責人打交道，以執行老闆交付的命令。

王主任最近讀佛經才體悟出，在政壇打滾愈久，對真假善惡的疑惑會愈深。王主任心中的「無明」沒有一定的答案，但他期待能夠能達到《心經》裡「無無明、亦無無明盡」的境界。只不過，此刻的臺灣很無明，無明的當下，根本無解。

對現況無解的王主任搖搖頭，試圖清醒一下腦袋。他問了盯著電腦傻看的社長一句：「社長，看完了嗎？」

「看完了，該記的，我全都記下來了！」社長熟練的關掉資料，把ＵＳＢ抽出來還給主任，然後說：「老樣子，我只需要一個線頭，其它後續的，我的記者會循著這個線頭去追查。放心，我們會保護消息來源的，而且這關乎公眾利益，可受公評，就算上法院我也不怕，我們媒體就是不怕告。」

「不過，我只管我的雜誌大賣。」張瑜雙手抱胸一副自我防衛的態度說：「你們大老板要驢蛋部長下臺的目的，這我不能保證喔。」

「你不必有壓力。」王主任拍拍社長的肩膀，諒解似的說：「還有電視名嘴可以利用嘛，大家分工合作。」

「當然！還有名嘴，不過名嘴只會抄，而且只抄我們家雜誌的內容。」講到名嘴，張瑜社長驕傲的尾巴都快要翹上了天。他很清楚，只要是他《勁》週刊報導的內容，出刊的當天甚至接下來的好幾天，電視臺的談話性節目就會跟進抄襲。而電視評論員，當然，更多人醜化他們叫電視名嘴，就會加油添醋，照著週刊的內容複誦甚至表演一遍。

其實，張瑜社長也不是傻子，他知道，不管有沒有改朝換代，政黨與政黨之間永遠是對立的，政府裡人謀不臧的糞坑也永遠臭不可聞。現實中，政府或不同政黨之間還會以有形、無形或者各種變形的利益來「豢養」對各自友好的特定名嘴。大家都浸泡在同一個大染缸裡，各自牟取各自的利益。

不過，這些對政治的感慨都跟張瑜無關，張瑜只在乎自身的利益，他只在乎誰能餵給他黑資料，這些資料最好夠內幕、夠八卦、能夠吸引最多讀者的八卦就是最好的八卦。他《勁》週刊才不管今天誰當家，他要的只是主導輿論市場。因為，單單是雜誌和網路的廣告收益就足以讓他吃八輩子。所以，比起麻煩的黑道，今後，他會要求記者更多報導一些白道和藝人。黑道，還是少碰為妙。

「所以，你沒問題吧？」王主任關切的問。

「驢蛋部長嗎？」張瑜社長胸有成竹的說：「一定讓他倒臺！」

「我是說……」王主任摸著下巴思索，「我是說，剛才虎神幫的副會長。」

張瑜先是愣了一下，接下來卻很阿莎力的說：「沒問題！小角色一枚。待會兒我就叫我們社會中心主任去跟他們老大喬一喬。」張瑜社長自信的說：「太小看我了，我們是影響力第一名的《勁》週刊耶，全臺灣都得聽我的，我還怕一個黑社會的小混混嗎？」

「那就好！」王主任也不想節外生枝。他帶著年輕幹員很快告辭離開。

七

張瑜送走了主任，放鬆的喘了一口大氣。他正準備拿起話筒，卻看到副會長黏在話機上噁心的口香糖膠。不過，他很快擱下了噁心，因為此刻的社長色急攻心，他喜孜孜的撥打分機。

電話一通，他小小聲的說：「小婉，該下班了。」

話筒那端傳來小婉嬌滴滴的聲音說：「喔，好的。」

張瑜色眯眯的對著話筒講：「去妳家喲！」

小婉還是說：「喔，好的。」

八

夜色裡，遠遠就能看見張瑜社長的黑色大賓士從大樓地下車庫駛出，車子習慣性的先右轉再左轉，接著開往郊區的道路。

夜色已暗，夜已深沉，路上人車漸漸稀少。張瑜社長左手握著方向盤，右手在小婉的左大腿上左右游移、探索。

「今晚住妳家喲。」社長溫柔的對小婉說。

「你沒關係吧？」小婉紅著臉，只是在暗夜的車廂裡面看不見。

「我說了算！」社長堅定的說。其實張瑜有自己的家，那個家裡也有女主人。但張瑜卻和一些事業有成的中年男子一樣，總是貪戀著「配偶欄外的配偶」，浪漫的稱謂叫做「工作配偶」，但其實就是貪戀年輕的女祕書。他的上半身以及一天的前半截賣給了雜誌事業，他的下半身和一天的後半段則留給了祕戀情人。他們工作在一起，吃飯在一起，晚上更要在一起。張瑜黏著小婉，他要全天候掌握身旁這個美女的青春。

只不過，這段出軌的戀情，他的雜誌不會報導。其它素行不良的雜誌負責人也彼此心照不宣，八卦雜誌都會替媒體的老板們相互掩飾，一般讀者並不知情，最多只能透過街談巷議霧裡看花。

大賓士經過一家藥妝店。張瑜社長停好車，他側過身體親吻小婉的臉頰，臨下車前，他說：「我去買幾樣東西……，很快就回來。」

小婉呵呵很理解的輕輕笑著，臉上又出現張瑜最愛的暈紅。

小婉在車上等待，痴痴的看著她的男人走進藥妝店。但她卻很快發現，有三名身著黑衣、反戴運動帽來遮頭遮臉的年輕男生也走近店門，守在門口。

當她的男人買完東西走出店門口時，很快就被三個黑衣男子圍住。

「張瑜嗎？」領頭的黑衣男問：「你是張社長嗎？」

「我是！什麼事？」社長揮舞著手上的塑膠袋像趕蒼蠅似微弱抵抗。

「為什麼亂寫？你憑什麼亂寫？」黑衣男質問的同時，三人的包圍圈已愈圍愈密。

「告我呀！」社長假裝強悍的說：「不爽，告我呀！幹嘛這樣……」

「法院是你家開的！告你有什麼用……」黑衣男推他一把。

另一名扁帽男則吼他：「告你有屁用，扁你才是真的！」

罵聲甫落，三名黑衣男圍毆張瑜。只會耍嘴皮子的張瑜耐不了兩拳，很快就裝孬倒在地上討饒，但黑衣人並沒有住手，不但一腳踩爛了他的眼鏡，還在他的身上狂踢了四、五腳。

小婉目睹這一切，她怯懦的下車。她掙扎的腳底板拖拖拉拉的還沒挪移到打人現場，一輛閃著刺眼遠光燈的黑色轎車就已經駛近過來。

打人的三個黑衣人悶聲不響，像受過訓練的特勤行刑隊，只幾秒鐘時間，三人魚貫鑽進蒙住車牌的黑色轎車裡，扁人三人組迅速撤離現場。

九

小婉和藥妝店的夜班店員，驚慌失措的扶起眼鏡碎了一地的社長。視線花花一片的張瑜，模糊的看見他剛買的威而鋼藍色小藥丸和保險套灑落一地。

張瑜感覺脖子上滑滑膩膩、有種冰涼的感覺。他反手一摸，是後頸流血了。

藥妝店員驚呼：「快報警，救護車……」，隨即轉身往店裡跑。

小婉也慌了手腳，她學起社長平常罵人的口吻，低聲說：「張瑜哥，我們告他，告他，這次一定要告倒他！」

「告誰呀？」張瑜勉強抬起頭來看看小情人，一道殷紅的鮮血從額頭流下，順著法令紋流到嘴角，他忍痛說：「告誰呀？黑的、白的、政府裡的、社會上的，我的仇家那麼多，要告誰呀？。」

暗夜裡，小婉只能陪伴張瑜坐在地上。

陪伴被別人執行了非法正義的張瑜等待救護車。

總編輯的抉擇

總編輯下的標題聳動誇張還能無中生有，最是吸睛。

總編輯對標題的要求只有一個：吸引讀者眼球。

但是當總編輯發現，自己的老婆是老板的小三，

老板和老婆同遊出車禍，成了社會新聞的主角……，

戴綠帽的總編輯，怎麼替這場車禍下標題？

我叫小李，剛剛到報社擔任社會版的代理主編。要學習的事情很多！報到的那一天，接連碰上幾起重大車禍事件。在總編輯的帶領教導下，歷經了遠超過我預期的新聞處理流程，令人永生難忘。

一

那天下午，總編輯和報社老板剛開完會，他就興致高昂的跑來編輯檯。老總體諒我是報社新報到的菜鳥主管，所以堅持要陪著我一起看稿、下標。

總編輯先向老板的祕書曉蓮要了一包檳榔，然後嚼著檳榔對我說，他要教我編排社會新聞的「眉角」，要我用心體會。

說實話，我以前待過的報社總編看起來都是文質彬彬，從沒見過總編輯這麼嗜吃檳榔，而且還是報老板祕書專門為他準備檳榔，這對我來說真是件新鮮事。不過，後來我才知道，老板的祕書其實就是總編輯的老婆，曉蓮祕書每天都幫她老公帶來新鮮的檳榔菁仔，讓總編輯上班時能夠精神奕奕。

看倌注意囉，接下來，車禍新聞的審稿編務要開始囉！

第一件車禍發生在中部山區，五男二女共乘一輛改裝過的休旅車，駕駛疑似超速失控撞到電線桿，車上七名二〇歲出頭的年輕男女全部被拋出車外，由於車速實在太快又都沒繫安全帶，七個人都當場死亡。車禍現場屍體橫陳，散落的車體更是一地狼籍。看到這樣的照片，我心寒暗忖：「哎，真是慘不忍睹！」

「這個好，這個好。」總編輯嚼著檳榔，一個勁兒的大叫：「有囉、有囉，這七個人死的這麼漂亮，小李你看看，你看看這幾張照片，有沒有資格擺在頭版當頭條？」

第一天代理主編，說實在的，我還沒摸清楚總編輯的脾胃，但老總既然用「漂亮」來形容車禍罹難者的照片，那我也只好諂媚的附和老總，我說：「哇，這麼血腥的照片一定能吸引讀者目光，應該有資格做為頭版頭條的候選人。」

天曉得我是怎麼想的，把七名死狀淒慘的年輕人，說成是「候選人」。

但是看到老總眉開眼笑的盯著血淋淋照片，我覺得我上工的第一天應該可以輕鬆過關了。

「你看看，你看看，小李呀，把這七個人全部都『放榜』，怎麼樣？」

「放榜？」我不懂這是什麼意思，難道是這家報社的專業術語？

「就是把這七個人的大頭照排成一列，然後在上面放上屍體橫陳的現場照片。在我的編輯檯上，我管它叫『放榜』。」

「哇，這樣更能凸出車禍的慘烈。受教、受教、謹受教。」我表現出一副孺子可教的狗腿模樣。

「先不急，不急。」老總吐了一口檳榔汁，張著血盆大嘴說：「照片雖然好看，但還缺乏好故事。小李呀，叫中部記者去查查看，這七名年輕人三更半夜為什麼還混在一起，是不是去搞轟趴？查查他們有沒有參加雜交派對的前科記錄？要加強這則新聞故事的聳動性。」

「那……，中部這件車禍就放頭版囉？」我有點興奮，上班的第一天，我主編的新聞就能衝上頭版佔據頭條位置。

「再看看！」老總吐掉檳榔渣說：「再看看吧，看還有沒有更好的狗血新聞可以拿來灑。」

二

老總帶領我繼續編輯第二樁發生在臺北市的車禍。

記者的稿子上說，有一名年輕多金的直銷業大亨，開著一輛價值一千五百萬的法拉利跑車。可能也是超速，名車撞上仁愛路的分隔島，還撞毀了交通號誌。重點是，法拉利跑車上還有一名烏克蘭籍的美女模特兒，以及一隻名貴的紅色貴賓狗，這隻狗和車上的兩名男女都沒有受傷。不過，法拉利跑車全毀，一千五百萬元飛了。這場車禍雖然沒有人傷亡，但因為有大亨、名模、名車和貴賓狗，還算挺吸睛的。

「你看看，你看看，小李呀，人家撞爛了一臺法拉利耶！」老總的語氣讓人聽不出他到底是讚嘆還是惋惜。不過，我知道，老總開的是一輛BMW－五二〇，對名車似乎挺有品味的。而我是個機車族，對於名車，我有一種排富的忌妒心理。因為，像法拉利這樣昂貴的車種，我從沒肖想擁有，以我的收入，連做夢坐上它都是一種奢侈。

老總繼續檢視車禍照片，像精明的主婦上菜市場東挑西撿。

又一張照片吸引他的目光：「這隻狗、和男女有什麼關係？」

「狗男女？你是說狗男女嗎？」在還沒弄清楚大亨與名模的關係前，驟然做出「狗男女」的編輯判斷，這有可能吃上誹謗官司。於是，我立即提出我的專業建議：「報告總編輯，『狗男女』這樣的標題會不會下的太快？會不會太早把他們定罪了？」

「我是說照片裡的狗……和這一對男女。瞧瞧你，第一天當班就滿腦子邪惡思想。」老總盯著照片喃喃自語：「不過，狗男女……，小李呀，這是個可以想想的新聞切入點，再想想，再想想！」

不知是我的耳朵有問題，還是老總的斷句有錯誤，反正我是把「狗」、「男女」和「狗男女」聯想在一起，只能諂媚的傻笑：「喔，對不起！」

「沒關係啦，剛來嘛，還是菜鳥主編嘛！」老總拍拍我的肩膀，說：「不過，在我們報社想出人頭地，經常保持懷疑態度是必要的喲。不要像你的前任——那個老劉，哎，他就是個死腦筋。像這條沒人傷亡的車禍新聞，如果落在他手裡，那肯定說掰掰，可能連報屁股都擠不上去。那才叫暴殄天物，懂嗎？」

老總點醒了我，前任的社會版主編老劉搞編務，據說是實事求是，他一板一眼的個性在新聞圈裡也算小有名氣。但老總卻在編輯會議上公開批評他，當著眾人的面前修理他，老總說：「如果有人說你老劉的個性是『按部就班』，那算恭維你。你根本缺乏新聞想像力，又找不出故事切點。」據說，當時老總還對著老劉忿忿的吐檳榔汁罵他，「對新聞無感，才是老劉你最真實的工作評價。」

就因為老劉只編新聞不編故事，他很快被老總炒魷魚。也因為老劉被迫捲鋪蓋走路，我才有機會跳槽過來擔任社會版的代理主編。

老總剛才的提示讓我突然警醒，我立刻像回答教授的口試小心應對，我說：「沒有精彩的照片就去找故事，沒有故事就去生故事，我們編輯的工作就是『編』故事。」

老總滿意的點點頭，接著挑戰似的問：「你打算怎麼編？」

「我會請社會組記者去查直銷大亨和烏克蘭名模有什麼特殊性關係。」我試著繼續抓緊老總的口味，說：「嗯，我會叫記者儘量朝著男女歡愛和曖昧關係去撰稿，幫讀者搞清楚大半夜裡，為什麼這隻狗和這對男女還不回家？」

「人家回不回家，干你屁事？」老總啐了一口檳榔汁，但他笑的很開心。看來，這位老總是習慣性的貶抑別人，但事實上是在讚許。我就當沒事兒，繼續站在他旁邊努力學習。

老總看著名模的照片突然又興奮起來，他說：「這對男女是剛從ＰＵＢ出來的吧，一個有錢的豬哥總裁開著法拉利跑車『把』洋妞。小李呀，你猜猜看，他們的下一站，是開車奔赴總裁的豪宅還是去汽車旅館開房間？」

「蛤？我不知道耶。」一時間，我被老總問傻了。

「去查出他們確實的關係，再去查查外國模特兒在臺灣出場的價碼。」，老總吐了一口檳榔汁說：「不一定要陪睡的那種價碼啦，太低級了。查查她們走秀一場多少錢？陪大老板吃一頓飯多少錢？來臺灣三個月能賺多少錢？就是錢、錢、錢，反正錢的部分給我搞清楚就對了。」

我像個編輯檯上的實習生，一邊聽老總講話、一邊記筆記，待會兒還要發動社會組記者去編寫老總交代的劇情。

「還有啊……」老總拿著直銷大亨的照片細細品味：「小李呀，你看你看，這傢伙全身上下都是名牌耶。」

我湊近細看才發現，這名直銷大亨果真是年輕多金。他手上戴的是「沛納海」絕版名錶，穿的是許多藝人都喜愛的Ed Hardy嘻哈風格外套，手上的ＬＶ手提包臺灣還不多見。全身上下的行頭加一加，起碼百萬元跑不掉。

我再從電腦裡叫出記者寫的稿子，記者形容這名不到三十五歲的大亨，不但穿得好、用得好，住的更是信義區豪宅，個人身價保守估計五億臺幣。這麼一個有房、有車還有事業的年輕男子撞毀了一輛法拉利，難怪受訪時會很臭屁的說：「人沒事就好，下星期，我還會再買一臺新的。」

「賓果！就把它包裝成『一場最豪華的車禍』。」老總中樂透似的在垃圾堆裡找出了珍珠：「這個從酒吧裡出來的臭小子根本是個凱子。去去去，去把你底下的人都叫來，我們要在這個凱子身上大做文章。」

在老總的指揮下，我們社會版的編輯沒忘記替大亨「放榜」。這回我學到了經驗，不但請美術編輯把他的房產、名車列表統計。更用一張大圖做解說，把大亨全身上下的名錶、名牌服飾、ＬＶ男用包、名牌休旅鞋……，超過百萬的行頭一一點名，還註記標示出價格。

三

用「放榜」的手法處理完這場豪華車禍後，這種過度煽情的作法卻讓我有些揪心與不安。它讓我回想起在前一家報社開的「比報」檢討會。當時，前報社文質彬彬的總編輯唸了一封讀者投書給編輯部所有同仁聽，那是一名媽媽寫來的信。憂心忡忡的媽媽在信中的大意是說：

她讀國小五年級的女兒，在作文題目是：「我的志願」裡，寫下她未來的志願就是當電梯小姐。當時很多媒體都用這種「放榜式」的編輯手法，把電梯小姐的制服，包括帽子、手套、外套、裙子……一路介紹到女鞋。媒體的過度強調，讓不少小女孩誤以為，電梯小姐的穿著就是高檔品味的唯一表徵。這位投書的媽媽還抱怨，媒體物化女性的新聞處理方式太招搖也太超過，有誤導小孩價值觀的嫌疑。她感慨臺灣新聞裡只有民粹，每天圍繞著八卦、車禍和消費糾紛打轉。新聞裡只有

「酒鬼、毒蟲和奧客」三類人渣惹是生非，電視裡也永遠都是監視錄影器、行車記錄器和警方祕錄器的「三器」新聞。整份報紙、整節新聞既沒有國家大事的探討，更沒有全球話題的視野，連進步的、正面的公民觀點都不存在。

媽媽的投書還說，拜金主義在臺灣盛行，讓全社會充滿對金錢與名牌的豔羨，也難怪翻開報紙、打開電視，到處都是怪里怪氣、流里流氣的新聞。有女學生為了當模特兒激烈瘦身，結果在教室裡餓昏了；有年輕上班族為了一只又一只的名牌包，刷爆信用卡變成了卡奴……，全社會充滿負面、負能量的訊息。

但負負能得正嗎？「負負得正」是數學定律，在實際的新聞操作上並不適用，不斷強調負面新聞的結果，只會帶來更多負面的訊息。新聞的實體經驗告訴我，「負負會得負，而且是三倍的負數」，全負面新聞讓社會永世沉淪哪。

回想媽媽的投書讓我又回神想起剛才那則「直銷大亨把妹烏克蘭美女」的新聞，它的本質不就是超速肇成的車禍而已嗎？頂多再追究大亨是不是酒駕也就夠了。

但此刻的我，在這家全臺閱報率第一的編輯臺上，這麼一則車禍新聞竟然被我們搞得像在辦喜事。我們只在乎人家撞爛的是名車、只在乎大亨與美女的曖昧性情節、只在乎有錢人身上的名貴行頭……。但是不是也該在乎一下酒後駕車的危險，關心撞壞交通號誌的公共安全議題？

於是，我突然良心發現似的跟總編輯建議說：「報告老總，老總啊，我們要不要把酒駕的高肇事率也列表做個統計，凸顯酒駕的高危險性，也好給讀者做個警惕。」

我想起那位媽媽的投書，我提醒自己，媒體該擔負一些社會責任。

「你吃飽撐著啦，做酒駕肇事率給誰看哪？」老總忿忿的說：「你以前待的報社就是太有社會正義感才關門的。要不然，你現在怎麼會在我這裡？」

我被老總嗆到無話可說，因為有強烈社會責任感的前報社它經營不善，虧損倒閉是事實。

老總吐了口檳榔繼續說：「你想做政令宣導呀？你以為交通部會付錢給咱們嗎？」老總連珠炮的教誨我，「我們做媒體就是要吸引讀者來看，我們要的是精采畫面、要的是有料故事。如果沒有畫面，就給我用電腦畫出來；如果沒有故事，就用你們小小的腦袋去給我編出來。」

長官惡狠狠的給了我一頓排頭，我心裡雖然不爽，但為了五斗米，我只好趕快「狗腿」我的長官，我賠笑臉說：「受教，受教。老總說的是，在您的操盤監督下，我們的新聞會永遠能抓住讀者的眼球，我們的報份和廣告也永遠會賣出第一名。」我漲紅著臉為自己找臺階下，尷尬的杵在一旁。

四

就在我低頭認錯的同時，督導突發新聞的副總編輯慌慌張張的跑過來，他一路喊著：「老總、老總，糟了，糟了，出事了。他們在宜蘭出車禍了！」

「哪裡不出車禍，你緊張個屁呀！」老總換了一口新的檳榔菁仔，滿臉不在乎的說：「你是新聞圈的老屁股了，什麼場面沒見過，還車禍咧！」

歷經前面兩則車禍的處理教訓，我模模糊糊的學到新報社的編輯心法。於是，我歡歡喜喜的趨前主動探問副總編輯，我說：「喔，這是今天的第三則車禍新聞囉。報告副總，請問有什麼精采故事和有趣的畫面，社會組可以效勞嗎？」

副總根本看都不看我一眼，壓低音量跟老總說：「是曉蓮，曉蓮……」。

「曉蓮？」噢，我很快想起來了。曉蓮是報社老闆的祕書，也是老總的老婆，每天都幫老總買檳榔菁仔的曉蓮嘛。

「曉蓮怎麼了？」老總一張口，嘴裡盡是檳榔紅灰。

副總湊近老總的耳朵嘀咕了幾句，只見老總瞪大了一雙牛眼，喉頭一吞一嚥，硬是嚥下本該吐掉的檳榔汁。然後，他悶悶的喊了一聲：「他X的，王X蛋！」接下來，老總拉著副總編輯就往外衝。

我想到頭版頭條還沒做最後確定咧，於是捧著兩則車禍新聞的照片在後頭追問：「老總，老總，您要用那一則車禍要當頭條呀？」

只不過，我的問題像空谷回音，老總和副總頭也不回，理都不理我就跑走。我只好乖乖的回編輯臺等待。

但一直等到凌晨截稿，副總剛剛神祕兮兮嚷嚷著發生在宜蘭的第三則大車禍咧？奇怪，我們駐地記者一個字都沒發進來。

五

總編不在家，報紙還是得出刊。聰明如我，我在揣摩總編輯的思惟邏輯之後，我貫徹了老總的編輯意志。隔天報紙的頭版我是這樣安排的：

頭版頭條的標題是：「中部大車禍　七名男女轟趴趕攤命喪黃泉」；

頭版二條的標題則是：「大亨名模貴賓狗　猴急上賓館撞爛法拉利」。

至於第三則的宜蘭車禍咧？我家的報紙沒敢登。但它卻成了其它各大報刊的頭版頭條。各家報紙醒目的主標題是：

報社老板美女祕書車遊宜蘭　共宿雙棲車禍雙雙送醫

副標是：

白天報老闆　夜裡抱老闆　畸戀三人行　總編戴綠帽

面對其它友報的不友善報導，據說總編輯當晚就氣到吐血。所以老總才聲稱生病住院，好幾天都沒進公司。

不過，對於我們家報社沒敢刊登的第三則車禍新聞倒讓我覺得惋惜。這麼一則腥膻色十足的八卦，劇情這麼精采，就算是傻子，腦袋空空的也能寫，根本不必編。而且按照總編輯教導我的新聞炒作邏輯，我把它放到頭版頭條也不過分，只是剛剛好而已。

「只是，只是……這則新聞的標題該怎麼下？」我心裡更大的疑惑是，「換做是總編輯，這條新聞他會怎麼編？」

真心希望總編輯能快點回來，回來教導我們編寫自己是新聞當事人的新聞。錯過這次的實戰經驗，真讓人覺得好可惜呀。

我是小李，要學習的事情還多著咧。

為了糊口，我還是得在媒體大染缸裡慢慢學習。

收視率背後的祕密

收視率是什麼？

一般人只看電視，不知道收視率是什麼碗糕？

收視率是電視公司的命脈，

是節目、主持人還能不能混下去的根本。

但收視率準確嗎？有沒有可能作假？該怎麼作假？

不說你不知道，收視率數字背後有什麼祕密？

一起來揭密！

一

天濛濛亮，一夜沒睡好的湯姆還在距離公司幾百公尺遠的辦公大樓下停好摩托車，快步奔向自動提款機。

「咚！」的一聲，沒脫安全帽的湯姆撞上透明玻璃門，「Shit，Shit……，」湯姆詛咒自己的莽撞。提款機前，他小心翼翼的拿出昨晚收下的金融卡，即使戴著全罩式安全帽，湯姆還是緊張的猛嚥口水，上下左右查看後，確定狹窄空間裡沒有其他人，這才慎重的插入金融卡。

插卡的瞬間，他臉上閃過狡黠的笑容。

「密碼就是這房間的門號……」湯姆回憶起昨夜在旅館裡，露露一邊扣著胸衣一邊鄭重交代的數字，然後謹慎的輸入六個數字密碼。ATM螢幕很快跳出七位數字的存款餘額，湯姆的眼神立刻亮起來透露出興奮。

湯姆在《尼克斯》收視率調查公司擔任統計工程師，他每天的工作就是與數字為伍。提款機上的數字激揚了他的腎上腺素，只用了萬分之一秒的時間就再次確認尾數是六個「○」。

「居然是真的……，露露。」湯姆不自覺輕呼起午夜情人的名字。

二

昨晚和露露在旅館裡溫存後，露露給了他這張金融卡：「是七位數喲，後面有六個『零』喲！我們黃總說這只是前金，你放一百二十個心大膽去做。只要我們合作愉快，還有後謝……」

露露是S電視臺業務部的高級專員，而湯姆服務的《尼克斯》則是一家專門幫國內電視臺做收視率調查的公司。兩個人的工作性質雖然相關，但湯姆很堅持，兩人幹好一夜情人就好，不要成為彼此工作上的負擔。所以，即使露露一再慫恿要給他賺大錢的機會，湯姆也只當作是玩笑話。

一直到昨夜，露露一邊穿衣服一邊說：「我是認真的！這個銀行帳戶已經換過三個假身分，漂白過三次，絕對查不出來的。更何況你只是去更改幾個數字而已，有什麼比這個更好賺的呀？」

「可是妳要我在統計資料上動手腳，收視率調查就會失真，這根本就是幫妳們S臺作弊。」湯姆坐在床沿虛弱的反抗，「竄改數字，只會好到妳們S臺，對其它電視臺不公平呀！」

「只是誤差範圍嘛，你不是說，所有的調查數據都會有誤差嗎？大家也都認同收視率調查可以有誤差值的嗎？」露露環抱湯姆粗壯的肥腰，「哎喲，這對我很重要耶。你就幫幫人家嘛，人家收視率的壓力很大耶。」

湯姆被搔的酥麻難耐：「別鬧了，別鬧了，妳這是要脅我喲？」

「收下金融卡，你就人財兩得。更何況，你說過的，只要在誤差範圍內，沒有人會發現的。」露露仍賴在湯姆身上磨蹭。

「饒了我好不好？饒了我吧。」湯姆一語雙關。

「不行，你一定要幫人家。」露露把卡片塞進湯姆褲子裡，繼續嗲聲嗲氣的說：「金融卡的密碼很好記，就是這房間的號碼，人家特別挑的喲。一定、一定不能忘記喲。」

湯姆把思緒拉回眼前的提款機，他遲疑了兩秒，深吸一口氣，彷彿在為自己打氣。他迅速從ATM上列印了七位數字的明細表，然後把單據疊好，連同金融卡小心翼翼的放進襯衫口袋裡，就像藏起一個祕密。

三

「嗶！」一聲，清晨六點二五分，輪值早班的湯姆刷開門卡進電腦室。

在這裡，湯姆不是一夜情的男主角，他回復成《尼克斯》公司的統計工程師。《尼克斯》公司是一家全球性的市場調查機構，專門做各種各樣的市場調研，其中最具影響力的就是電視收視率調查。

《尼克斯》採用「個人收視記錄」技術，從全臺灣五百萬戶有線電視的用戶中挑選出一八六〇個作為樣本戶，在每個樣本戶家的客廳裡裝設收視記錄器。把家庭成員按照年齡、學歷、職業、收入……分門別類，然後給每個家庭成員一個代碼。譬如六十歲的爸爸是一號，五八歲的媽媽是二號，三〇歲的兒子三號……。最後，打開電視機，在收視記錄器上按下屬於自己的代碼，不管你是阿伯、阿嬤，還是宅男、敗犬……，不管你有沒有真正在看電視，它都會鉅細靡遺的記錄下代碼上的你看了那一個臺、看了幾分鐘、何時轉臺、轉到那一臺……等等等等的收視行為。

湯姆的工作就是接收、統計並且分析觀眾的收看記錄，然後在上午各大電視臺上班之前製作出收視率報表。

這看似機械的計算工作，對電視臺的影響卻極其鉅大，因為電視臺的收入多半來自廣告，廣告商根據收視率下廣告。收視不好，廣告就不好；廣告不好，收入就減少；收入減少，電視臺老板肯定跳腳。靠電視吃飯的，百分之百看重收視率。

偌大的電腦室裡，數字跳動，湯姆的心情也跟著七上八下。上百臺機器正接收全臺灣樣本戶回傳的資料，按照推估，一個樣本家庭平均有三・三個人，全臺灣一八六〇的家庭共有六千個樣本人數。再根據學理精算，有效樣本的誤差限界是正負一．九六％。所以，湯姆很清楚，他可以操作的最大誤差值就是一三八個樣本人數，在這個誤差值內，稍許的差池可以被解釋為誤差範圍內。而他要動手腳竄改的數字，不能超過一三八人，也就是所謂的誤差範圍。

四

終端機的數字不斷跳動，露露嬌柔的聲音又在湯姆耳邊鼓譟：「反正是誤差範圍內嘛！你有好處可拿。就幫我作掉我最大的競爭對手A臺，作掉A臺就可以了啦！」

湯姆熟練的找到收視數據，「A臺觀眾，A臺觀眾……」，他喃喃自語，其實他早就計算過，雖然學理上的最大誤差值是一三八人，但為了一〇〇％保險起見，他只打算竄改一成，也就是一三個樣本。湯姆一邊操作一邊默唸，「剔掉一三個A臺觀眾，只要一三個……」，他小心翼翼的輸入電腦代號，快速按下「刪除」鍵。十三名昨天收看A臺節目的觀眾資料瞬間消失，湯姆的作弊大功告成。

「誤差範圍、誤差範圍……」湯姆一邊擦拭額頭汗水一邊安慰自己：「都是在誤差範圍內。」

「嗶！」電腦室的大門又被刷開，湯姆觸電似的從椅子上跳了起來。兩名比較資深的工程師彼德和山姆準時上班，後面跟著電視部門的女主管琳達。

工作超級認真，屬於『敗犬』級別的琳達，因為沒有婚姻的羈絆所以經常提早到班。不知是責任心重還是太難搞，琳達比其它主管更關心收視數字，一早來就催促收視率報表，她要各家電視臺客戶準時都收到。

看湯姆一副驚魂未定的模樣，琳達隨口問了句：「湯姆，你沒事吧？」

湯姆答非所問的說：「沒事，沒事，電腦沒有狀況。」

「那你緊張什麼？」琳達沒好氣的又問：「有異狀嗎？有發現『不動族』或者『超級不動族』嗎？」琳達用的是他們這一行的術語。她真正的問題是，「有沒有發現睡著的收視樣本？或者有沒有樣本戶是電視開著，但既不轉臺也不移動的？」上面這些裝睡叫不醒的樣本，專業術語就稱他們叫「不動族」。

「呃，還沒、還沒……還沒抓出來……」湯姆搔著雞窩般的宅男頭。

「電腦今天比較慢喏。」做事幹練的琳達發出新指令：「那麼收視率報表出來了吧？給我！」

「好的，好的，馬上就好！」湯姆像被踩到痛腳，急忙忙彎身抱起一疊沒整理完的資料。但……糟糕！口袋裡的金融卡和明細表卻掉到地上。湯姆急著撿金融卡，卻又把資料甩在地板，狼狽的模樣被琳達和兩名工程師全看在眼裡。

「你怎麼搞的？心不在焉的！」琳達看見地板上那張嶄新的金融卡和明細表，但她並沒有特別在意，隨口指揮其它兩名工程師，「你們去幫幫他嘛！」

「沒事，沒事。」湯姆把金融卡重新揣進口袋，同時拾起地上的資料。湯姆接連咳嗽幾聲：「嗯，可能是昨晚沒睡好，今天又輪早班，不好意思，不好意思。馬上好，馬上就把收視率給您。」

兩名工程師則是一臉詭異邪笑，「了解啦，昨晚你又去ＰＵＢ裡Happy了喲，你最愛這一味的啦，誰不知道。」

琳達雖然小姑獨處，還是知情似的哼了一聲，結束這場小尷尬。

三名工程師很快回到各自的電腦前，和平常一樣快速核對資料。因為在八點半之前，他們必須把前一晚的收視資料傳送到各大電視臺、廣告客戶和琳達的手中。

五

網路另一端，S臺業務部的印表機「刷刷刷」的高速列印收視率資料，露露蹬著高跟鞋，弓著修長的美腿，姿態阿娜的等在印表機旁。

「耶！贏了，贏了，我們終於贏過A臺了。S臺萬歲、收視率萬歲、收視率萬萬歲！」露露捧著熱騰騰的收視率報表，一路高聲喊著：「黃總，黃總，我們贏了，我們贏了！」美女的身影朝著總經理室奔去。

六

總經理辦公室裡，黃總和副理大明正仔細觀看iPad裡的照片。大明副理指著照片向黃總說明，「這家就是我發現的樣本，他們是住在南部。」

大明繼續說，「他們家長成這樣……，這是他們家的收視記錄器，這是阿賢，這是阿賢的爸爸媽媽，目前都按照我們的要求，只鎖定我們臺……」

大明的解說還沒結束，辦公室大門卻硬生生被露露推開。

黃總和大明像作弊的學生被逮到，觸電一樣的分開。露露看到這場景反倒尷尬，頻頻道歉：「對不起啊黃總，我不知道大明副理也在。」

「沒關係，什麼事？」黃總對部屬說話的態度一向簡潔。

「黃總，我們的收視率超越A臺，全國第一，贏了，贏了，耶！」

「是嗎？太好了，果然不出所料。」黃總像是成竹在胸，接過收視率排行榜，看到自家電視臺的排名真的超越A臺，滿意的說：「不錯，不錯，終於成為第一名，露露呀，妳也是功臣之一。」

「之一？」露露大發嬌嗔，「人家才之一喲，那之二在哪裡呀？人家都在為公司犧牲奉獻耶。」

黃總看大明杵在一旁不知所措，示意他先離開。

大明拿起桌上的iPad要走人，黃總卻急著說：「那個留下，那個留下。」

大明留下iPad，欠身離開辦公室。

「黃總，我們從第三名直接跳到第一名耶！」露露在邀功。

黃總收斂起笑容，從抽屜拿出一張金融卡，「新的，同樣也是七位數。」

「謝謝黃總，謝謝黃總！」露露以為卡片是給她的，千恩萬謝的收下。黃總卻說，「記得要拿給那小子，他叫什麼名字？」

露露一時間反應不過來，「誰呀？」

「那個工程師！」黃總認真的說。

「湯姆！他叫湯姆！」露露這才意會到金融卡是給別人的。

「跟湯姆說合作愉快。」黃總說。

「哎喲，那我呢？」露露扯著黃總外套撒驕，「人家為了公司，也是全心全力付出。」

黃總輕輕甩開露露的糾纏，「去財務部找阿珠，妳的部分我已經交代好了。」

露露這才放心，「謝謝黃總！謝謝黃總！」小鳥似的雀躍著跑去領賞。

黃總看著桌上的收視率報表和大明留下的iPad。他喜上眉梢，心裡想著：「有了這兩件寶貝，收視率老大這個位子，A臺該讓座了，換我S臺來坐！」

七

又是新的一天。《尼克斯》公司裡的數據機飛快運轉，兩名工程師山姆和彼德快速敲打鍵盤，彼德急促的喊說：「琳達經理，收視率好囉！寄給妳了。」

「收到，謝謝。」琳達盯著螢幕上的數字，疑惑的自言自語：「奇怪，S臺還是第一？」琳達的目光掃向辦公室，只見工程師們各自忙碌，湯姆更是坐在遠遠的角落裡努力的敲打鍵盤。不過，他眼睛的餘光斜睨偷看琳達，揣在胸口的新提款卡則隨著急促的喘息劇烈起伏。

「為什麼？A臺是出了什麼狀況？」琳達嘀咕著：「A臺怎麼了？怎麼會掉這麼多？」琳達的思緒陷入一團迷霧。

八

城市另一端的辦公大樓裡，A臺也為了這兩個禮拜下跌的收視傷腦筋。業務部副總賽門最近被電視臺老板釘得滿頭疱，因為收視率一向穩坐第一的A臺，已經連續兩個禮拜掉到第三。而衝上第一名的，居然是被業界戲稱為「永遠的老三」的S臺。

「為什麼我們會和老三的排名互換？」賽門百思不解。

由於收視率牽動廣告，直接影響公司收入。所以賽門的大小檢討會議天天開不完，從節目內容、卡司陣容、宣傳行銷……，幾乎能檢討的全都數落過一遍。但內部的檢討會開完了，收視率依然不見起色。

於是賽門決定，把檢討的槍口對外。他要求業務部直接用《尼克斯》的軟體重新跑一遍收視，得出來的答案卻大大出乎A臺的意料。賽門決定親自去跟收視率調查公司要一個交代。

九

賽門以客戶的身分約訪《尼克斯》，琳達經理則代表公司負責接客。

「對不起啊，賽門，服務不周，還讓您親自跑一趟！」琳達禮貌性的賠不是。接著，她按下對講機輕聲說：「湯姆，客人來了，上咖啡。」

賽門有備而來，一開口就是下馬威：「妳不覺得奇怪嗎？只要是正常人，在臺灣，怎麼可能有人可以連續一二個小時只看S臺，而且還不轉臺？妳認為S臺的節目這麼有魅力嗎？」

賽門撇開自家收視率下跌不談，先拿S臺的收視旁敲側擊來踢館。接著他大聲說：「妳們，妳家《尼克斯》的數字有問題！」

《尼克斯》是一家跨國市調公司，國際上有一定的公信力，在臺灣的媒體調查上更具知名度。想買電視廣告的廠商，上從廣告商、廣告代理商，下至各大電視臺，都跟《尼克斯》簽約，天天買它家的收視報告。

不過，賽門既然敢來踢館，早就決定要銼銼《尼克斯》的銳氣。因為《尼克斯》縱然有國際知名度，但「橘逾淮而為枳」，國際標準到了臺灣，一樣有可能會變質。

「妳給我個解釋，有誰會連續看一二個小時電視，而且只鎖定S臺，是你們挑選的樣本戶有病嗎？」賽門拿著收視資料向琳達挑釁。

氣氛一時僵住。

正巧湯姆端來兩杯咖啡，暫時化解僵局。

「別生氣嘛，喝口咖啡消消氣。」琳達優雅的把景泰藍咖啡杯遞給賽門。

「假設……」琳達試探性的說：「假設你們掌握的樣本是錯的呢？」

「我不要假設，我只要答案。」賽門很果決。

「你們跑出來的數字會不會有誤差呀？」琳達繼續保持禮貌。

「誤差，這恐怕才是貴公司要解釋的吧？」賽門指著收視率報表發動第二波攻擊：「我們找到了三個人，有三個人連續一二個小時都只看S臺，照妳們公司的標準，這些人算是『超級不動族』吧。連『超級不動族』都出現了，妳說說看，這樣的收視率還能說它是正常嗎？」

琳達當然知道「超級不動族」的定義，那就是，「連續超過八小時不關機不轉臺的樣本戶就被稱作『不動族』；如果更嚴重的，連續超過一二個小時都鎖定同一個頻道，公司就叫它『超級不動族』。」為了維護樣本的可信度，《尼克斯》曾經向客戶承諾，會把「超級不動族」列入優先觀察名單，必要時就直接剔除，以保證收視調查的公正性。

面對賽門的有備而來，琳達決定轉守為攻：「如果樣本戶真的連續看了一二小時的S臺，那當然不正常。可是，你敢肯定你的數字就一定是對的嗎？」

「這是用貴公司提供的軟體跑出來的數字！」賽門反嗆回去：「妳的意思是，妳們的電腦軟體也會出錯？」

提到電腦，琳達意識到工程師湯姆還站在一旁，示意他離開。

湯姆退出辦公室，但他沒有真正離開，而是躲在門口偷聽房裡的對話。

賽門攤開一頁一頁的細部資料，「妳看，這三名『超級不動族』，兩男一女，其中一對男女的年紀都是五十八歲以上，另一名男性是三〇到三十五歲之間，而且全都住在南部。」

「怎麼可能，你怎麼能跑出這麼詳細的資料？」琳達面對這麼詳細的數字，一時間難以招架。

「妳不必管我怎麼跑出數字的，我臺做為電視業界龍頭可不是混假的，我們有自己的管道。」賽門咬著食指，突然，他像發現新大陸似的說：「按年齡來推斷，這三個「超級不動族」，妳說，他們會不會是同一家人？」

「對不起，從你跑出來的數據我看不出來。」琳達說：「基於保密原則，我們不可能向客戶透漏任何樣本戶的祕密。」

「每人都有祕密，沒有祕密那就不是人了。」賽門繼續理直氣壯，「但這麼離譜的樣本，它直接牽涉到money，money，money，這不能算祕密了吧！」

琳達還是保持外商公司高管的一貫優雅，只淺淺微笑，讓人摸不透心思。

「不只這樣喲，還有一個更嚴重的案例！」賽門依據數字發動第三波攻勢。他從公事包裡抽出資料丟到桌上，「妳看，還有一個人是整天不睡覺，一天二十四小時都盯著S臺看。這個不正常的神祕觀眾又是誰呢？」

這引起琳達的好奇了，她放下咖啡杯，慎重的翻閱賽門放在桌上的資料。

賽門提高了音量，「這個神祕的觀眾我們就暫且叫他X先生吧。妳說，是X先生有病，二十四小時都盯著S臺看？還是……，根本是妳們的調查出了問題？」

「他看不到二十四小時呀！」琳達捧起數字辯解，「這個X先生，只看了二十三小時又二十五分鐘……」

「拜託！只差三十五分鐘，這種數字，這種違背常識的數字還不夠誇張嗎？」賽門繼續追打，

「我們當然有可能二十四小時不睡覺，但一定是打麻將、打電動或者唱KTV。誰會發神經二十四小時看電視，而且只看同一家S臺？」賽門清了清喉嚨做出結論：「這個樣本，這名X先生一定要剔除！」，賽門擺出沒得商量的強勢。

「二十三小時又二十五分鐘？」琳達喃喃自語，她多年的專業瞬間被擊潰：「怎麼會這樣？這麼多年來，你還是第一個提出這種問題的客戶。」

「回到重點，回到重點……」精神上的勝利其實讓賽門有些飄飄然：「貴公司能不能解釋一下，這個五十八歲的X先生為什麼會整天守在S臺前，一直看重播了一百遍的節目？」

賽門的問題尖銳，琳達的心裡發慌。因為她了解，單單一名神祕的X先生就代表全臺灣有三一〇〇人連續二十三小時又二十五分鐘都在收看S臺。常理上，這絕對不可能發生。然而這種不合理的現象，一旦被花錢買廣告的廠商們知道，《尼克斯》的公信力一定貶損，說不定還會取消《尼克斯》的收視訂單。

「這……，X先生的出現當然不正常啦，不過，這應該還在誤差範圍內。」琳達試圖解釋，「賽門你知道的，只要有調查就一定會有誤差，而且我們也接受誤差範圍有寬容值……。」琳達想為公司做微弱的反擊。

躲在門外的湯姆，一聽到熟悉的「誤差範圍」四個字就開始緊張。他想起嬌媚的露露，想起這兩個星期他執行「誤差範圍」的竄改動作，一下子就滿頭大汗。

「我是依據妳們家的軟體跑出來的數字，有誤差也是你們的問題。」賽門收拾桌上的收視率報表，「這個X先生，我在上面簽名保證他絕對存在。妳敢在這份報表上簽名嗎？」賽門掀了底牌，加重語氣進一步挑釁：「妳應該對自家公司的調查有信心吧，如果是這樣，就請妳勇敢的在上面簽名以示負責。」

一向果斷的琳達現在卻遲疑了。她很清楚，任何商業談判可以強硬、可以婉轉、可以採取各種手段，但就是不能輕易形諸文字。因為一旦簽下白紙黑字，將來連談判的籌碼都將受制於人。

「哎喲，別那麼嚴肅嘛！」琳達轉而柔聲抗議，說：「你跑到我們家來，不要擺出這兒是你家地盤的模樣子好不好啦。」

「妳不敢簽字，就表示妳們的調查有問題。」賽門緊迫盯人：「我不確定是不是妳家的人在搞鬼，但如果我召開記者會，向全臺灣昭告《尼克斯》公司居然可以容忍一個X先生，可以容忍這麼荒唐的樣本存在。到時候，廣告客戶會怎麼想？肯定撤妳家的訂單，妳自己看著辦。」

琳達沉吟，「這個X先生……」她知道X先生的確是眼前的大麻煩。

「一葉知秋，X先生這顆老鼠屎壞了妳們《尼克斯》一鍋粥。」賽門緊握報表說：「如果妳不解決X先生，貴公司的信用就等著破產吧！」

「這是個意外，我們要淘汰樣本戶是有制度規定的。」琳達耐心的解釋，《尼克斯》跟樣本戶簽訂的是「自然淘汰法」，淘汰樣本要按步驟。第一步、樣本戶一旦成為「不動族」就會列入警示名單；第二步，樣本要變成「超級不動族」才會列入觀察名單；第三步，樣本要連續二十四小時都收看同一家電視臺，電腦才會把他挑出來。再經過人工的最後確認，樣本才會被剔除。

「那X先生為什麼還沒被剔除？」賽門抗議。

「他還不滿二十四小時呀！電腦程式無法主動查到。」

「只差三十五分鐘！」賽門不服氣：「這種無厘頭的調查騙誰呀！妳到記者會上去說吧，喜愛八卦祕密的記者朋友一定比我更有興趣知道。」賽門憤怒的站起身準備走人。

「有話好說嘛。」琳達意識到事態嚴重，如果X先生的訊息曝了光，《尼克斯》公司的麻煩就大了。琳達立刻捨下女強人的幹練，展示高貴敗犬嬌柔的一面。她輕輕按住賽門，然後柔聲柔氣的說：「我知道啦，這麼長時間看電視是不合理啦，但是給我一點時間嘛，我們一定會改進的啦。」眼前的女人，態度終於軟化，每句話的句尾都說出柔媚的贅字。

賽門眼見踢館成功有了眉目，他也開始依樣畫葫蘆改變說話的方式：「那妳們要怎麼改進呀？給我一個答案，也讓我回公司好有個交代呀。」

輕啜了一口咖啡，琳達說：「好好好，就按你的意思嘛，今天開始，我們會把X先生直接列為最優先觀察名單啦，他的所有收視行為，我們暫時都不列入記錄，你說好不好嘛？」

「這麼說，X先生的收視記錄就不會算在S臺頭上囉？」

賽門要的是肯定的答案，琳達則微笑點頭。

踢館的第一回合算是小勝。賽門打算乘勝追擊：「那另外兩個『不動族』咧？他們也連續看了S臺十二個小時喲，應該一併剔除吧？」

「這兩個樣本喲，我會要求工程師對他們特別監控啦，如果再發現異常，一定用人工方式立刻揪出。」琳達壓低音量說：「我還會派人到南部跑一趟，了解樣本戶為什麼會特別鎖定S臺？如果真的有問題，也按你的意思，他們的收視不算在S臺頭上。這樣可以嗎？」

賽門推了推眼鏡，其實他心裡早就盤算好了，只要拿掉這三名整天釘在S臺的「不動族」，S臺的收視率會立刻下降，A臺就有機會奪回收視老大。

「三個樣本就能決定誰是收視冠軍？」這荒謬的結論，連賽門自己都覺得可笑。但對電視人來說，收視率就是王道，有收視就萬萬歲，沒收視就等著倒大楣。收視不但能掌握廣告和金錢，有時候還能操縱看不見的政治影響力。難怪收視一下滑，A臺老板就把他釘到滿頭包。

「放心啦，我會盯緊工程師，要他們繃緊神經的！」琳達的安撫看來有些成效，賽門不再像隻刺蝟劍拔弩張。

而躲在門外的湯姆，一聽到琳達要工程師繃緊神經也嚇出一身冷汗。他悄悄揉掉還有六位數字的銀行存款明細表。他清楚，從現在開始，他不能再替露露以及S臺執行「誤差範圍」的作弊行動了。因為所有樣本戶統統碰不得，特別是已經被點名，必須嚴密監控的南部這三個樣本。

一〇

就在南部鄉下的一間民宅客廳裡，電視螢幕上閃爍著光影，正在播放臺語經典情歌《傷心酒店》。天后江蕙哀怨的唱著：「一杯擱再來，你若有了解，嘜問阮從叨位來……。」

電視機前，一名中年男子躺在沙發床上動也不動。男子無法跟著螢幕哼唱，因為全身癱瘓的他，木然的眼睛只能盯著斑駁的天花板。還好，還有電視嘈雜的聲音為他驅趕寂寞。能聽到電視裡的噪音，彷彿是老人還活著的唯一明證。

相對於都市的繁華，床上的老男人何嘗不是歌詞中「嘜問阮對叨位來」的渺小。不過，這床上的渺小老男人，對電視臺和收視率調查公司來說卻無比重要。因為……，他就是——收、視、樣、本、戶。

一一

屋外，一輛進口大轎車緩緩駛進夜色，名車停在不協調的破落小巷中。大明副理從副駕駛座下車，急忙替後座的長官開車門。

下車的是S臺的黃總，他整理了西裝：「等一下就交代給你了！」

黃總抬眼看了看老舊房舍，對著哈腰鞠躬的大明說，「這間厝現在還剩兩個樣本可以用，絕對不可以再出錯！」大明則始終陪著笑臉頻頻稱是。

原來，自從A臺的賽門向《尼克斯》公司抗議成功之後，琳達就依照約定直接把X先生的樣本抽掉。再加上工程師湯姆為求自保，也不敢再竄改拉低A臺的收視數字，黃總原本倚仗的兩件收視法寶一夕間生鏽褪色。冠軍寶座也如曇花一現，S臺掉到了老二，A臺奪回了第一。所以，黃總這才決定親自出馬，到樣本戶家裡了解狀況。

二

「叮咚，叮咚」，老房子的門鈴響起。

有輕度身心障礙的阿賢興沖沖的跑來應門，一看是大明副理，阿賢像招呼老朋友一樣喊著：「艾克史、艾克史！」

「不是『艾克史』，是艾斯，S啦，講了幾十遍都教不會。」大明假裝生氣，順手拆封了蛋捲和鳳梨酥給阿賢吃。

黃總跟在大明後頭跨進小客廳。他示意大明不必刻意介紹，他只想安靜的見識這個從iPad上聽聞許久，今日才終於得見的收視樣本戶。

對所有電視從業人員來說，收視樣本永遠只是神祕的存在。因為遠在臺北的《尼克斯》公司，雖然從全臺灣挑選了一千八百多戶作為樣本，但這些樣本在那裡？究竟是什麼人？由於他們有保密規定的保護，電視人完全不清楚。而大明能夠發現這個祕密，完全是偶然的巧合。

一個多月前，S臺公司的慈善基金會舉辦了一場「送愛心到偏鄉」活動，大明當時扮演公司的慈善小天使。當他把白米、麵粉等救濟物資送到阿賢家時，意外發現阿賢家老舊的電視機旁邊裝設有《尼克斯》公司的收視記錄器。

看到記錄器的大明如獲至寶，因為對電視人來說，收視率是唯一的王道。多數電視人簡直把收視率當成大神在膜拜。如果能找到樣本戶，如果還能拜託他把收視記錄器鎖定在自家的電視臺。那麼，電視人就不必再花腦筋辛苦的去跑新聞或者製作節目了，只要有樣本戶的加持，就算躺著幹甚至什麼都不幹，收視率一樣飆高。

大明清楚記得，一個多月前，當萬能的收視率大神向他顯現神績時，他就用隨身攜帶的iPad小心翼翼的拍下證據，然後直接向黃總報告。在黃總熱切的授意下，阿賢一家人受到大明祕密的呵護與照顧。當然，此後阿賢家就成了S臺的死忠觀眾，因為他家的電視已經被鎖死在S臺。

今天，今天是黃總第一次來阿賢家，實地來見證他心目中的收視率神奇寶貝。所以從跨進客廳開始，黃總鷹眼般的目光就已經鎖定在電視機旁的收視記錄器上，再確定螢幕固定在他們家的S臺上，他才放下微微的擔心。

「阿賢爸爸，還袜睏喏，擱咧看電視喲。」大明招呼沙發床上的男人。

中風的阿賢爸爸嘴角微微揚起，喉頭咿咿呀呀試圖出聲但卻發不出聲。

「被刷掉的，是他嗎？」黃總指著癱瘓在床上的男人低聲問。

大明一臉抱歉的點頭，以低低切切的語音說：「歹勢歹勢，我會處理、會處理。」然後大明大聲問阿賢，說：「阿賢，恁阿母去叨位啦？我們大老板來給你們送一臺新電視機來了。」

阿賢卻只顧著吃蛋捲看電視，根本不理會大明。

兩名電器工人輕手輕腳的搬來一臺大電視機，在狹窄的客廳裡逕行安裝。

這時，阿賢媽媽從洗手間裡走出來，一看到大明就大聲招呼，「『A死』、『A死』你來囉，今仔日哪嘜這麼晚……。」

「我是『艾斯』，不是『A死』啦，妳怎麼跟阿賢一樣胡亂叫？」大明笑鬧著糾正阿賢媽媽的英文發音。事實上，自從大明要求阿賢家把電視鎖定S臺那天起，阿賢和媽媽就把大明叫作「S」。只是母子倆「S」和「X」的發音老是發不準，各叫各的，大明教過幾十次了也沒用。

撇開短暫的嬉鬧，大明介紹起自己的老板：「這位是我們黃總，他非常關心你們，你們家的新冰箱、瓦斯爐和電動遊戲機都是他送的，今天他還特別從臺北來看你們。」

黃總雙手合十，臉上掛著微笑，但是一語不發。

「黃總今天送一臺全新的大電視，這是最新流行款喲。」大明賣力介紹著。

「真好，真好！」阿賢媽媽打量著新電視，「真的要有第二臺才行。要不然，按你的規定，每天只能看『A死』臺，真的是無聊的要死，真正『會死』喲。」

大明沒有跟隨阿賢媽媽話裡的笑點，反而直截切入重點：「是呀是呀，有了這臺新電視，你們愛看那一臺就轉去那一臺。」

大明再看了看黃總，正經八百的說起今晚到訪的目的：「不過，阿賢爸爸看的這臺舊電視還是要鎖定S臺。只不過，有時候也是要讓電視休息一下，免得它燒壞掉。」

「早前你不是要我們一直看『A死』臺嗎？我們家的電費，你說你都要出的。」阿賢媽媽有些疑惑。

「早前是早前，現在是要做一些些改變嘛……。」大明拉著阿賢媽媽的手，說：「你們的電費我一定會負責到底，給我拜託一下啦，好嗎？」

「好是好啦，不過，舊的這臺電視每天是要看多久？」

「這個嘛……」大明看著黃總，黃總則睜大眼睛瞪著大明。

「從明天開始，一天只能看七個小時！」大明執行了黃總在車上下達的命令。因為他們也知道，若果連續收看同一臺超過八個小時，這樣的樣本戶就容易被《尼克斯》公司盯上。阿賢爸爸原本的舊電視就因為連續看了二十三小時又二十五分鐘才會被刪除資格。長期來說，這對黃總的S臺造成了嚴重的損失。如今，只剩下阿賢母子這兩個樣本，S臺絕不能再貪心貪多，絕不能再有任何差錯。

「現在舊的這臺，只能看七個鐘頭！知影嘸。」大明鄭重其事的交代。為了確保樣本戶安全無虞，這是他們必須付出的代價。

「知影啦，就是阿賢他爸爸看的那一臺嘛，一天只能看七點鐘。」阿賢媽媽有點委屈的說：「他爸爸那臺電視只能看七個鐘頭，但是他爸爸現在不會走路，沒看電視真的會很無聊。」

「所以，才又給你們買一臺新的來啦！」大明打開新安裝好的電視，「妳看，有新電視多好，舊的看完七小時，關掉；新的電視隨便妳們看，愛看多久就看多久，看壞了，我再買新的給你們。」

阿賢媽媽一個勁兒的傻笑，但她突然想起什麼似的，把大明拉到一旁，說：「上午，那個替我們裝電視遙控的公司，有一個小姐有打電話來喲。」

黃總和大明立刻知道是收視率調查公司，兩人急忙豎起耳朵。

阿賢媽媽說，「有一個姓林的，叫『琳達』的小姐打電話來。她問我們家為什麼都在看『A死』臺？」

大明也顧不得糾正發音了，立刻警覺的問：「妳怎麼說？」

「我就跟她說，S臺的節目很好看呀，我們全家都愛看。」阿賢媽媽偷看了黃總一眼，狡黠的補充說：「我還跟林小姐講，是我們家阿賢感冒啦，不小心傳染給了全家。一家人感冒藥水吃一吃，就攏總睏死死呀。」

「對方還有說什麼嗎？」黃總終於按捺不住脫口而出。

阿賢媽媽先看了看黃總，再看看大明。說，「嘸啦，嘸啦，人家林小姐很客氣。她說，我若是愛睏就去睏，記得要關電視，這樣卡省電啦。我就跟人家小姐，說：『好！』」

「就這樣嗎？」大明不放心的追問。

「林小姐還說，等她有空，她要來看我們。」阿賢媽媽說的一副無所謂。

黃總和大明卻倒抽了一口涼氣，兩個人躲到角落咬了一陣子耳朵。

然後，大明掏出早就準備好的信封塞進阿賢媽媽的手裡，「這是我們黃總的一點小意思，給妳們繳電費的……但是妳放心，一定還會有剩啦，剩下的就給你們當生活費，去買好吃好玩的，可以一邊看電視一邊吃零嘴，這樣就不會無聊了。」大明還附在阿賢媽媽的耳朵旁慎重交代：「但是這繳電費的錢……，絕對不可以跟別人講喲。」

「不說，不說，我不會跟別人說的啦。」阿賢媽媽笑嘻嘻，順勢把裝滿現金的厚厚信封揣進口袋。

一三

暮色中，阿賢家門口的大轎車旁。

黃總神色凝重的向大明交代：「一定要好好看著這家人。絕不可以再讓《尼克斯》起疑，我不容許再有任何損失。」

大明一個勁兒的點頭，「是是是，是我的錯，是我的錯，我會待在這裡，把他們完全教到會為止，絕不會讓他們的資格再被撤銷。」

「去查清楚琳達是誰？」黃總直接打斷大明的道歉。

「琳達？」大明一臉狐疑。

「你沒聽到裡面那個查某講嗎？《尼克斯》公司的琳達打電話來查。」黃總又下一道指令：「絕對不允許這個女人破壞我們的事！」

「我會處理，我會處理！」大明頻頻稱是。

「嗯！」，豪華大轎車關門前，黃總只「嗯！」了一聲。隨後，大轎車很快就滑進暗黑的陋巷裡。

一四

阿賢家的客廳裡此刻有兩臺電視。

新電視機前，阿賢和媽媽一邊吃零嘴一邊開心的切換轉臺器。

舊電視機前，沙發床上的阿賢爸爸依舊木然地躺著，但身旁多了個大明副理。大明一邊滑手機一邊打哈欠，他不敢回家，他還得盯著收視記錄器，他必須計算阿賢家收看S臺的總時數，絕不能超長，不能讓收視調查公司起疑。也不能太短，讓自家公司蒙受損失。

在新舊兩臺電視機螢幕的背後連接著一條長長的光纜線，它串連起收視記錄器，再連通到數據機上盒。光纜線穿透阿賢家的老舊牆壁，穿越鄉間蜘蛛網般僻靜的街道，穿過黯黑的天空，從南部小鎮一路穿進燈火輝煌的臺北街頭，鑽進《尼克斯》辦公大樓嶄新的鋼骨牆面，鑽進電腦機房，鑽出機房裡高速運轉的伺服器。

而坐在伺服器旁的工程師湯姆，此刻收拾好桌面穿起外套，準備下班。

一五

豪華大辦公桌的電腦前，琳達端著咖啡凝視螢幕上跳動的收視數字。琳達清楚，這些冰冷的數字掌控著每個電視人的心情起伏。收視率高，人人歡呼：「收視率萬歲！」；收視率一旦滑落，當天就有開不完的檢討會。

放下咖啡杯，琳達翻找厚厚的樣本戶檔案，嘴邊嘀咕著：「阿賢……阿賢哪兒去了呢？」

湯姆則揹起背包跟琳達打招呼：「經理，妳明天要出差喲？」

「嗯，阿賢……」琳達翻到檔案，篤定的喊了聲：「找到了，阿賢！」

湯姆就像是有聽沒聽到，追問了一句：「什麼？經理，妳在說什麼？」

「呃，沒什麼，沒什麼。資料找到了。」

「歐，那，那我先走囉。」湯姆說。

「再見！」琳達隨口漫應了一句。

「再見！」湯姆隨手關了他辦公區上方的電燈。

空間瞬時暗淡下來，彷彿有人擰熄了冬日太陽的開關。

琳達拿著阿賢家的檔案看得出神，喃喃念道：「南部小鎮上的幾名觀眾就能左右全臺灣的收視率排名？」琳達陷入沉思，「公司為什麼要找這樣的家庭做樣本？阿賢家的三個人究竟代表了誰？」琳達疑惑著，或者說，她是在反省著。

琳達很清楚，每一個收視樣本都關係著電視臺的生存。樣本戶看了那一臺？看了多久？最終都會引導節目內容和新聞走向。所以，雖然有人說臺灣的電視節目有創意、媒體很自由，言論也開放……。但琳達很清楚，電視臺其實一直都被收視率綁架著。號稱有兩百多個電視頻道的臺灣，實際上是被《尼克斯》公司獨裁統治。面對冷酷的事實，琳達想著想著，心頭也泛起一絲寒意。

「收視率萬歲？」琳達心中其實有著千百個大問號。螢光幕後的數字祕密，多半是自欺欺人。但為了付房貸和五斗米，她還是得扭曲自己，掙扎著折腰工作。

走到窗邊，俯瞰臺北的莽莽紅塵。琳達想，南部阿賢一家人此刻還在看電視嗎？在看那一臺？晚冬的夜裡，窗外飄起寒雨。看久了，絲絲寒意沁入心頭。

「明天去找阿賢嗎？」她倚窗思索，「去嗎？去了要怎樣，又能怎麼樣？」

「收視率萬歲？」琳達自己都懷疑。

輕啜一口涼掉的咖啡，琳達嚥下的是滿嘴苦澀。

老兵澎澎

老兵澎澎是一名節儉摳門的退伍老兵，

他連吃麵都要以「幾根」做為計算單位。

這麼摳門的九十歲老兵居然捐出一千萬作慈善。

老兵是怎麼辦到的？

大家都想知道。

於是，暴牙的、一字眉的、鷹勾鼻的……

只要算得上是媒體記者的，

都蜂湧而來，爭相採訪。

一

老舊公寓的對講機前站著兩女一男。三個互不相識的人一同在等待，等待公寓的大門打開。

其中一名中年婦女，她有點暴牙、薄嘴唇上突兀的塗上大紅唇膏，她看著也背上小型攝影機的其它兩人，態度不屑的說：「你們是來採訪老兵彭澎的嗎？」

剛剛按下門鈴，臉上有著粗粗一字眉的中年男子點點頭。

另一位鼻樑凸出、鼻頭微微鷹鈎的年輕美女也微笑點頭。

在這個詭異或者說尷尬的時刻，三個人都顯得不自在。大紅唇等得不耐煩又按了幾聲門鈴，然後對兩人說：「你們也是第一次來嗎？」

小美女禮貌的點點頭，但補充說：「昨天在頒獎會場上，看過澎爺爺一次……」，鷹鈎鼻小美女的話還沒說完，對講機裡就傳來老先生的聲音：「請上來，你們請上來，我在七樓。」公寓的鐵門隨即打開。

二

大紅唇搶在前頭，三個人魚貫進入公寓，開始往七樓爬。

「見鬼了，這不是五樓公寓嗎，怎麼會住七樓？」大紅唇沒停的抱怨。

「老兵嘛，住在頂樓加蓋再加蓋的違建裡不稀奇。」老記者「一字眉」一副見多識廣模樣。鷹鈎鼻小美女則墊後，氣喘咻咻的跟著兩位前輩往上爬。

「奇怪咧，住這種破地方，他居然還有錢可以捐？」大紅唇勉強找話說。爬樓梯的途中，大紅唇承認她不認識受訪者，今天完全是出於好奇才來採訪。大紅唇自我介紹說：「我叫阿珠啦，我是『臺灣人網站』的公民記者。」

公民記者近年很熱門，他們不需要經過學校或專業的特別培訓，只要敢說敢寫勇於爆料，打著公民記者的旗號，想去哪兒採訪就能去哪兒採訪，沒人攔得住。由於進入的門檻低，網路，就是他們最好的發聲平臺，所以公民記者又被稱作「素人記者」。

大紅唇說：「這個老兵很厲害喲，我看網路新聞說，他有辦法捐出一千萬。剛好，我正在製作『老兵在臺灣』的系列專題，所以就過來了。」

「現在跑新聞都得抄網路消息了。」老記者「一字眉」邊爬樓梯邊發牢騷：「報社的主管現在都不必用腦袋了，小屁孩發的網路新聞也要我來follow。」一字眉是主流媒體《海峽日報》的記者，光看報社名稱就知道，從大陸撤退到臺灣的老兵就是他們報紙的核心讀者。所以，既然有老兵捐鉅款的網路訊息，主跑國防路線的一字眉，就硬是被主管指派過來作採訪。

「對不起歐，澎爺爺的網路新聞是我發的啦！不好意思喔，兩位前輩……」鷹鉤鼻小美女覺得心虛：「嗯，我們家編輯把新聞做的有點膨風，麻煩到兩位前輩跑一趟。」走在最後頭的鷹鉤鼻靦腆的說：「我是網路新媒體的記者，還請兩位前輩多多指導。」

鷹鉤鼻小美女去年才大學畢業，昨天採訪了榮民服務處為老兵舉辦的捐款記者會，老兵澎澎也在裡面。編輯檯幫她的新聞下了個很吸引人的標題：「孤兒守護神，窮老兵捐出千萬，為智障兒送行」。

這聳動的標題充滿故事性，一天就衝出二〇萬人次的高點擊率。這也是「鷹鉤鼻」入行半年來，點擊率最高的新聞，更是公司熱門排行榜的第三名。鷹鉤鼻待的網路媒體，這幾年發展的氣勢銳不可擋。它們主要的武器就是聳動的標題和吸睛的影片，已經成功的吸引廣大網友。連「大紅唇」和「一字眉」都被這聳動的標題吸引而來。「鷹鈎鼻」的長官更是見紅就追，要她更深入追蹤這條訊息，要從澎澎身上挖出更多的獨家。

爬到六樓半，大紅唇有點上氣不接下氣的問鷹鉤鼻，「他很老嗎？」

這不像一個有水準的記者該問的問題。一字眉沒好氣的搶話：「人家老不老，又怎樣？」

「嗯……」鷹鈎鼻則喘著氣回答：「是，是有點老！」

三

澎澎真是孿老了，今年八十九歲。他衰老的體態和年齡相符，佝僂的身軀拄根拐杖，凹瘦的臉頰爬滿深深的皺紋，光禿禿的頭頂留不住一根白髮。老人家佇在七樓違建的窄小門邊，迎來三位大記者。

「澎澎爺爺，您好，我們又見面了。」鷹鈎鼻小美女向前竄了兩步，一副熱絡裝熟的模樣攙扶住老兵。一見到孫女般的小美女，澎澎則是呵呵的笑個不停，幾個人便一同進屋。

「不好意思呀，不好意思，我這裡地方小，小地方。」老兵慢走慢說：「捐錢這點小事，還麻煩你們跑一趟。早知道就不答應榮民服務處，不辦那個記者會就好了。」

鷹鈎鼻小美女扶老兵坐下，然後跟老兵報告說，她昨天的報導很多人都看到了。她的長官還特別口頭嘉勉她，要她今天再來跟老兵聊聊天，要老兵多講一些故事，好讓她多寫幾篇報導。

一字眉則是老記者本色，一進門就察顏觀色。他看過老兵後，就再觀察他居住的環境，一〇坪的違章建築裡硬是隔出了一房、一衛浴，以及廚房帶餐廳連客廳呵成一氣的五臟俱全。

大紅唇則是連招呼都不打，搶先在狹窄的空間裡架好她的小ＤＶ攝影機。然後扯著喉嚨就喊：「歐吉桑，過來，快過來講講你的故事吧！」

老兵客氣的問：「妳是說，現在嗎？」

「當然是現在，我ＤＶ都架好了，趕快看鏡頭！」大紅唇站在攝影機後頭，長鏡頭像根槍管似的瞄準老兵。

「不好意思呀，榮民服務處告訴我，今天可能會有五、六位記者要來。要不要等他們來，再一起採訪呀？不好意思，不好意思。」老兵一個勁兒的道歉。

「先到的先贏啦！」大紅唇不耐煩的說：「就像我們臺灣人，先到臺灣就佔到比較好的平原耕作，客家人晚來就到山上唱山歌，你們外省仔最晚來只好去作阿兵哥。」

「妳在說什麼呀？」一字眉看不慣大紅唇的態度，直接打槍她：「那原住民咧，他們就活該被你們趕到山上獵山豬？不就是個採訪嗎？有話跟老人家好好說嘛，幹嘛這樣。」

一字眉嗆聲大紅唇後，他好聲好氣的跟老兵溝通。其實，他也是想早點採訪的，因為結束老兵這一攤採訪，公司還指派他要趕赴下一個行程。別看他是大報記者，但大報的發行量愈來愈少，廣告大餅已經愈來愈小。營收數字不好，人力精簡的結果就是一個記者得當兩個人用。他跟老兵說，他不但要發報紙的文字稿，報社還規定每天至少得發二則有影像或圖片的即時快訊。

老兵知道記者有趕稿的壓力後，連聲向記者致歉：「好好好，那就開始吧。」

四

「好了嗎？講講你捐款的故事，歐吉桑。」大紅唇扁薄的紅唇再度搶先發號施令。老兵看著眼前三臺小ＤＶ的鏡頭，就像看到三枝步槍的槍口，不知要面對哪一枝槍管說話，感覺很不自在。

「沒關係的，爺爺，放輕鬆，就跟昨天一樣，像聊天就可以了。」鷹鈎鼻小美女試著安撫老兵。其實，她也不喜歡大紅唇把老兵叫作歐吉桑，因為歐吉桑是日本人的叫法，來自大陸湖南的澎澎，妳可以叫人家伯伯、爺爺，但是叫人家歐吉桑，會讓前半輩子都在和日本人打仗的老兵覺得怪怪的。

「伯伯，你為什麼要把錢捐給孤兒院？」一字眉也拋出一個問題。

老兵在鏡頭前遲疑了兩秒，疑惑的反問：「我沒有捐給孤兒院呀！」

「啊！」大紅唇突然覺得五雷轟頂，用臺語喊：「你是在裝笑維嗎？」

一字眉也從手機裡唸出網路新聞的人氣標題：「孤兒守護神，窮老兵捐出千萬，為智障兒送行」。他知道，就因為「孤兒」對比「老兵」產生形象上的高反差，才讓這則新聞有賣點，也才能在網路上創造高點閱率。

但是，當一字眉唸出新聞標題時，菜鳥記者鷹鈎鼻的臉上卻泛起一片潮紅，這緋紅來自羞愧。因為昨天她發回去的稿子雖然有提到「有些植物人也是沒爸沒媽的孤兒」，但那不是全篇新聞稿的重點。而編輯臺可能是見獵心喜，認為「沒爸沒媽的孤兒」有賣點，才下了這個模稜兩可但絕對吸睛的標題。事實上，老兵捐贈的單位並不是孤兒院。

「我是捐給植物人基金會呀。」老兵望著鏡頭後面的鷹鈎鼻，問：「是吧？小姑娘，我昨天是捐給植物人基金會的，對吧？」，鷹鈎鼻小美女被問得一臉羞愧。

「那麼，你有捐一千萬嗎？你哪裡來的一千萬？」大紅唇從進門開始，最關心的就是老兵的錢。

老兵在鏡頭前面又遲疑了，他摸著光禿禿的腦袋說：「我也沒有捐一千萬哪，我沒有那麼多錢哪！」

「可是網路標題明明寫著，『窮老兵捐出千萬，為智障兒送行。』」當一字眉把手機裡的標題再唸一遍的時候，鷹鈎鼻小美女已經羞得滿臉通紅，真想挖個地洞鑽進去。因為她昨天發回公司的稿子裡的確有寫「老兵們共捐出一千萬元」，但請注意，稿子裡是有個「共」字，那是十幾個老兵加總起來的金額。是編輯臺為了達到吸睛效果，才下了這個語不驚人死不休的標題。

「我只有一百萬，我全捐出去了。」老兵再度望向鏡頭外的鷹鈎鼻，說：「是吧？小姑娘，昨天是我捐的最多吧？我總共捐了一百萬，妳們才來採訪我的吧？」鷹鈎鼻躲在鏡頭後面點頭如搗蒜，但沒敢說一句話。

鷹鈎鼻回憶昨天記者會的真相是：「國軍退除役官兵輔導委員會」轄下的「榮民服務處」舉辦了一場老兵聯合捐贈儀式。北臺灣總共有十五位清寒老兵各盡所能踴躍捐輸，總共湊到一千萬臺幣捐給植物人基金會。其中八十九歲的老兵澎澎不但年紀最大，而且一個人獨力捐了一百萬，是一五位老兵當中捐款最多的一位。所以，榮服處才安排澎澎代表老兵們接受採訪。只不過，這種超冷門的記者會，到場的記者只有小貓兩、三隻，菜鳥記者鷹鈎鼻小美女就是其中之一。

「哈哈哈，這個新聞的標題太烏龍太有意思了，我要趕快發即時訊息來踢爆昨天這則人氣新聞。」一字眉立刻截取老兵澎澎剛剛受訪的影像片段，並且打開筆記型電腦準備發稿。

其實，記者即時發稿已經是媒體競爭的現況。許多像一字眉這樣的外勤記者，不但要忙著採訪整理重點，還要分神拍攝影音，更要搶發即時訊息。往往臺上的受訪者還在講話，臺下的記者已經在發稿。

看著一字眉前輩忙發稿，蹲在一旁的鷹鈎鼻小美女卻不敢出聲，她覺得自己可能闖禍了，緩緩靠向一字眉，委屈的問：「大哥，大哥，我是不是哪裡做錯了？您可不可以手下留情？」鷹鈎鼻的淚水在眼眶打轉，有點兒楚楚動人。

「沒事，沒妳的事。」一字眉敲打鍵盤的手沒停下，他盯著螢幕說：「我發這則新聞不是要踢爆妳昨天的報導，那只是妳們家編輯下標題誇大其辭而已。我真正要吐槽的是我們家長官，就只會抄襲網路標題來派工，我要諷刺他派工不用腦袋。」一字眉早受不了報社裡的長官。這些年由於網路新聞蓬勃發展，很多老媒體被迫加入即時新聞戰場，新聞的產製流程被嚴重壓縮，漏洞百出甚至錯誤訊息滿天飛是家常便飯。

「你知道我們現在都在打地鼠嗎？」一字眉跟鷹鈎鼻講話的同時，敲電腦的手依然沒停，他說：「以前我們跑新聞是要蹲著、守著、顧好一條線。要應酬、要佈線、要等待，像獵豹一樣等待獵物出現。退一步講，以前的記者就算不是獵豹也得像一隻貓，跑新聞得像『貓抓老鼠』，用等待來換取一隻新聞獵物。哪像現在，妳們現在跑新聞要佈線、要等待嗎？」

鷹鈎鼻聽訓似的搖搖頭，只盼望自己的溫順能換得大哥的手下留情。

「現在跑新聞不是貓抓老鼠，而是打地鼠了。網路的謠傳，哪怕只是一點點風吹草動，長官就派記者立刻反應。但疲於奔命的結果，多數時間只是打到地鼠、撈到垃圾資訊。」一字眉不忍心苛責眼前的小記者，他知道，記者發回去的稿子到了編輯臺，若被當成即時新聞處理，為了達到刺激讀者的目的，在家編輯通常會把記者的稿子掐頭去尾、加油添醋甚至逕行改寫。然後給它安上一個華而不實但絕對能吸引讀者目光的標題，就像這則「孤兒守護神！窮老兵捐出千萬，為智障兒送行。」的標題一樣，效果絕對吸睛，但標題和內文八竿子搭不上，經常讓外勤記者之後在面對採訪對象的時候很冏。

鷹鈎鼻現在只能尷尬的抿抿嘴，她朝著老兵和一字眉苦笑，誇張的苦笑曲線幾乎可以繞過整個腮幫子。

五

「講哪麼多幹什麼！我只想知道錢從哪裡來？」大紅唇的驚天一問，劃破小空間的短暫沉默。做為公民記者，大紅唇沒受過新聞訓練，她不了解，也不想了解當下發達的網路正在改變主流媒體的生態。過時的主流媒體其實跟傳統葬儀社有點像，兩者都是夕陽產業，但還是各有各的小眾市場可以苟延殘喘。不過，大紅唇不關心媒體的產業變化，她只關心老兵澎澎的錢。她粗啞著嗓子問：「你說，你捐最多，你最有錢，你的一百萬是哪裡來的？」

「錢是我存的呀。」老兵痴痴的轉頭，望向大紅唇那管攝影槍頭。

「你有上班嗎？」大紅唇明知故問卻又自問自答：「你沒上班，你的錢哪裡來的？是國家給的嘛。你一個月領多少？」

老兵盯著攝影機，說：「一個月平均二萬一千塊，但是我用的很省很省……。」老兵回想剛剛吃完的早餐，總共才下了三十九根麵條。生活節儉的澎澎，一餐飯，臺幣五十元有找，他連煮碗麵吃，麵條都要以「根」做為計算單位，克勤克儉到幾乎自虐的程度。他這樣省吃儉用了幾十年，省下了一百萬，臨老行將就木前把它捐給了植物人基金會。

「你什麼都不用做，每個月就可以領兩萬一，你知道臺灣現在的大學畢業生每天拼死拼活，一個月也才領二十三K嗎？」大紅唇擺明挑釁，鏡頭前的老兵只得無奈的傻笑，深深的皺紋陷進他揚起的嘴角。

「小美女，」大紅唇沖著鷹鈎鼻問：「妳一個月領幾K？有比歐吉桑多嗎？」

「我領三十K」，鷹鈎鼻的答案讓大紅唇自討沒趣，一時語塞。

六

鷹鈎鼻這時也重新振作開始採訪，她用小DV拍攝牆上的老相片和一幅黏貼好的毛筆字，「爺爺，這是什麼，這張是什麼？好特別喲。」鷹鈎鼻問老兵。

「妳這個查某嬰仔是怎樣，我的訪問還沒結束耶，妳怎麼就來搶人？」不過大紅唇的抱怨沒人理會。

老兵拄起拐杖緩慢移動，狹小的房間，兩個碎步就走到牆邊。牆上貼著一張全開的白報紙，橫題寫著《老兵之歌》，是用毛筆寫下的打油詩：

老兵湖南來，戰亂離家門。當時很年輕，現在成老兵。
保衛大臺灣，算是螺絲釘。離家一甲子，月是故鄉明。
兩岸可探親，莫忘帶禮金。探親潮漸退，囊袋錢散盡。
回頭看臺灣，健保退休金。他鄉成故鄉，處處有溫情。
老來忙結婚，阿珠伴餘生。來臺一甲子，歹命未留根。
省儉度餘日，捐給植物人。臺灣是我家，耄耋一老兵。

牆上的《老兵之歌》用標楷體寫成，雖然距離書法藝術的水準還差好大一截，但字體工整看得出用心。

「爺爺，這是你寫的嗎？」鷹鈎鼻小美女一面提問，一面用小DV拍攝。

「是呀，獻醜了。這也算我的墓誌銘吧。」老兵盯著牆上的文字，幽幽的說，「用妳們年輕人的話說，這牆上留下的，就是我這個老兵的遺囑。」

一字眉也湊了上來，《老兵之歌》的最後一句話勾引起他的興趣，因為一字眉的老爸當年也是跟著國民黨撤退到臺灣。他老爸是一個退伍士官，十年前過世，沒有遺產沒有負債，也沒有留下什麼遺囑。因為糖尿病加上失智症併發多重器官衰竭，一字眉的老爸在加護病房插管待了一個多月，沒有意識也沒辦法說話，最後是拔管結束了一生。同樣是老兵，一字眉心想，自己的老爸離世時沒留下遺囑，看澎澎這個樣子，在臺灣應該沒有親人，他卻早早把遺囑寫好、裱好掛在牆上，應該是希望有人看到吧。但是，這房間裡，除了現在這幾位，有誰會在乎他一字一句寫下的叮囑？他過世後，遺囑恐怕就被當成垃圾丟進焚化爐。

「伯伯，你回湖南老家幾次啦？」一字眉問的輕鬆卻勾起老兵的愁悵。

「九次！」澎澎張開雙掌，比出九根手指頭。

「爺爺，你老家還有什麼人？」鷹鈎鼻手拿攝影機也加入提問行列。

「都走了，全都走了，只剩遠房親戚。」老兵癟癟嘴說：「都是要錢的。」

老兵的話到嘴邊就停住，沒說完的，牆上的《老兵之歌》已經替他說了。上面寫著，「兩岸可探親，莫忘帶禮金。探親潮漸退，囊袋錢散盡。」

不過，這種情景在當年兩岸剛剛開放探親交流時是常態。民國七、八〇年代，臺灣社會的富裕程度比大陸好很多，即使在臺灣屬於中下階層的老兵，他們的經濟條件也比當時一般的大陸家庭寬裕。試想，一個離家三、四十年的遊子，返鄉時，帶些錢回去送給比自己更窮的親人，這是再平常不過的人之常情。

七

「你的錢都被大陸人騙光了喲？」大紅唇一嗅到錢的話題立刻就來勁，急忙忙問：「你的錢都給阿共仔騙光了喲?你是沒錢才回來臺灣來討錢的喲?然後你又再拿去大陸九次，對不對？」

澎澎老兵被大紅唇幾句不懷好意的話堵住了嘴，他不知道大紅唇為什麼對他有這麼深的敵意。

「爺爺，那麼阿珠是誰呀？」鷹鈎鼻小美女重新把採訪重點拉回牆上的遺囑，「你上面寫『老來忙結婚，阿珠伴餘生』，阿珠是你太太嗎？」

「是以前我的老伴。」澎澎說，當年國共內戰，他被迫當兵，在戰場上出生入死，輾轉來到臺灣。到臺灣以後，政府還是要他們保家衛國反攻大陸。他年輕的時候，雖然也曾想過要找個女伴傳宗接代，但當時部隊裡規定，低階軍士官不准結婚，以免影響戰鬥力。所以，他是一直到了五〇幾歲，臨要退伍前，禁婚的規定解除了，媒人婆才給他介紹了阿珠。但是結婚後才發現，這個本省女孩，小時候因為高燒燒壞了腦袋，只能做些簡單的家務，生活要完全自理都很困難。反倒是澎澎幫她洗衣、燒飯……照顧她更多些。澎澎也曾想要有後嗣，但不知是阿珠的問題還是澎澎年紀大了力不從心，最後只能像遺囑上寫的「歹命未留根」。

「死老芋仔！」大紅唇憤怒的用臺語碎唸：「你是老牛肖想吃嫩草，唬你吞不下去啦。」

「後來呢？」鷹鈎鼻怯怯的問：「那阿珠婆婆後來去哪裡了？」

「她，她已經去世兩年了。」澎澎平靜的說，「後來，她徹底失能了，無法自理，我年紀大了也無法照顧她，只好送她到植物人基金會，但，但我還是很想她。」

八

顧不得鏡頭還在拍攝，澎澎慢慢挪移身軀走到唯一的小房間裡。一推開房門，映入眼簾的是一張三〇多年前拍攝的黑白結婚照，當年看起來還算英挺的澎澎，摟著憨厚的阿珠合照。大張婚紗照的上下左右，還另外貼了二、三〇張兩人的合影。澎澎說，每逢過年，他都會儘量帶阿珠去照相館裡拍張照片作為紀念。澎澎若有所思的說：「雖然我們沒有孩子，但畢竟這是我們兩人共同的家。」

澎澎撐著拐杖在床頭慢慢坐下，有阿珠的照片環繞，這裡彷彿就有家的感覺。

小美女又問老人，「所以，爺爺才把一百萬捐給植物人基金會嗎？」

澎澎沒有說話只輕輕點頭，但大家都懂，是植物人基金會送阿珠走完人生最後的一程。此刻的澎澎被折騰了半天，也許是累了，他微微闔上眼睛，似乎在回憶過往的溫存。

「你是在裝傻嗎？人家妹妹問你，你也不回答。」大紅唇刻意想製造衝突。她總以為，想要出名就要製造對立來吸引目光。於是，她又沖著老兵，說：「你還沒回答我呀，你捐出去的一百萬是從哪裡來的呀？」

「我自己存的！」澎澎突然睜開圓睜睜的雙眼說：「我存的，我從自己的終身俸裡存下來的。我很省很省，連煮一碗麵都要『根根計較』，就是要回報人家基金會無私的照顧阿珠，讓她一路好走。」

「是臺灣人給你的終身俸啦！」大紅唇揶揄說：「那就是臺灣人捐的一百萬！」

一字眉實在看不下去了，他大跨步擋在大紅唇的鏡頭前，阻止她繼續向澎澎噴口水。並且惡狠狠的伸出食指，在嘴唇比上一個噤聲的手勢，示意大紅唇「SHUT UP!」

九

「叮咚、叮咚！」突然響起一陣急促的門鈴聲。

「是誰呀？」大紅唇藉機去接對講機，暫時離開自討沒趣的小房間。

鷹鉤鼻則向老兵眨眨眼，說：「爺爺，沒事了，我們一會兒就走。會把她一起帶走的。」小美女指了指客廳裡的大紅唇。

對講機那頭有一個男聲喊著說，他是新聞臺的記者也要來作採訪。

老兵慢慢步出房間：「那就請他上來吧，要他慢慢來，得爬七層樓。」

「電視臺也來啦？」一字眉說話時露出少許驚訝，更多的是輕蔑，他盯著鷹鉤鼻，說：「八成也是看了妳昨天的報導來的。」

一字眉說，早年只有老三臺的時候，物以稀為貴嘛，電視臺記者很跩的，公家單位開的記者會，如果電視臺記者沒到，記者會就延後。好像電視記者是主角似的，個個都有大頭病。但有線電視開放後，新聞臺一家接著一家開，現在的晚間新聞時段，同時在播新聞的就有十五臺。電視臺競爭激烈，電視記者唯我獨尊的年代也早成了過去式，有些新聞臺在人力不足的情況下，派工採訪的模式幾乎都是：「清早看報紙跑新聞；十點過後，再搜索網路訊息補新聞。」過去有大頭症的電視記者，也不再是同業眼中的天之驕子。

「大哥的意思是說，電視臺早上抄你的報紙，十點以後抄我的網路囉。」鷹鈎鼻笑著說：「那我得趕快再發一條新聞給電視臺抄。」說完，她立刻打開電腦發稿。做為網路媒體記者，鷹鈎鼻被要求一天至少得發五則影音新聞，她得趕進度。

「五條！」一字眉有點吃驚，「一天哪有那麼多稿子好發？」

但鷹鈎鼻其實早已習慣了。因為，說是五條稿子，但每篇稿子只要三百字就足夠打發。主管的要求是，每條稿子必須有「哏」、有「賣點」。鷹鈎鼻只找有趣、有爭議、能夠吸引讀者點進去的寫，至於新聞有沒有前因後果？有沒有邏輯？反倒是其次。

「妳要發什麼稿？」一字眉向鷹鈎鼻小美女刺探軍情，自己也重啟了電腦，準備發第二篇稿子。鷹鈎鼻把電腦螢幕轉給前輩看，「捐出百萬元的老兵吃麵『根根計較』，他留下的遺囑是……」

「這個有『哏』了吧？」兩人相視而笑，他們曉得這樣的標題能夠吸引人。但只有三百字，老兵的遺囑內容是無法完整呈現的。不過，他們也知道，不會有人真正關心老兵的，因為對一般讀者來說，這不過又是一則無關痛癢的資訊，只要網路的點擊率高，能夠交差就好。

一〇

鷹鈎鼻和一字眉忙著低頭打稿。大紅唇又重新回到自己的攝影機後頭，她要求澎澎坐好，接受她的單機專訪。

「繼續剛才的話題！」大紅唇擺明想激怒老兵，她說：「你的錢都被大陸人騙光了，你就是拿臺灣人的錢去貼給中國人，對不對？」

老兵的反應本來就慢，被大紅唇這麼一激，澎澎更是講不出話來。

大紅唇卻像是得理不饒人，連珠炮似的開罵：「你哪裡會有錢？你的終身俸都是臺灣人給你的，你還拿去中國給阿共仔。你在牆上還寫什麼鬼東西，什麼叫做『月是故鄉明』？你那麼愛你們大陸，你乾脆回去好了。」

澎澎真的被激怒了，他拄起拐杖，站起身來。

大紅唇卻沒打算放過他，繼續罵：「你們榮民都是中國的難民，中國難民不等於臺灣人，應該滾回中國。你們回去好了。」大紅唇像念完自己早就準備好的臺詞，她把自己罵人的聲音全都錄了下來，準備回家剪輯的時候剪進去，好讓自己在網路上出名。

澎澎卻不想再被拍攝了，他舉起拐杖想推大紅唇的鏡頭。但老人家力氣不夠，拐杖剛舉過小腿就頹然下墜，只能以氣音嘟噥著：「妳走，妳走，妳離我遠一點。」

「你才離我們臺灣遠一點咧，你一個中國難民，對臺灣有什麼貢獻？我就是反對臺灣人要養你們養到死？」

一字眉實在看不下去了，他丟下電腦霍然起身，再次擋在大紅唇的鏡頭前。

「你走開啦，怎麼又來擋我的鏡頭。」大紅唇試著推開一字眉，但是根本推不動。

鷹鈎鼻小美女也把氣到發抖的澎澎老兵攙扶到一旁坐下。

「妳這是做什麼？」一字眉責問大紅唇。

「採訪啊，我是記者，我是公民記者，我代表公民來採訪中國難民。」

「公民記者就可以很大尾嗅？我也是公民，是誰請你來代表我了？」一字眉教訓起大紅唇，

「公民記者應該要有公民素養，妳現在侵門踏戶，跑到人家家裡來辱罵一位老阿伯，妳這叫什麼公

民記者？」

「我是在教訓中國難民耶。我錯了嗎？難道我錯了嗎？」大紅唇邊說邊推一字眉，她想繼續拍攝角落裡的老兵，「我就是堅決反對臺灣人繼續養中國難民啦。」

「這些老榮民替臺灣打過仗，保護過臺灣，對臺灣有過貢獻。」一字眉緊咬大紅唇的語病反問她，「妳反對老榮民領退休俸，妳要四十萬老榮民怎麼活？」

「我只管表達我的反對意見，要怎麼解決老榮民是你們家的事。」大紅唇只知道她是反對者，她只管反對，但要怎麼解決問題，與她這個反對者無關。

跑新聞多年的一字眉更是感觸深刻，近二十年來，民主的臺灣盡是民粹的偏見。公共論壇上反對者的聲音永遠最大，這些只占人口少數的反對者卻永遠佔據麥克風高喊：「反對、反對、我反對」。

但若是逮到機會反問他們，「然後咧？然後問題該怎麼解決？」他們只會避不見面。因為，反對者永遠只會說，「我只管反對我的反對，解決問題是你們的責任。」民主臺灣的最大危機，就沉淪在不負責任的反對聲浪裡。只會在嘴巴上喊反對，最後，誰都解決不了問題。

大紅唇眼看推不動一字眉，她沒辦法繼續拍攝、沒辦法繼續奚落澎澎老兵了。於是，她心想：「好家在，剛才我罵中國難民那一段有錄進去，回去剪輯放在網路上，這一段一定又可以獲得網友的按讚喝采。」於是，大紅唇不搞反對了，她開始收拾小ＤＶ攝影機。同時還指著一字眉的鼻子罵：「我們臺灣人的代誌，免你這隻外省豬仔來管啦。」

一字眉立刻扯住大紅唇的腳架，態度強硬的問：「誰是外省豬仔？妳講清楚。」

「你們哪！你和那個老番癲都是外省豬仔。」大紅唇一個勁兒的耍狠：「聽你們講中國話，有一個外省腔就知影了，外省豬！」

「妳這個瘋查某，真是弱智無下限。」

「你聽看嘜，『什麼叫做弱智無下限？』這就是中國式腔調啊。外省豬仔！」大紅唇潑辣的又罵起來：「你們要是覺得中國好，太平洋沒有加蓋子啦，你們游過去，臺灣不要你們中國豬。」

「出去，請妳出去。」老兵漲紅著臉，用僅剩的力氣下逐客令。

二

鷹鈎鼻則拉扯一字眉的衣角，示意他鬆手放開大紅唇的腳架。

大紅唇逮到這個空隙，操起腳架，背上小DV立刻衝往大門，正巧與進門的電視臺大頭記者撞個滿懷。大紅唇一邊急著下樓，嘴裡一邊還碎碎唸：「外省豬仔，外省豬仔！」

這一邊，電視臺的大頭記者提著專業級的大攝影機氣喘噓噓的進門。

進來的這位電視臺記者，他的頭真的很大，這是指他頭部的尺寸而非心態。大頭記者還來不及意識剛才房間裡的劍拔弩張，他先掏出手機，看著小小的螢幕唸：「捐出百萬的老兵吃麵『根根計較』，他留下的遺囑是⋯⋯。」

鷹鈎鼻聽大頭記者唸完網路新聞的標題，她忍不住噗嗤一笑，「這麼快就上網啦？我才剛發稿耶！」

大頭則說，「電視臺裡的長官一分鐘前『LINE』給我的，這是最新訊息。」

鷹鈎鼻和一字眉會心一笑，鷹鈎鼻心想：「一字眉前輩說的好，『電視臺果然是清早看報跑新聞、十點過後蒐尋網路補新聞。』而且態度積極，蒐網路的速度真夠快，難怪電視臺此刻還是媒體主流。」不過，有一種驕傲已經躍上鷹鈎鼻的心頭，她像識途老馬一般把大頭記者介紹給老兵澎澎。

早已習慣單機作業的大頭記者擺好了腳架後，又掏出手機來讀：「孤兒守護神，窮老兵捐出千萬，為智障兒送行」。

大頭記者問出的第一個問題又是：「伯伯，你為什麼要把錢捐給孤兒院？」嗟，居然和早前一字眉記者的問題一模一樣。老兵一聽，啞口無言，一字眉和鷹鈎鼻則在一旁笑彎了腰。

只有大頭記者摸著自己的大頭，他呆愣在原地，不知道自己為何被取笑。

靚女的遺書

一名靚女寫下字字血淚的遺書，
指控富豪情郎薄情寡義……。
遺書即將公佈，
股票市場裡山雨欲來風滿樓
眼看一場股市風暴即將爆發……，
但風暴的最大贏家居然是留下遺書的靚女
為什麼？

一

住在同社區的老齊突然按我家門鈴，對講機裡他說：「老劉啊，你是搞電視的對不對？」

「是呀，我在媒體工作。」這年頭，電視這行業被人家用「搞」字來形容，好像不是多麼光彩的事。

我跟老齊是多年鄰居，但只是社區裡的點頭之交。我知道老齊在證券公司上班，偶爾會瞎扯兩支股票明牌給我，但彼此不能算熟。不知這位「陌生的老鄰居」今天突然造訪的目的是什麼？

「有件事，想拜託你。」老齊話說的客氣，我請他到家裡面談。

遞上茶水後，我禮貌的問：「嗯，有什麼我可以効勞的？」

「有件事情最近讓我很困擾……」老齊說：「我有個表妹她陷入熱戀，跟一個股票上櫃公司的老板打得火熱。」

「那好啊，有什麼問題嗎？」我不懂老齊在擔心什麼。

「問題出在那傢伙結婚了。」老齊一副不屑的口氣。

「嗯，你是說，你表妹是人家的小三？」這是肥皂劇的劇情，基於禮貌我還是問了句：「這種事，我能幫什麼忙？」

「你們搞媒體的，肯定有辦法！」老齊拿出一張硬卡紙遞給我，「請你幫忙看看？」

我接過一看，嚇了一跳，脫口而出：「哎呀，這是訃聞嘛，是誰死了？」

「湘琴，我表妹。」老齊說。

「你表妹不是人家的小三嗎？怎麼死了呢？」我拿著訃聞有點不知所措。

老齊喝口茶，說：「慢慢來，你先看訃聞，看完再說。」

按捺住忐忑的情緒，我細看訃聞，上面是這麼寫的：

我們摯愛的表妹湘琴已於〇〇年四月三十日下午四點二十分安息主懷，享年三十歲。謹訂於五月九日（週六）上午十時在臺北善德堂舉行追思禮拜。

謹此

表哥齊東泣啟

「真是不幸啊，你表妹這麼年輕。才三十歲，花兒一樣的年紀怎麼就走了呢？」我替老齊的表妹感慨，「她是怎麼了嗎？」

「哎，這就是我困擾的地方。」老齊搔了搔腦袋，「怎麼說呢？到我家裡坐坐好不好。我再拿兩樣東西給你看，你是資深媒體人，幫忙出出主意。」

跟老齊雖不算頂熟，但都是鄰居，就當聽他訴苦，也算善事一樁。於是我阿莎力地說：「走，去你家！」

二

進了老齊家，他客氣的要我先在沙發坐下。然後絮絮叨叨的說：

「我那表妹呀……」老齊嘆了口氣，「人漂亮的沒話說，只可惜紅顏薄命。讀大學的時候，她爸媽就車禍過世。我表妹大學沒畢業就進了那家上櫃公司當祕書，原以為大公司裡薪水高、機會多，沒想不到，卻給那個爛人給黏住。」

「什麼給黏住？」我聽的一頭霧水。

「被他們總經理，被那個爛人給上了。」老齊拿出準備好的財經雜誌給我，指著雜誌裡的照片，「就是他，表妹就是跟了這個爛人七年。白天是他的祕書，晚上當他的情婦。」

看著雜誌上的照片，我有種似曾相識的印象。因為新聞工作的關係，我經常得看很多報章雜誌，對照片上的中年CEO有點印象。再細看內文才確定，他就是前陣子媒體大篇幅報導的科技新貴James。根據雜誌的說法，James專門以低價併購即將倒閉的垃圾公司，財務重整後再借殼上市。一些想巴結James的記者，還給他起了個響亮的名字，稱呼他「臺灣併購天王」。

「你表妹就是為這個『併購天王』殉情的嗎？」多年的職業習慣，我盤算的其實是新聞的好賣點。

「殉情？為這種下三濫？」老齊哈哈大笑：「誰要為他殉情哪。」

「你表妹呀，你剛才給我看的不是你表妹的訃聞嗎？」

「訃聞呀？」老齊露出詭異的笑容，「訃聞是真的，但不一定真的要死人。」

「啊？」我丈二金剛摸不著腦袋。

老齊扯開喉嚨向屋裡大喊：「阿琴，客人來了，出來一下！」

「阿琴？」我有股不祥的連想，「阿琴是湘琴嗎？湘琴不是老齊的表妹嗎？表妹不是殉情了嗎？」一陣胡亂連想，我忍不住問老齊，「你在喊誰呀？」

老齊還沒來地及回答，一名靚女的出現給了我答案。

三

這位長相嫵媚的女子走進客廳，雖然長裙遮住了高挑的美腿，但無袖的緊身上衣卻藏不住胸前的豐滿和雙手的白皙。

我看的腦袋發暈，心裡卻納悶，這位大美女是誰呀？

「湘琴！」老齊說：「叫劉大哥，劉大哥就是我跟妳提到過的，專門搞新聞的那位。」

沒等大美女開口，我從沙發上跳了起來。著急的講話都結巴：「老齊，你你……，你不是說表妹那個了嗎？我們才看過訃聞的，怎、怎麼出現在這裡？」

老齊拍拍我的肩膀說：「這就是我和表妹傷腦筋的地方，所以才找你幫忙。」

老齊把我按下坐回沙發，然後鄭重的介紹，「我表妹，陳湘琴。」

「訃聞上的那位？」這次我充滿了懷疑。

「對不起，劉大哥……」靚女開口說：「我實在不甘心，他玩弄了我的感情，他還謀殺了我們的孩子。」靚女眼眶一紅，淚眼婆娑楚楚可憐的模樣搞得我手足無措，只能拚命遞面紙給她拭淚。

「表妹說的『他』，就是雜誌上的那個人渣！」老齊擠眉弄眼的瞄了雜誌上的James。然後說：「我表妹跟了他七年。一開始，我表妹就是被設計的，她們到南部出差，結果人渣老板假藉權勢和表妹發生了關係。後來又糾纏個沒完，發展成畸戀。表妹不敢告他，因為人渣早就有老婆、小孩。人渣的老婆反倒說，要是我們敢告他老公，她就先告我表妹通姦。」

我偷瞄了表妹一眼，只見她低頭抿嘴擦眼淚，壓抑著不哭出聲。

老齊看我不吭氣，繼續說：「本來男歡女愛是個人的歡喜自由。表妹是個孤兒，她可以選擇她自己想做的事，我這個做表哥沒啥可說。但一直到表妹上醫院去拿掉孩子，一個人孤伶伶的回家還大失血，她才打電話給我。還是我緊急幫她叫了救護車送去醫院的。」

「那次是第三次了。」表妹捏著面紙冷冷的說：「他殺了我的第三個孩子。」

「幸虧有我在，不然妳連命都沒有了。」老齊忍不住碎念表妹。

「住院以後咧，我通知表妹的公司要請假。」老齊忿忿的說：「本以為那個人渣總經理James會到醫院來關心一下。沒想到，來醫院的，竟然是那個比James混蛋再加三級的James老婆。」

「他老婆怎麼會知道？」我很好奇，「女祕書住院還要跟老板娘報告嗎？」

老齊斜眼看著我，笑著說：「虧你還是搞新聞的，這就叫作『社會事』。沒錯，一般老公外遇，老婆永遠是最後一個知道。但這家上櫃公司的真正負責人是James的老婆，全公司都是她的眼線。你說，我表妹是不是很慘？」

老齊自燃的怒火愈燒愈旺，「我們家湘琴還躺在床上咧，你知道James老婆來做什麼嗎？她過來看都不看我表妹一眼，丟了張支票就說：『這張支票妳拿去。這一次，妳必須跟James一刀兩斷切乾淨。公司妳也不必去了，不然我就告妳通姦、妨礙家庭。』說完，那個瘋女人就扭腰擺臀大搖大擺的走了。」

有錢人用錢擺平婚外情！這種人生劇場的肥皂劇情，我們搞新聞的實在看的太多，但我好奇的是，「她給你們多少錢？」

老齊憤怒的比出三根手指頭。

我斜睨了混身豔光藏不住的表妹，猜測她的身價，脫口而出：「三千萬？」

老齊頭都沒抬，低著頭說：「是三十萬！那個人渣混蛋的老婆居然也拿得出手。」接下來，老齊咬牙切齒的說：「你們搞電視的應該清楚，那個號稱『臺灣併購天王』的大混蛋，他個人的身家幾十億都不止吧。三十萬，包括資遣費只給我們三十萬，當我們是乞丐呀？所以，我和表妹商量之後，我們決定報仇！」

「報仇？」我敏感的想起表妹的那張訃聞，「用那張訃聞報仇？」

「是的，我們想用假訃聞報仇。」老齊點明了計畫。

老齊說，他和表妹本來商量好了，要把假死的訃聞寄給James，想嚇嚇他們夫妻倆。但是後來想了又想，這對夫妻本來就是狼心狗肺，就算收到表妹的死訊又能怎樣，他們可能會有一秒鐘的震驚與難過。但一秒鐘之後呢？然後咧？然後我們還是拿他們沒輒。搞不好他們還會覺得訃聞來得好，表妹走得好，表妹走了，他們反倒省事省心。那麼，別說什麼三千萬的賠償，可能連三十萬的支票都要跳票。

「這，這正是我們困擾的地方……」老齊沒把話說完，他和表妹都盯著我看。

我也有一種圖窮匕現的期待，「所以咧，你們打算怎麼辦？」

老齊試探性的說：「訃聞你看過了，現在，如果現在再加上表妹的遺書，你覺得效果會不會更好一些？」

「效果？什麼效果？」我不懂這對兄妹要幹什麼？訃聞裡的女主角明明還好好活著，現在又要再搞一封遺書，而且還強調「效果」？這究竟是什麼情況？

我的疑惑很多，老齊很快給了我解答。

他給了我一張手寫的信紙，他說：「你先看看這封字字血淚的遺書，裡面有表妹對人渣最絕望的控訴。」

控訴？我只看到表妹一個人坐在椅子上，正冷眼看我和老齊在對陣。不知道她想控訴什麼？

「你是搞新聞的，你先看看，然後給個專業建議。」老齊急切的說。

我狐疑的看看這對兄妹，然後再細讀這封所謂的「遺書」：

James，你欺騙我，欺騙整個社會。我為你付出了一切，消磨人生最珍貴的七年青春和感情。你卻逼我騙我，三次拿掉我們的孩子。你這個殺人凶手……。今天，結束在你的手裡。但我會和三個無緣的孩子在地獄裡等你，等你來地獄和我們重聚……

看完表妹的遺書，做人的良知告訴我不該讓悲劇發生。我對美麗的表妹說：「湘琴小姐，千萬別做傻事啊！」

「我們只想報仇！」老齊搶著當發言人：「表妹不會做傻事啦，我們只想揭穿James衣冠禽獸的假面具，替表妹討回公道！」

職業的敏感卻告訴我，跟負心人還談什麼公道？我問老齊，「你們是想要錢吧，而且是要大錢，對吧！」

老齊兄妹倆互看了一眼，表妹向表哥努了努嘴。老齊便跟我兜圈子講話：「我跟表妹都很清楚，要對付James這個衣冠禽獸，最大的懲罰就是訴諸媒體。如果他們不給我們公道，我們就讓全社會替我們主持公道。」老齊嚴肅的說：「我要讓他們公司的股票大跌，讓這個吹牛的『併購天王』，這個大騙子永遠從臺灣股票市場消失。」

「這才是你們的目的吧！」我可以確定了，他們要的是錢。

「但James和湘琴小姐是私事，這和公開的股票市場能扯上什麼關係？」我追問其中的邏輯，「而且今天你們找我，這麼一件男女貪歡衍生的悲劇，它跟公眾利益有何什麼干係？你們想要的新聞切入點又在哪裡？」

突然搬出新聞操作理論，老齊一下子語塞說不出話。但其實，我們想的方向並沒有太大差別，我們都在思考畸戀和股價到底能有什麼關係？思索媒體又該如何利用這兩者的關係，從中切入擴大殺傷力，贏得收視率。

四

客廳裡的三個人陷入沈默，氣氛頓時凝滯。

表妹緩緩抬起頭來，以堅定的語氣說：「一個人的個性是不會變的，James既然會欺騙我的感情，他就會欺騙投資人的金錢。」

表妹彷彿以受害者的身份在控訴，她說：「一個會欺騙女人感情的CEO就有可能欺騙投資人；一個沒有誠信的CEO，他的公司就不值得信任。」表妹進一步推衍她的邏輯，「當股票菜籃族的媽媽們知道James欺騙他的祕書七年感情，不但逼她流產墮胎還逼死了他的情人。那麼，James的公司就會被菜籃族認定沒有誠信，而一家謊話連篇的公司根本不值得投資。」

Yes，欺騙。用「欺騙」當作新聞切入點正合我的心意。

表妹又對著我說：「大哥，這種有錢名人的感情八卦肯定會吸睛吧。不論報紙、電視還是網路都會有興趣吧。只要揭穿這個感情騙子的惡形惡狀，讓這隻股市黑天鵝亂飛亂竄，James公司的股價就會倒大霉，股票必然狂跌。」

表妹的忿怒暈紅了她白晰的臉龐，她提高音量說：「我太清楚那爛人的財務狀況了。他和他老婆都是花錢找記者替他們寫好話的，先利用媒體包裝他收購的垃圾公司，再吹牛他的經營神話，最後再炒作股價。」

也許是表妹靠的太近，我都能感受她的體溫了，她突然改變溫柔的口氣對我說：「既然James是媒體捧紅的。現在我要復仇，我也要利用媒體教訓他。我想用媒體修理他！大哥，你說我說的對不對呀。」

「嗯，對對對！」靚女坐在身旁，我只能假裝思考，心裡已是小鹿亂撞。

表妹的一席話其實已經讓我茅塞頓開，她把畸戀、股價和媒體有效的串連起來。以我多年的媒體經驗判斷，這對James和James公司的殺傷力肯定很大。從表妹決絕的話裡也驗證了在社會走跳的一項鐵律：『漂亮的女人惹不起；心中有恨想要報仇的漂亮女人更惹不起。』我不由得挪了挪屁股，離表妹稍稍遠些。

但表妹繼續柔聲的對我說：「大哥，因為你是資深媒體人，所以表哥才和我商量，要請您幫忙……」

「對呀，老劉，你是搞新聞的嘛嗎。電視臺講話比較有影響力。」老齊老想著我在「搞」電視，他不懷好意的說：「你們搞新聞的不是最愛八卦和獨家嗎？我把表妹的訃聞和遺書先給了你，這絕對搆得上是大獨家吧！」

我也毫不掩飾，大方的說：「這的確是個好新聞！」

其實我已經開始盤算，我心想，如果把新聞的切點寫成：「上市公司老板騙騙騙．美女祕書人財兩失．殉情遺書討公道」。嗯，我連標題都想好了，這種灑狗血的殉情故事，只要給它一頂合適的帽子，透過網路即時傳播，短時間內就可以在媒體圈引爆，很快就能震憾全臺。

「你可以去訪問James哪……」老齊又打斷我的思緒，他不懷好意地說：「如果你把訃聞和遺書拿去給James看，說表妹是他逼死的。然後拍攝他拿到遺書的表情。哈哈哈，那個鏡頭絕對超級讚的！」老齊陷入狂喜，他自嗨地說：「你們電視臺搞到一個大獨家，不管是對你、對我還有表妹，我們三個人都是大贏家，這個投資報酬率很高的。」

「借刀殺人！」我心想，這對兄妹一定是這麼打算的。他們根本只想利用我、利用媒體替他們出頭，這對老齊這個證券營業員來說是一本萬利，的確是投資報酬率極高的項目。但對我有什麼好處？

「讓我想想……」我不得不使出拖延戰術。

表妹看出我在猶豫，她輕鬆地說：「大哥你放心，你拿到我的遺書對電視臺來說就是大獨家，我們讓James付出代價，這對我們來說是雙贏。」

「但重點是，妳沒有死呀！」我說到了整個計畫的核心破綻：「這件事只要被報導，一定會鬧大。但問題是，表妹妳沒有死呀，妳肯定會被網路肉搜起底，妳以後就很難在臺灣混了。」

「誰還要在這裡混哪？」老齊笑嘻嘻的比劃起ＯＫ的手勢：「只要你們搞垮Jame。股票市場上，我和表妹絕對不貪心。」老齊笑得很狡獪：「我們先講好，你何時發佈新聞？發新聞前，表妹會早一步離開臺灣。」

我好像懂他們的盤算了，我問老齊：「表妹先走，那你咧？」

「我留下來處理股票，我不貪心，有賺錢就走人。」

五

我懂了：「原來這對兄妹安排這一齣劇，是早有打算的。」

看我還在猶豫，老齊又想替我打強心針進一步說服我，「除了表妹的遺書和訃聞。還有第三招，你可以給表妹來個『生前專訪』獨家專訪呀。」

老齊按他的計畫想一步一步引我入彀，他笑嘻嘻的說：「媒體不是最愛報導美女嗎？你看，表妹這麼美，如果再給她來一段生前專訪，保證能幫你的大獨家大大加分。」老齊終於和盤托出他媒體爆料計畫的第三部曲。

「不行，那太假了。」我反射性的反對：「那有人自殺前還找電視臺告白的？太假了，一播出就穿梆。」

不過，看著美麗的表妹坐在一旁傷腦筋的樣子，倒激發我新的想法。

「就用你們自己的手機拍呀，而且要用業餘的自拍模式。把這段『生前錄影』製作成『電子遺書』。」一瞬間我的新聞靈感跳了出來，不由得拍手叫好，我說：「除了拍攝真人版的電子遺書，更可以把整段畸戀自殺包裝成『預知表妹死亡紀事』。就像說故事一樣，故事裡有上市公司老板、美女祕書、手寫遺書、訃聞，更要有攸關公眾利益的股票。」我像主持編採會議一樣，一口氣說完整套媒體復仇計畫。

目標確定之後，接下來更重要的是執行策略，我說：「我們先把表妹的電子遺書po上網路，我再打幾通電話跟同業溝通放消息，保證報紙和電視立刻跟進抄襲。」

我了解網路發達的現在，新聞資訊處處可得，一般的獨家報導撐不了五分鐘就會被抄走。很多觀眾的胃口已經被網路狗仔養大，早就把新聞當成是娛樂資訊。很多資訊對觀眾有沒有價值不重要，有時候甚至連是真、是假都不重要。

「重要的是，只要媒體跟進抄襲報導就有殺傷力。」我斬釘截鐵的跟兩兄妹說，「只要真的能炒作成『預知表妹死亡紀事』，對James和他公司股價的殺傷力就會被媒體無限放大。」

六

老齊兩兄妹聽完我的媒體扒糞計畫後，他們佩服我的專業，接受我的建議。於是，我們決定用表妹的手機進行業餘的拍攝。

當我正在調整手機拍攝的角度時，表妹卻突然問我，「大哥，電子遺書……要我講什麼呢？我沒有對鏡頭講話的經驗，怎麼說比較好呢？」六神無主的表妹即使在匆忙間，仍下意識的拿起粉撲妝飾剛才哭花的臉。

「停……，不要化妝了，不要化了。」我覺得她太過正經了，把錄電子遺書搞成拍電視鬧劇。於是我指揮表妹，「妳的臉上必須保持淚痕，妳是在講遺言耶，哭都來不及了。別化妝了，妳已經夠漂亮了，不能再漂亮了。」

表妹哀怨的說：「可是……是上電視耶，也有人美美的死去的呀。」

我只能感慨，愛美，真是女人的天性。不過，美麗的女人是收視率的保證，所以，我也不再堅持：「妳要美美的念遺書也是可以的啦！但是，妳得一邊講一邊哭……。」

「可是，人家的臺詞是什麼嘛！」結束撲粉的動作，表妹發起嬌嗔：「人家不知道該說什麼才好呀？」

「就唸妳手寫的遺書好了。」只要工作起來，再美麗的女人對我來說也只是道具，對眼前的靚女我下達拍攝的指令，我說：「表妹妳一定得哭啊。美麗的女人掉眼淚，觀眾就吃這一套，收視率才會高。」

在最後確認手機拍攝的角度後，我像個鄉土劇導演要求表妹先培養悲傷的情緒。同時，我也指揮老齊擔任FD盯著手機，然後輕聲交代說：「大家放輕鬆，這是可以NG重來的啦，我們一定要拍出聲淚俱佳最好的片段。放心，明天我就讓『電子遺書』的VCR在媒體上廣為流傳。」

老齊和表妹一起點頭附和，然後就認真的在崗位上忙碌排練。

表妹哀戚的揣摩她的遺書臺詞：「……James，你欺騙我，欺騙整個社會。我為你付出了一切，你卻逼我騙我，你這個殺人凶手……。我會和三個無緣的孩子在地獄裡等你，等你來地獄和我們相逢！」

老齊則盯著手機，興致勃勃的指導表妹把遺書演繹的更好。

七

至於我咧？嘿嘿，且容我賣個關子，我得躲到廁所裡去完成我的工作。

躲進老齊家的洗手間，我用自己的手機快速蒐出James公司的股票代碼，查看它的股價走勢圖和財務報表。

「賓果！」我暗自竊喜，「真爽，這家公司果真是塊大肥肉！」

這回我有機會大成功，我盤算著：「媒體掌握在我手裡，我肯定能比老齊他們早一步成為股市禿鷹。」我用力握拳給自己打氣：「打擊James之前，我先借券放空，股市禿鷹，我一定成功！」

在手機上操作完預購程序後，我有一股放空股市的快感。

按下水閥，隨著馬桶的沖水聲，肚子裡也有放空後的順暢。

走出洗手間，我比這對兄妹還興奮，「來來來，我們快來拍攝表妹的遺書吧……。」

我的新娘很陌生

沒結過婚的彩券行老板，警察催他去認屍。一具孤單美麗的豔屍，竟然是他的老婆？彩券行老板在警察的見證下居然也認了，陌生的豔屍是彩券行老板的新娘？究竟是怎麼回事？

一

冬天的清晨，小小彩券行的門口站了兩個人。

臉上還長著青春痘的年輕警察按門鈴兼大喊：「開門，開門！」

另一名個子瘦小的女警官則站在警員身後，稀疏半圓的短髮把她襯托得格外幹練，她的右胸配戴一線四星的巡佐階級章。眼看門鈴按了半天沒反應，女警官示意男警員敲門。

「開門，警察。警察，開門……。」穿著警用GOT-TEX防寒外套的男警員更賣力的拍打門板了。

等了一會兒，彩券行的小門終於打開。拄著兩根拐杖的阿福站在門後，睡眼惺忪的推了推黑色膠框眼鏡，迷糊的問：「警察？有什麼事嗎？」

警員回頭看女巡佐，女巡佐以一半命令、一半責怪的語氣對年輕的警員喊了聲：「林志傑！」

「有！」林志傑像學員兵一樣馬上立正，答「有！」

然後年輕警員打開卷宗，照著上面的資料問：「你是廖清福先生嗎？」

「是，我是，有什麼事嗎？」阿福有點緊張，畢竟警察找上門不會有好事，至少不會找他去當好人好事代表。

警員吞吞吐吐的跟阿福說：「嗯，是你太太的事……，你太太出意外了……，我們可不可以進屋裡說，外面太冷。」

阿福笑說：「你們搞錯了吧，我是王老五耶，還沒結婚耶，那來的太太？」

女巡佐搶過警員手上的卷宗，核對上面的文字，又問了一句：「你是廖清福先生，沒錯吧？」

阿福說：「是！我是廖清福。」

「那這樣吧，我們進去再說。好不好？」女巡佐的態度客氣但很堅決。

二

這間在夜市口的彩券行是阿福租來的，十坪大的店面前，面做生意，後面的小隔間擺了張雙人床，就他一個人睡在裡面。彩券行沒有其它員工，一般要中午過後阿福才會開門做生意，和夜市一樣營業到凌晨。這兩名警察清早來敲門，阿福根本還沒睡醒。

阿福有小兒痲痺症，雙腳嚴重萎縮，必須拄兩根拐杖才能行動。他讓兩名警察進到店裡坐下，還來不及倒水招呼，年輕警員脫口就說：「她死了！」

「誰？」阿福還是一副茫然。

女巡佐白了小警員一眼，「這麼急做什麼？我有叫你這麼趕嗎？你沒看到人家行動不方便，等人家坐下來再說。」

小警員向女巡佐道歉：「對不起啊，學姐，今天是我第一次出任務。」

阿福則問警員，「你剛才說，誰死了？」

警員向女巡佐請示後才說：「你太太呀。早上蘇花公路發生遊覽車和拖板車對撞的車禍，各家電視新聞都有在報導呀！」

阿福說：「我沒看新聞，你們來的時候我正在睡覺。臺灣新聞一天到晚都報些有的沒的，沒營養，沒特別的事我不會看……。」阿福扶著椅子慢慢坐下，「不過，那不重要，因為你們弄錯了。我剛才說過，我沒有結婚，哪來的太太。」

「還說沒結婚？」菜鳥警員簡直不敢置信，他看了學姐一眼，請長官處理。

女巡佐則略顯不耐，翻著手上的卷宗說：「你是廖清福吧，四年前的十月，你是不是曾經和一位叫『陳月』的小姐結婚，有嗎？」

阿福乍聽這個名字，立刻像洩了氣的皮球，陷進褪皮的破舊辦公椅裡。可能是天冷再加上他剛起床，喉嚨頓時又乾又癢，一時間竟說不出半句話來。

菜鳥警員悄聲問巡佐，「學姐，是他嗎？會不會弄錯了？」

女巡佐要警員別講話，示意他倒杯水給阿福。

阿福的這間小彩券行，擺在角落的飲水機又髒又舊，阿福本來就嫌棄它流出來的水質噁心，打算年底簽注生意如果好一點，明年要擠出點錢換臺新的。現在看到警員從老舊飲水機裡給他倒溫水，卻讓阿福覺得一陣噁心。

阿福捧著紙杯沒喝水。他深呼吸、深呼吸再深呼吸，半天還是說不出話。

「沒關係，你慢慢來，休息一下，我們等你喘口氣。」女巡佐安撫阿福。

阿福就這麼坐著，用癟嘴深呼吸來壓抑情緒。小店裡悄然無聲，直到菜鳥警員失去了耐心說：「老板，你太太在臺灣沒有其它親人，你應該知道吧。」

阿福點點頭，「她的家人都在對岸，在大陸，在福州。」

「所以你認得她嘛！」年輕警員有點不高興：「那你還一副死人臉，趕快起來跟我們去認屍，我們要趕著結案咧。」

「閉嘴！」女巡佐對於這個喜歡搶話的小學弟有點不耐煩了，她說：「人家是喪家，你有點同理心好不好。注意你的態度，當心被投訴。」

警員退到一旁，氣呼呼的閉上了嘴。

阿福捏著已經涼掉的紙杯問：「那……，你們要我做什麼？」

「要你去指認……」，女巡佐用慎重的語氣說出找他的目的，「她是你太太，你應該是唯一能指認她的人。」

三

阿福頓時陷入沉思。

其實，和陳月結婚的那天，是阿福第一次見到太太。而且，阿月還是標哥帶來轉交給阿福，要阿福跟阿月去辦理結婚的。

標哥是阿福的常客。沒結婚前，阿福每天坐在殘障輪椅上，到夜市擺攤賣彩券討生活。開遊覽車的標哥，每次載旅行團到夜市吃大排檔就會繞過來跟他買彩券試試手氣。標哥常跟他臭屁「阿陸仔」其實很好騙，說大陸人以為人民幣一九九九元的團費就可以在臺灣包吃包住包玩。殊不知，標哥帶他們去買茶葉、買珊瑚、買超貴的伴手禮。「阿陸仔」雖然在團費上占了便宜，但是在購物行程上，早就被標哥連本帶利全賺回來了。

標哥無論碰到誰都說自己是遊覽車公司的大老板，但其實，他雖然擁有三輛貸款買來的車靠行在遊覽公司，但距離「大」老板，還是有很大很大的一段距離。不過，「大老板」這個頭銜，對某些貧窮的大陸女孩還是很有吸引力的，陳月就是其中之一。

陳月本來是大陸福建一家旅行社的小導遊，這幾年，由於大陸觀光團來臺的生意實在紅火，陳月的小旅行社就曾多次派她來臺灣踩線探路。

標哥來買彩券的時候就經常跟阿福臭屁，說陳月長得多麼妖嬌美麗，身材曲線多麼玲瓏，簡直比電影明星還漂亮。阿月幾次來臺灣，標哥都展現他「大老板」的慷慨，熱情接待陳月。標哥還說，他和陳月是真心相愛，陳月也希望嫁到臺灣，和標哥一起賺她們「阿陸仔」自己人的錢。

標哥邊笑邊說，「可惜呀，可惜……，可惜我早已經娶某生子啦。」他一邊把損龜的刮刮樂彩券丟還給阿福，一邊問說：「要不然，阿福，你替我娶她？」標哥說的一臉正經。

「你說什麼！」阿福一臉錯愕。

「你替我娶她。」標哥笑得燦爛：「我給你錢！」

有錢，什麼都好說。阿福就在標哥安排的婚姻介紹所的指導下，跨海飛到福州去。到了福州，阿福也才知道，想娶大陸老婆的臺灣人，必須到各省的省會辦理結婚登記手續。福州是福建的省會，托陳月的福，從來沒有出過國的阿福，這才有機會藉著結婚的名義，到大陸進行七天的短暫旅行。

四

到福州結婚的當天，標哥帶阿福到民政局公證處報到。標哥不但擔任阿福的證婚人，更重要的是，他把新娘子也帶來了。

第一次見到陳月，她沒有標哥形容的那麼妖嬌美麗，雖然距離電影明星還差上一大截，不過，年輕的樣貌加上凹凸有致的身材，還是吸引住阿福的目光。

公證儀式中，阿福這才知道，原來陳月是福州附近說不清楚是哪個城鎮的鄉下姑娘。陳月出來辛苦打工，就因為種田的家裡還有兩個弟妹要讀書。阿福心想，今天的新郎新娘至少有一項是相同的，那就是經濟壓力都很大。

公證儀式的過程中，標哥為了化解陳月的緊張，不時會扮鬼臉逗弄陳月。這個證婚人真的很好動，逗得第一次結婚的陳月丟掉了緊張，反而笑得前仰後翻差點兒岔了氣。至於也是第一次結婚的阿福，緊張得活像一尊人型立牌卻沒人搭理，只能傻愣愣的呆坐一旁，體驗現場極不真實的喜氣。

公證程序很快結束。標哥很高興，他說想去喝下午茶慶祝一番。阿福卻說，他想去吃福州乾拌麵。

陳月一聽噗哧一笑，她挽著標哥的手說：「阿標說的沒錯，你還真的是『臺灣俗』啊！」

阿福第一次聽陳月正常說話，沒想到一開口竟然就是取笑他。

陳月說：「福州乾拌麵是你們臺灣的特產，跟我們福州沒關係的。我去臺灣三、四次了，阿標每次都會帶我去吃。不過，現在是在福州，我們不流行吃你們的『福州乾拌麵』啦。」

陳月和標哥商量後，兩人手牽手去喝溫州道地的名產——花生湯。而作為人頭新郎的阿福卻只能拄著拐杖在後頭跟著。

阿福第一次喝到的福州花生湯，那是一道甜釀湯品。花生仁經過十小時以上的熬煮，煮到軟爛而不碎，再加上大量的砂糖，吃起來十分甘甜，入口即化。不過，也許是阿福在花生湯裡加了太多冰砂，加上糖水過甜……，更可能是標哥和陳月旁若無人的恩愛模樣，讓阿福這個「一日新郎倌」喝完了花生湯以後，全身都發冷、牙齒酸疼……，心裡還有點酸酸的複雜滋味。

第一次結婚的阿福，本以為公證完之後，新娘會儀式性的到他投宿的飯店房間裡坐一坐，就是坐一坐也好。所以在吃完甜膩到讓人心酸的花生湯之後，他還拄著拐杖傻傻的跟在標哥和陳月後頭。直到標哥拿出六百塊打發他，標哥說：「阿福啊，這些錢你拿著……，錢拿去你就別再跟了。」然後他一把摟陳月入懷，笑著說：「今晚是我們的新婚之夜，我們要好好慶祝。」

阿福這才識趣的攔下一輛計程車，傻愣愣的坐回標哥安排好的飯店。

飯店裡，阿福的新婚之夜，他新郎倌一個人獨自泡進溫水池裡，享受一個人的物理治療，渡過一個人的新婚夜。

五

冬日的微雨淅瀝瀝的灑在車窗上，年輕警員專注的駕駛著警備車，女巡佐在副駕駛座上閉目養神，阿福則痴痴的坐在後座。開往醫院的路上，三個人幾乎沒有說話，只有阿福繼續沈緬在回憶裡。

看著窗外的景物飛逝，阿福四十歲的人生幻影也從腦海飛掠。他想起兒時高燒生病過後，打零工的爸爸就再也沒有回來，是媽媽獨自一人撫養雙腿殘障的他，母子倆艱苦的生活。他想到最後一次見老母，是在老母臨終的病榻，老母一直跟阿福說抱歉：「攏是阿母不好，是阿母沒把你顧好，害你小時候就得病。害得你老爸有家不敢回，害得你到現在都不會行路……。」

阿福回想當時的自己慘兮兮的在病床邊，哭紅了雙眼卻完全沒有想法。他不知道臨終的老母在幹嘛，人都要走了還這麼放心不下，盡說這些有的沒的又能怎樣？他不能走路已經四十年，撐著拐杖一樣可以移動呀。至於那個離棄他們的爸爸，他從來沒想過他，對他也就從來沒有印象。

但是做人老母的，總愛為子女操心一輩子，老母臨終前也是放心不下。嚥下最後一口氣前還交代阿福，說：「憨囝仔，你前半世有老母作伴。後半世要自己找個伴兒。不會走路的也沒有關係，只要有個伴兒，有人可以作伴……。」

老母嚥氣後，家，就不再像個家。既沒有人噓寒問暖，也沒有人可以嘮叨廢話。沒有人可以關心，也沒有人需要被關心。家，對阿福說來，頂多只是個洗澡睡覺的處所。孤單單的家，就像閩南語歌曲裡唱得一樣：「雙人枕頭，永遠孤單；棉被再厚，也會畏寒。」

其實，就算沒有老母的交代，阿福也曾想過要找個伴，但是一個坐在輪椅上賣彩券的中年男子，想結婚談何容易。所以當標哥出現，要他幫忙，要他去大陸幫忙結婚……。即使這個婚姻他只是當個人頭丈夫，但阿福也有自知之明，他既沒人才又沒錢財，這輩子大概也只能替人家去結這種婚了。

六

警備車的老舊雨刷似乎刷不盡車外的冬雨。想到一會兒就要見到陳月，阿福的心情有些矛盾。更精確的說，他有些害怕。他不知道自己為什麼要答應這兩個警察去醫院認屍，但他又不敢跟他們坦白這場婚姻其實是假的，因為他害怕一旦跟警察自白，自己就會被抓進警局關起來。

「去見一具陌生的屍體……」阿福直覺得奇怪，有點刺激，更多的卻是恐怖。

「你放心，沒事的。」女巡佐見阿福心情沈重，所以轉過頭來安慰他：「你太太好像有投保意外險，應該會有一筆撫卹金，待會兒你要一併處理。」

阿福答應認屍，但壓根兒沒想過撫卹金的問題。因為他從一開始只擔心：「假結婚，會曝光……」

他想起標哥曾經要他背誦的娶妻流程題庫，可是他早就忘光了……。現在要去認屍，警察或者保險公司會不會也和移民官一樣問他相同的問題呢？阿福的心事重重，漫不經心的低聲輕喊：

「喔……喔……喔……。」

「請節哀，你自己要保重身體。」女巡佐自以為善解人意，「待會兒見到你太太，請千萬不要太激動。」

第二次見陳月的時候，機場負責面談的移民官也是這麼說：「待會兒共同面談的時候會看到你太太，請你千萬不要太激動。」

七

四年前，在福州辦完結婚登記，要接陳月進臺灣之前，新郎和新娘還得再接受一場考試，這場考試是回到臺灣，在機場接受臺灣移民官的面談。

標哥說，臺灣的機場面談是最最重要的一關，很多大陸配偶進不來就是卡在這一關。他特別交代說：「你絕對不可以出槌喲。出槌，不但陳月進不來，你也別想拿到尾款。」標哥嚴肅的要求阿福必須好好準備。要不然，「人頭丈夫」就拿不到錢，這是當初談好的條件。

既然機場面談是考試，凡考試必有考題，有考題就一定會有參考題庫。標哥給了阿福一份婚姻仲介公司整理好的面試答案，上面詳細條列整個迎娶新娘的標準作業流程。雖然仲介公司給的題庫和真實的迎娶情況百分之百不相符，但阿福卻必須一一背熟，因為面試的考題裡會考。

「結婚那天，你們吃什麼？」標哥按題庫給阿福抽考。

「花生湯！」阿福不假思索，他把記得的脫口而出。

「夭壽噢你，什麼花生湯，你是存心不讓這個老婆進來嗎？」標哥惡狠狠的開罵：「你跟陳月拿的是同一份題庫，你們倆人背的答案必須跟題庫完全相同，這樣才不會穿幫，你知影嘸！」

阿福一個勁兒的賠不是。只不過阿福心裡清楚，到目前為止，他這輩子唯一一次的結婚那天，他真的是吃了讓他牙齒酸疼、心裡也發酸的花生湯。不過，為了讓陳月順利入關，他還是努力的熟背題庫。參考題的內容還包括：結婚當天兩人穿什麼衣服？聘金是多少？在哪個餐廳宴客？賓客有多少人？吃了些什麼菜色？甚至連結婚前一晚，兩人見過幾次面……，都要詳詳細細的背下來。

八

到了正式面談的那一天，阿福和陳月分別被帶到不同房間裡問話。就像電影裡演的一樣，他們像似被隔離偵訊，移民官要向兩人分別套取口供。不過臺灣這邊，由於一直都不相信大陸女孩肯真心誠意的嫁過來，所以總是對大陸配偶多一分提防。機場移民官主要詰問的對象也是新娘，至於新郎則相對不重要。

過了大概一個多小時吧，移民官花了大部分的時間問完了陳月，阿福這邊的電話才響起。接著，阿福被衛警帶到陳月的房間，共同接受移民官的問話。而那是第二次，阿福第二次真正見到陳月。

「你們結婚宴請賓客吃的是什麼？」沒有意外，移民官把剛才問過陳月的問題拿來與阿福對質。

「主菜是佛跳牆、鼎邊糊、荔枝肉還有七星魚丸湯，甜點是芋泥」，阿福想都沒想，脫口而出的就是題庫裡的標準答案。他看到陳月點頭微笑，知道倆人有共同的答案。接下來的幾個問題，阿福也都滾瓜爛熟的應答如流，阿福心裡飄飄然的暗爽，「我們心有靈犀，是這麼說的嗎？耶！我結婚囉！這是我和陳月另類的琴瑟和鳴嗎？」但……，事實卻是，阿福，你想的太多。

眼看一切順利，這時候，移民官卻公式化的說：「恭喜你們通過了考驗，現在新郎可以抱抱你的妻子了。」移民官的指令卻沒能讓阿福化為行動，他僵在了原地，只因為面試題庫裡並沒有這一道題。

場面相當尷尬，眼看著有可能被識破，陳月立刻機警的走向前去，她展開雙臂用力的抱緊阿福，她把頭埋在阿福撐拐杖撐出來的厚實胸膛。

拄著拐杖的阿福被陳月這突如其來的舉動嚇呆了，一時間騰不出手來，他只能被動的從彼此短暫交錯的呼吸中體會到陳月女體的溫度。這是他做為法律上丈夫的第一次，也是阿福唯一一次體會到陳月帶給他的溫柔。

看著眼前相擁的男女，移民官僵硬的臉龐送上制式的祝福：「祝福你們永遠真心相愛、真想結婚、在臺灣成為真正的佳偶，能夠永世真情、白頭偕老。」移民官一句祝福的話語裡連說了四個「真」字，聽在阿福耳朵裡，彷彿每個「真」字的後面都必須加上一個大大的疑問號。

好不容易捱過兩個多小時的機場面談，已經筋疲力竭的陳月終於順利入境臺灣。她一見到守候在機場外頭的標哥，彷彿經歷一場生死戰役的陳月立刻跑上前，喊了聲：「阿標！」她用剛剛抱過阿福的雙手使勁兒抱住標哥，好像這麼一抱，釋放了她的壓力。

輪椅上的阿福看到兩人親愛的這一幕，剎那間卻有種感動，他想著：「也許，也許標哥和阿月是玩真的，他們是真心相愛、真想結婚……。」

憐香惜玉的戲碼維持不到三秒鐘，標哥卻不耐煩的抱怨起來：「怎麼問這麼久？害我等了老半天。」然後他摟著阿月的肩膀說：「辛苦妳囉，跟妳們那裡比起來，臺灣這邊有夠慢噢。」隨後，標哥很快招呼阿福坐上婚姻介紹公司的九人座巴士，「快點，快上車，接下來還有好多事要辦。」

九

是的，接下來的事情還真多。他們先去拍大頭照，然後辦結婚登記、辦入出境許可證、辦依親居留證等等。要跑的地方很多，阿福根本不知道自己被帶去了哪些個地方。他和陳月是分開坐的，一路上，陳月都和標哥坐在一起。他因為行動不便，單獨坐在方便上下車的座位。而且，他的工作跟工具機器人沒兩樣，反正，只要辦證件的公務員問他話，他就機械式的回答說：「是的，是的，謝謝你。」

阿福被帶來帶去的瞎忙到暈頭轉向，唯一的記憶就是：上車、下車、說謝謝，然後中間記得去尿尿。

不知過了多久，天色墨黑，路燈也已全開。標哥終於拿起一張像身分證一樣的卡片笑嘻嘻的跟陳月說：「好了，好了，終於辦好了，從現在開始妳就是臺灣人囉。」

「才沒咧，這張只是依親居留證。」一樣累癱了的陳月接過卡片細細看，她說：「我們那邊人說，臺灣這裡的大陸配偶要六年才能取得身分證，比起印尼、越南的外籍新娘還要多兩年，這對大陸人很不公平耶。」

標哥則笑笑說：「沒關係啦，規定就是規定，入境隨俗嘛。有這張卡一樣可以申請勞、健保，妳就可以安心的在臺灣賺錢啦。」然後標哥沖著陳月一臉淫邪的詭笑，說：「阿月呀，待會兒帶妳去休息，先休息個兩天再上工。」

標哥也不是單顧著調情，他沒有忘記阿福的存在。只是，他把阿福請下了車。

「謝謝你呀，阿福！」兩個人站在車外，標哥從斜背包裡拿出厚厚的一個信封袋交給阿福，

「我是有信用的，說到做到。既然陳月順利進來了，這些錢你拿去吧，不要再蹲在路邊擺攤了，想辦法開間彩券行，自己做老板卡有前途。」標哥從沒忘記當老板的好處多多，他鼓勵阿福的同時，自己臉上也沾沾自喜。

阿福千恩萬謝的收下那一小包鈔票，雖然感覺像賣老婆換來的錢，但他還是小小聲的跟標哥提出新的要求，「標哥，能借我看一下嗎？」

「看什麼？」標哥問。

阿福指著汽車裡的陳月，「那張卡片……，借我看一下，好嗎？」

標哥略微猶豫，抬頭紋皺上了額頭。但猶豫不到兩秒鐘，他還是阿莎力的從陳月手中拿來了居留證，標哥說：「看一下，就看一下，你也有出到力嘛。看一下就好囉。」

昏暗的街燈下，阿福單手捏著卡片，那是一張『依親居留證』。證件上，陳月的大頭照片顯得異常清純。依親欄位上則寫著：「依親——夫——廖清福」。

那是阿福第二次，也是最後一次見到陳月，再來就是今天了。

處理車禍的警察在肇事現場找到罹難者的居留證，透過臺灣發達的戶政系統，很快就由轄區警察找到居留證上的「夫——廖清福」。

一〇

去太平間的路上，阿福擔心自己會認不出她來。畢竟四年沒見了，而且嚴格說來，兩人也才見過兩次面。四年過去了，陳月根本沒再出現過阿福的生命裡，這段期間，即使偶爾來店裡光顧的標哥也不斷抱怨，他說陳月根本就是故意搞失蹤。

標哥說，陳月剛進來的時候，他幫她安排了一間套房，兩個人還高高興興的住在一起。但不到三個月，陳月就躲他躲得遠遠的，怎麼找都找不到。想到就氣，標哥的臺罵脫口而出：「X妳娘，攏是我家那隻虎霸母害的……，她知道我跟陳月在一起以後，就威脅說要報警察來抓，要把陳月捉去關，送回大陸，嚇得陳月連夜落跑，趕緊躲起來。」

「她躲到哪兒了咧？」阿福隨口問問。

「誰知道？不知死去哪裡了。」標哥刮著彩券，想到舊日的情人小三，嘆了口大氣，「不過，好像她不跑也不行，萬一真的被警察抓到，肯定會被送回去……，」標哥抬頭盯著阿福，「她要是被抓到，搞不好，連你、我都會有事。」

阿福不想回憶那段娶親的噩夢，更不敢回應標哥的問話。

「X！」標哥飆出一聲臺罵：「你娘咧。」，阿福嚇了一跳，以為是自己的不開口得罪了標哥。

「又擱損龜啊！」標哥把沒刮中的彩券丟還給阿福，「有風聲在說，說她已經在臺灣做導遊專帶她們大陸同鄉，畢竟那才是她的老本行。她當初來臺灣就是為了賺錢，她家裡還有弟弟妹妹要養。」標哥低頭一邊刮彩券一邊回憶舊情人，「但也有風聲在說，她是跟別人跑了，在臺中的酒店裡做黑的。可是不管我怎麼聯絡，她就是不回，當初買給她的手機，她連號碼都換掉了。X！」標哥的臺罵聲中充滿濃濃的恨意。

從標哥的抱怨中阿福這才知道，四年前和他結婚的陳月應該還在臺灣，只不過，她已經從標哥的生活裡蒸發，從阿福的世界裡消失。阿福只能依稀記憶起陳月通過考試高興的模樣，她說要來臺灣賺錢，她說要當標哥的永世情人……。

二

對陳月的印象都是模模糊糊，像罩著一層看不清的白霧……，他擔心待會兒根本認不出陳月。所有的擔心和疑慮都是多餘，走進太平間，揭開白色被單的剎那，阿福一眼就認出來了，是她。那張曾經向他溫柔吐氣的臉……，是她，是她沒錯。

陳月身上蓋著白色被單，被單外面還罩上一層黃底紅字印滿經文的往生被。阿福一眼就認出，這跟當年送老母往生的「西方被」一模一樣。阿福的老母當年在蓋上「往生被」前，因為放心不下他，曾要他努力的找個伴兒……。

但阿福讓媽媽失望了，他辜負媽媽最後的期望。而眼前，這個短暫如煙塵的伴兒，如今也和媽媽一樣，一動不動的躺在太平間。

「還好，臉上沒有傷……」菜鳥警員第一天出勤就進太平間，面對一屋子冰櫃裡躺著各種不同死法的往生者，菜鳥警員表面上安慰阿福，更多是安撫自己，「免驚、免驚，你免驚……」。

陳月的臉上確實沒有太明顯的傷痕。但女巡佐告訴阿福，被單下，陳月的胸腔遭到拖板車砸下來的鋼架重擊，嚴重受創變形，到院前就沒了心跳呼吸。

阿福看著冰櫃裡平靜的陳月，回想起機場那次的面談。當時，在移民官的慫恿下，陳月曾經緊緊抱過他，那個強烈起伏的胸脯一度讓阿福憋住了氣，更讓阿福初次體驗到女體的柔軟以及溫熱的呼吸。

可是眼前的冰冷，讓溫熱的回憶永久定格。阿福很後悔當時沒能放下拐杖，騰出手來抱抱他的妻——這個僅僅存在於法律上，他合法的妻。這樣的悔意讓阿福有一種罪惡感。

這種罪惡感糾纏了阿福一整天。當上午警員來敲門，告知「陳月」這個名字的時候，他本應該要記得她的，但是他沒有。特別是現在，看著陳月的臉，這讓阿福很內疚。這輩子他只結過一次婚呀，怎麼會忘了妻的名字呢？此刻的阿福，傷心更多過於難過。

「要不要給你一點時間，讓你和太太獨處一會兒？」女巡佐感覺出阿福的傷心。她貼心的給出建議：「我們出去一下。有什麼話，你可以單獨跟太太說。」

「學姐，他還沒簽名耶，這要怎麼結案？」菜鳥警員只想到自己的工作。

女巡佐狠狠白了警員一眼要他閉嘴。她拍拍阿福的肩膀安慰他：「沒關係，你一定有很多話想單獨跟太太說。不打擾你們，我們先出去，讓你們單獨相處一會兒，有話你就跟她說……。」

阿福搖搖頭：「嗯，你們別出去，我，我，……」一句話到嘴邊卻打住。他想跟警察說，其實我也不知道該跟她說什麼。但是，他又想起老母親曾給他的叮嚀。他的心緒既糾結又複雜，心裡想：「那是我的伴呀！法律上她是我的伴兒。」只是這個伴兒現在躺在冰櫃裡，再也不會動。

阿福只能空想卻什麼話都說不出口。突然一陣鼻酸，他紅了眼眶。

「沒關係，真的沒關係……」女巡佐說：「你沒必要憋著，想哭你就哭吧。」

最後，阿福還是謝謝女警的好意了，他終究沒有和陳月獨處。

雖然，從來也沒獨處過。

他只是嘆口氣，搖搖頭，眼裡含著一泡淚，拄著拐杖悄悄的離開。

軍官的重生

「你愛她嗎？如果愛她⋯⋯，
一個月只要花臺幣二九九元，
就能讓你的她或他，
在你不幸意外的時候領到五百萬。」

上面的臺詞不只是壽險廣告詞，
也是一名軍人的血淚故事。
只是，為什麼拿到錢的人，
是悄悄的拿，沒跟別人說？

一

業務員阿強的廣告宣傳單上是這麼寫的：

「一個月只要臺幣二九九元，就能讓你親愛的家人，在你不幸發生意外的時候領到五百萬。別小看這五百萬，它能讓你的孩子順利讀完研究所，孩子的人生會比你平凡的一生更璀璨！」

看到這樣的保險廣告DM，如果坐在對面的你還是無動於衷，那麼阿強就要播放新聞影片了。這是他從網路下載的影音檔，新聞裡的主角正是阿強自己。iPad裡，播放的是讓人毛骨悚然的車禍新聞：

今天上午八點一三分，一輛準備前往桃園參加演習的軍用吉普車，行經臺一線新竹路段失控撞上路樹。軍車起火燃燒，吉普車裡的駕駛兵來不及逃生當場燒死。駕駛兵侯俊傑的爸爸趕到現場，看到獨生子被卡在軍車裡傷痛欲絕。侯爸爸不能理解為什麼是駕駛座撞上路樹？獨生子慘死的事實，讓白髮人送黑髮人；至於負責押車坐在副駕駛座上的年輕軍官宋自強，因為被狠狠拋出車外，手腳嚴重骨折重度昏迷，目前送往榮民醫院急救。

「好可怕！好可怕！」，看到軍車燒地支離破碎只剩下骨架殘骸的人都是同樣驚悚的表情，每個看過新聞影片的人都會追問阿強，「好可怕，那個……那個躺在病床上的軍官真的是你嗎？」

是的，病床上的人真的是阿強。

看完車禍的新聞影片後，通常阿強不必多做解釋，他推銷的保單就能賣得超好。雖然不確定這和他現在有點瘸的左腳，以及舉不起來的右手有沒有直接關連，但只要肯坐下來聽他講述車禍故事的人，在看完影片之後，幾乎都能接受他代言的保險商品，包括：意外險、壽險、醫療險。如果經濟狀況許可的話，多半還會加買一張投資型保單，或者變額年金保險。

二

阿強雖然是職業軍人出身，但是他對保險業務絲毫不陌生。

更早以前，當時阿強還在部隊裡服志願役，為了增加收入讓老婆小孩過上更好的生活，他會以Part-time兼差的身份跑到親戚朋友家賣保險。那時候，最流行的銷售話術就是講一個女人跳樓的故事。故事是說：「有一個跳樓的女人，高空墜下，意外壓死了一名騎腳踏車賣燒肉粽的歐吉桑……」公司特別交代業務員要強調，「意外很可怕，何時來，沒有人知道。」

可是，不管阿強跟親戚朋友重複多少次這個老掉牙的保險故事，得到的回答總會是：「啊，你又擱來呀。你是擱欠人多少啦？嘜擱來這兒詛咒我早死呀，好呀不好？」

講別人的故事，成交的機率極低。現在他講自己的車禍故事，效果就好太多了。每個阿強接觸到的有愛心的人，都會不自主的掉進他悲慘的故事裡。

他，宋自強，本來是一名工作穩定的志願役上尉軍官。可是這幾年，不論是軍人、公務員還是教師，這三類人一直被社會上的有心人士辱罵，一些怪怪的人老是咒罵軍、公、教是國家的米蟲、肥貓，這樣的社會氛圍讓阿強覺得很糟糕。

服役即將屆滿一〇年的阿強考慮了很久，但卻拿不定主意是不是該繼續留營替國家賣命？

阿強自己盤算過，像他這種沒家世、沒背景，學歷又一般的人，如果選擇退伍，到外面是很不好混的。就像部隊學長說的，軍人在部隊裡學到的只有殺人。那是真話，在軍隊裡不斷的練習打靶、試射飛彈……。說好聽的，是保家衛國，但說穿了，不就是為了殺死敵人殺得更精準嗎？可是「殺人」這種事，又不是秦始皇的戰國時代，砍下敵人的首級就能換勳爵換土地。現在的社會，沒有人會說「殺人」是一種專業吧。

沒有專業，軍人退下來最多只能當當大樓保全、賣賣保險和賣靈骨寶塔這三種被戲稱為『三保』的工作。所以，要不要續簽留營？要簽多久？甚至能簽多久？阿強完全沒把握。不知該何去何從的煩惱，迫使有家有眷的阿強早早考取了壽險業務員執照。但真的要做保險嗎？真的要去「詛咒別人死」，看人家的臉色混飯吃嗎？他實在很徬徨。

可是除了賣保險，他更憂心自己究竟還能做什麼？

三

出事的那天上午，下著大雨。

阿強身為部隊的輔導長，退不退伍的煩惱得先擱到一邊。那天上午，他必須押著空車到桃園參加演習訓練，即將退役的上兵侯俊傑是他的吉普車駕駛。

阿強一路上都在跟「猴子」侯俊傑訴苦，他煩惱到底是該簽留營或者甘脆去賣保險？但賣保險能算得上是專業工作嗎？

「能賺大錢就是專業！」「猴子」邊開車邊啃三明治還邊說。

他話說的很直白，「在這個現實的社會，大家衡量你這個人有沒有能力？主要就是看你會不會賺錢。錢賺得愈多，人家就愈會認為你有專業。我爸都是這麼說的……。」

「猴子」是義務役上兵，再一個月就要退伍了。他對「專業」的定義，也是他重返社會即將面對的現實。對於阿強輔導長的煩惱，趕車的途中，「猴子」多半只能抱以微笑，因為除了笑，「猴子」其實也沒辦法給他更具體的建議。

吉普車開到新竹的時候，暴雨的天空打雷閃電，惡劣的天候很是駭人。

更可怕的是，一輛砂石車突然偏過道路中線，眼看就要迎面撞上來。

「猴子」緊急丟下咬了一半的三明治，急忙轉打方向盤……。但車頭似乎突然鎖死，整輛車筆直的朝著粗大的路樹狠狠撞了上去。

「砰！」的一聲巨響，車頭嚴重變形，阿強從忘了繫上安全帶的副駕駛座飛騰出車外。在喪失意識之前，阿強只看到軍車竄出大火，只看到卡在駕駛座上的「猴子」陷進一片火海……。

阿強被緊急抬上救護車擔架，有人喊他，他沒醒；戴上氧氣罩CPR，他沒醒；急診室裡電擊，他沒醒；送進加護病房用葉克膜搶救，他還是沒醒。

就在昏迷的一片迷朦裡，阿強彷彿看見一道非常強烈刺眼的白光。這道白光讓他覺得渾身發熱，像在沙漠裡走了三天三夜沒水喝，只感覺異常口渴。阿強走近白光，平時讀誦佛經的阿強彷彿當下遇見了佛陀，佛陀跟他說了《金鋼經》裡的一段經文：「一切有為法如夢幻泡影，如露亦如電，應作如是觀。」阿強有種莫名的幸福感，他平常念的佛經居然在這個時候靈驗……。強光的照映中，阿強偶爾還能看到幾個人影，有醫生、護士忙進忙出，有太太和小兒子哭了又哭。以及，以及好像看到駕駛兵「猴子」憨厚的笑容……。

四

兩個月過去了。阿強在桃園的醫院裡一直陷入昏迷。

只能靠著葉克膜維持心跳與呼吸，但醫生說，阿強隨時會有狀況。

有一天，阿強的身體不知怎麼搞的突然顫動，就像看人家坐禪發功，一股莫名的力量驅動身體，他的全身就感覺到不自主的跳動。這種顫動讓阿強覺得舒服極了，像排出骯髒的濁氣，五臟六腑一下子暢通起來。接下來，似乎神蹟降臨，阿強突然間就醒過來了。

雖然他還有一手一腳骨折沒能痊癒，但是他不吵不鬧也不喊疼，只是絕口不提車禍發生的經過和昏迷中幻象的細節。

阿強的太太則感天謝地的說：「人能救回來比什麼都重要，只要健康活著就好！」她感謝諸神佛菩薩的庇佑以及神奇葉克膜帶給老公的奇蹟。

不過，伴隨奇蹟而來的卻是痛苦的現實。

阿強雖然在軍中兼差賣保險，但由於他捨不得每個月花幾百塊錢幫自己買保險，所以除了軍隊裡替軍人加保的強制險，他個人什麼保險都沒買。更痛苦的現實是，他因為受傷，這下連選都沒得選了，他必須離營退伍，馬上面臨失業的經濟困窘。而懷孕的太太要帶小孩還要照顧他，僅有的軍人保險不但要支付醫藥費，還有房貸、幼兒奶粉錢……，他連生活費都快付不出來了。

每次跟客戶們講故事說到悲慘的這一段，阿強總會試著舉一舉他那不爭氣的右手，然後說：「你看看，車禍到現在，我的手都還抬不起來。我現在還坐在這裡跟你談保險，就是為了下個月的房貸和孩子的奶粉錢。要是，要是當初我能夠每個月拿出二九九元，二九九算什麼？一張院線片的電影票都買不到吧？如果，如果當初我肯加碼，每天再多花四十塊，現在我的家人就會有一千萬，甚至超過一千萬的保險理賠金。那麼車禍的現在，未來，我兒子就可以無憂無慮的讀到大學，讀完研究所……。」

講到這裡，阿強會用鼓勵的眼神盯著客戶，說：「我想用自己的經驗給你當借鏡，我曾有過機會，只是我沒有把握住。如果你要拿我的錯誤和遺憾當作前車之鑑，那就請你在保單畫虛線的地方簽下你的名字。有誰能知道，意外什麼時候會來呢？」

聽完這個真人真事的故事，不需要阿強再重播一次iPad裡的車禍新聞了。坐在他對面的……，只要是人，不管他叫張三、李四、王二麻子，還是阿珠、靜如或文娟。不論男的女的，幾乎都會瞪大了眼睛放空兩秒鐘，心裡想的都是：「能幫助別人是幸福的，比自己獲得的更快樂。」然後，客戶就會著魔似的接過阿強用另一隻健康的左手遞過來的原子筆。沒有人會再說什麼可是、如果、這樣噢……或類似的閒言廢話，他們只會快速而慎重的完成簽名動作。

接下來，阿強會坐在自己的椅子上，向剛剛簽完名的客戶致上誠摯的謝意。他心裡想的也是：「我的故事能夠幫助別人做正確的決定，那是幸福的，比自己獲得的更快樂。」

是的，阿強必須這麼想，這樣才能增加自己再去拜訪別人，並且幫助別人的次數與機會。不過，因為他的瘸腳不方便，他只好一直坐著；他想握手致意的右手也因為抬不起來而作罷。阿強只好靠一張憨厚的嘴，稱讚對面的朋友為自己也為家人做了最正確的決定。

憑藉著對客戶朋友無數次的讚美，阿強也讓自己破落的銀行帳戶恢復了元氣。這一年內，他平順的繳房貸、買奶粉、付清生活費，沒留下帳單。有了這些好朋友的幫助，阿強終於也可以自費針灸和做物理治療，他瘸了的腿和舉不起來的右臂慢慢開始痊癒。

只不過，阿強不想掃了別人做好事的好興致。每當客戶在保單上簽完名，想要和他握手道別的時候，他還是會習慣性的藏起右手、習慣性的坐在椅子上點頭微笑說謝謝，然後順利的完成日常工作。就像夜裡做夢一樣的順利。

五

在夢裡，阿強經常回到在醫院裡昏迷的情境裡：

一道刺眼的白光讓他全身發熱，像走在沙漠裡三天三夜沒水喝。他走近白光，看到駕駛兵「猴子」的微笑，他遇見佛陀，看到天女散花，佛陀跟他說：「心無罣礙，無罣礙，故無有恐怖。遠離顛倒夢想，究竟涅槃。」夢境裡，他彷彿是活在車禍發生的當下，那種沒名沒姓沒有過去與未來的當下，那種別人既不會叫他米蟲也不會叫他肥貓，只留下「猴子」最後笑容的當下。

昏迷中，這種簡單純淨又亮白的當下，讓他有一種幸福的錯覺。這種幸福，他不知道該怎麼形容，他不敢跟別人說，甚至不敢跟自己的老婆講。因為一個在瀕死狀態的男人，他不管老婆和小兒子在床邊哭得稀瀝嘩啦，昏迷中居然還覺得愉悅與幸福。如果告訴人家，別人一定認為這樣的男人既不負責，可能精神也有問題。所以，即使後來他走出鬼門關清醒過來，別人想探究奇蹟究竟是怎麼發生的，他都會隱瞞昏迷中的幸福感，只說自己並不清楚。

「你連我和阿豪的叫喚都沒聽見嗎？」阿強老婆不只一次追問這個從死神手裡搶回來的枕邊人，說：「你沒有聽見你兒子一直在哭嗎？」

阿強點點頭又搖搖頭，只說：「嗯，好像有……，但是又不太記得……。」

「你這個木頭人！」其實哭得最慘的是阿強的老婆，只是她不肯承認。她一度以為阿強回不來了，剩下她們孤兒寡母還有房貸，她不知道該怎麼過下去。還好，阿強畢竟不是木頭，即使醒來以後仍感覺他偶爾像飄浮在太空，活在似真非真的虛幻中。但阿強老婆還是慶幸，能回來就好。

阿強與一般人的接觸也感覺很不真實，像似隔了一層透明玻璃。不過，他還是善體人意的安慰老婆，說：「是妳和阿豪的哭聲鼓舞了我求生的意志，才讓奇蹟發生。」他還幽了自己老婆一默，說：「不過，妳的哭聲也太大了，實在有夠吵，我是被妳吵醒的！」

病房裡的喧鬧不曾中斷阿強對幸福的錯覺，只是他刻意把幸福藏了起來。一如他隱瞞了白色焰光中的「猴子」，隱瞞跟隨幸福腳步而來的憂愁。

阿強記得，車禍那天，吉普車在高速撞擊路樹之前，「猴子」在微笑。即使「猴子」聽完他抱怨該不該、要不要退伍，「猴子」依舊在微笑。

他沒看見「猴子」為什麼會急打方向盤？但撞上路樹的瞬間，畫面卻清晰的像慢動作重播，車廂裡沒吃完的三明治、軍便帽、公文夾、阿強的軀體……都拋飛到空中……。重重墜地之後，他才感覺全身每一個毛孔都爬進了火蟻，狠狠電擊自己的每一條神經。阿強還來不及說什麼或者做什麼，緊接著，他就看到吉普車起火，「猴子」卡在駕駛座上動彈不得，陷入白色的烈焰之中……。

阿強沒跟任何人講過夢境裡的這一段，新聞影片裡也來不及拍攝到這一段。後來，在跟客戶講述車禍故事的時候，他不是有意不說的，但「猴子」讓駕駛座去撞上路樹的這個片段卻永遠被人遺漏。所以，工作中的阿強偶爾會恍惚失神，就像一個穿戴了阿強軀殼的機器人Pepper，只能重複同樣的故事、同樣的保險話術、同樣微笑的機械式動作……。

有時，阿強還會失神的遺忘眼前客戶的影像。他會覺得是客戶自己在倒退、在遠離、甚至是他們自己在模糊自己的身影。而阿強的靈魂則像被抽乾，整個人漂浮在空中，冷眼看著客戶的嘴巴無意識的張口閉合、微笑點頭……。只有在客戶準備簽名的時候，阿強才會勉強的從幻境裡被召回，墜落現實的凡間。

白天清楚的時候，「猴子」不會出現在阿強的故事裡，但「猴子」每晚都出現在阿強的夢裡。這些日子以來，阿強每天都像似半夢半醒，活地很不真實。即使老婆躺在身旁，即使他們剛剛做完愛，阿強的肌肉卻依然緊繃，很難入眠。

有時候半夜驚醒，阿強會自責，為什麼死的是「猴子」？車禍發生時，駕駛不是應該本能的閃避嗎？為什麼還會是駕駛座去撞路樹？

這些疑惑沒有答案，死去的「猴子」也不可能再回來跟他解釋。阿強就這麼經常眼睛瞪著天花板等到天亮。他很想找個人說說夢裡的事，但是白天清醒的時候他又記不得夢裡昏迷的感覺。就算想跟人說，也得找個合適的人說吧。

阿強平常有在念佛，於是，老婆就帶他去見靜安法師。

六

道場裡，法師跟阿強說，「在這裡，雲淡風輕，你只需要放下、放鬆，靜靜坐著覺知身體的律動。你要做的只是專注於體內的覺察，你便能了解是什麼讓你天人交戰、罣礙了你的心靈。」法師安慰阿強，「知道業障從何而來，就能辟破煩惱，安定身心，邁向解脫的真境，覺知之後，一切就會自由自在。」

靜安法師話說的輕鬆，但剛開始的時候阿強完全坐不住。坐著坐著，阿強不但生氣而且還會哭。在不知道哭掉多少包衛生紙之後，法師用《金剛經》的章句不斷開示他，「凡所有相皆是虛妄，若見諸相非相，則見如來。」

後來，法師開始開導阿強，讓他講講夢中浴火的「猴子」，講講他被罵成米蟲的憂愁，講講他騰飛空中的身軀，再講講虛妄的表相，講出阿強心中所有的擔憂與哀愁……。

在阿強邊哭邊說的過程中，法師沒有提出任何的疑問。法師總是一邊聽一邊附和阿強，「噢，難怪你會覺得這樣、覺得那樣……。」在阿強哭完之後，法師才會再用鼓勵的語氣說：「不只是你，別人也和你一樣。我也一樣，他也一樣，大家都一樣，一切皆是虛妄。」

認真學習禪坐之後，阿強半夜驚醒的次數漸漸少了。他不再耽溺於白光夢幻裡的幸福，也不再害怕白光過後，燒成火焰的「猴子」。他彷彿重新找到內心的位置，認識內心本有的安寧與純淨。阿強的臉上開始有了開心的微笑，在和老婆做愛之後，肌肉也能漸漸找回自然與放鬆。那一層隔梗在人和人之間的玻璃屏幕慢慢褪除，他的情緒也漸漸平復。

每天，他照常工作、照常拜訪客戶。只是他不再和以前一樣只是個沒有感情的機器人，他或多或少，也能談談一年前那場震驚社會的車禍經過，以及車禍裡一直被他刻意遺忘的「猴子」。

阿強雖然偶爾還是會做夢，但是夢境有了少許改變，夢裡：

一道白光還是刺眼，但不再那麼燥熱。他緩緩走近白光，他能看到「猴子」笑得燦爛。他遇見了佛陀，也遇見了靜安法師，法師引用《金剛經》開釋他，「爾時，世尊食時，著衣持缽入舍衛大城乞食。於其城中次第乞已，還至本處。飯食訖、收衣缽、洗足矣，敷座而坐。」

阿強得到的體會是，原來人與佛，都是要工作，都是要乞食的。佛陀藉由乞食來施與福德，對象無分貴賤，人世間服務的對象也應該沒有上下尊卑之分。人與佛不管是入城乞食或者賣保險，人與佛都只是為了生存。重點在做事與做人的態度，只要有恭敬的態度，人與佛就是一樣該受尊重的。

夢見如來世尊入城乞食之後，阿強在工作之餘，更能從容的休息與靜坐了。他開始睡得比以前好更比以前香，因為他放下了「猴子」，放下了罣礙。他只企盼把夢境裡的平和，延伸到真實生活裡的寧靜。

於是，阿強終於下定決心。他決定去面對生活裡真正的「猴子」。

七

在住院昏迷的兩個月期間，阿強錯過了去見「猴子」最後一面的機會，他沒能參加「猴子」的喪禮告別式。但「猴子」往生後「對年」的這一天，他堅持讓太太推著，坐著輪椅也要到「猴子」家參加週年冥誕紀念。

家祭現場是在桃園侯家的鑰匙工廠裡。本來還有一個月就能退伍的「猴子」，早答應侯爸爸要繼承這間小小的家庭工廠，只是無常來的太快，讓侯家措手不及。

「對年」的佈置簡單隆重，有鮮花、素果和三牲、四禮。現場也只有侯爸、侯姐、姐夫和「猴子」清瘦的大學女同學共四位家屬。阿強看著「猴子」的牌位以及遺照上「猴子」的笑容，心裡浮上深深的感慨，悲傷一度湧上心頭。但他謹記靜安法師的交代，見到「猴子」時，要先深呼吸幾次，讓自己安靜自在，提醒自己心無罣礙。

等到給「猴子」的牌位上完三炷清香，看著青煙裊裊升騰，緩緩飄過「猴子」的照片。阿強看著「猴子」滿面笑容的遺照，這才覺得，似乎可以真正放下了。

上完香之後，大家在角落裡給「猴子」燒些金銀紙錢。「猴子」的女同學打從看到阿強，知道阿強的身份開始，就難過的淚流不止。侯姐則一面安撫女同學，一面對阿強投以懷疑不屑的眼神。

只有侯爸爸神色僵硬，他打起精神對阿強說，他對阿強受了重傷還沒復原的手腳感到抱歉，相信「猴子」若天上有知也會有同感。侯爸爸感謝阿強能在「猴子」「對年」的這一天過來致意，不過，現在家裡的氣氛太沈重，既然對年的儀式已經結束，為了大家好，是不是大家就快快散了吧。

面對侯爸爸婉轉的逐客令，阿強一度試圖從輪椅上站起來，但硬是被老婆給摁了下來。阿強只好帶著歉意表示，其實他的手腳已經好得差不多，他過來只是想看看「猴子」，並且向侯爸爸致個意，希望大家都能活得安好。

不過，侯姐卻發言打斷阿強的客套話。侯姐用自我防衛的口吻說：「你來是要怎樣？你手腳斷了，但我老弟連命都沒了，你還打算告我們嗎？我勸你別浪費時間了。你看我們這間小小的工廠，我們沒有錢，沒有錢可以賠給你。」

「『猴子』不是有保險嗎……？」阿強試探的問話才到嘴邊，立刻遭到侯姐的老公喝斥。

「你是說軍人保險嗎？那是我們『猴子』用命換來的。」講到錢，「猴子」姐夫的臉色就不好看，他始終認為阿強是趁機來向侯家索賠的，姐夫不客氣的說：「你想要『猴子』的保險金哪，如果當初是你坐的那一邊去撞到樹，你們家去年就可以自己領了。」

場面頓時尷尬，阿強的老婆臉色更是一沉，一聲不吭就要推阿強走人。

「猴子」的姐夫卻沒打算止住話題，他繼續為老婆幫腔，提出一年來大家深埋在心裡的疑問。他說：「車禍當天，車子裡究竟發生什麼事？為什麼是我們『猴子』往生？大家都知道，一般發生車禍……，當然包括吉普車啦，它最危險的地方應該是在副駕駛座。為什麼你坐的副駕沒事，往生的卻是我們家『猴子』？」

再度重提「猴子」的死訊，「猴子」的女同學拿在手上的紙錢沒辦法再燒了，她蹲在地上哭得更加厲害。

阿強被這意外的挑釁也搞得有些慌亂，只好一再解釋，他不知道車禍發生的當下「猴子」在想什麼。對於「猴子」的往生，他也很難過。而且他車禍受傷，缺手斷腳至今都還在飽受折磨。更重要的是，他從來沒有想要從侯家得到什麼賠償。阿強說，他只是覺得自己這一年來漸漸走出車禍的陰影，所以單純的想過來上個香，絕對沒有別的意思。

聽完阿強對「猴子」的真心告白，總結起來就是「於人有情，絕不要錢」。

既然不是來要錢的。姐夫和侯姐這才表現出大氣，也表示出諒解，所以也不再對阿強擺出強烈的敵意。當阿強告辭準備離開的時候，大家也都站了起來，做出合乎禮節更充滿儀式性的家屬答禮。

八

阿強老婆推著他走出侯家巷口，兩人正要上車時，出人意料的，「猴子」的女同學居然一個人從工廠裡追了出來。

女同學一再為侯姐和姐夫剛才的失禮道歉，同時也代替「猴子」謝謝阿強來上香。剛才哭成淚人兒的女同學說，她和「猴子」本是學校班對，原本等「猴子」退伍她們就準備結婚的。但沒想到，她天天數饅頭等「猴子」退伍，最後等到的卻是一具面目全非的遺體。

阿強則安慰女同學，做完對年的儀式後，「猴子」在天上應該就真的心無罣礙了。阿強還特別強調：「『猴子』是好人！他是一個真正的好人！」

「好人！」是阿強對「猴子」短暫人生的總結，這一點，也讓女同學心有同感。因為對女同學來說，「猴子」不但是她有緣無份的前男友，更是她生命中的貴人，她會一輩子感激。

「我叫淑婉。」女同學主動向阿強伸出小手，自我介紹：「我叫許淑婉！」

阿強乍聽這名字有點熟悉，但又不敢確認。

面對淑婉伸出的友誼之手，他本該也伸出右手致意，但出於職業習慣，他沒能握住淑婉伸出來的手，反而用左手掏出名片遞給淑婉。阿強特別強調說，基於和「猴子」的生命曾有過緊密交叉的特殊情分，今後不論淑婉有任何需求，都可以打電話給他。能幫上忙的，他都會盡力。

淑婉微笑謝過，她說自己很會照顧自己，不用替她擔心。不過，當她仔細看過名片之後卻激動的說：「輔導長你真的改行做保險了喲？怎麼這麼巧！」

阿強立刻自我防衛起來，他向淑婉解釋車禍發生後的生活不易。但是請她放心，有事只管打電話給他，他保證不會向她推銷保單。阿強並一再為自己的職業辯護，他婉轉的跟淑婉說，保險是個「不怕一萬，只怕萬一」的安全投資。他還特別強調說：「保險，真的可以幫助人。」

「我知道！」淑婉說的有點不好意思，「但是這該怎麼說呢？」

淑婉一想到「猴子」就心疼。但是，再想到他留下的保險理賠金又感覺幸運。她有點矛盾，她不確定該怎麼表達，只能勉強的跟阿強說：「謝謝你！輔導長，『猴子』投保的時候有跟我提過你，謝謝你。」，淑婉把「謝謝」兩個字說的異常堅定。

「許淑婉！」阿強終於想起眼前這名楚楚可憐的女生了，像似故人重逢，阿強說：「許淑婉……，淑婉，妳就是『猴子』保險金的受益人嘛！」

淑婉點點頭。

接著，她改用慎重而且感激的語氣說：「謝謝你！『猴子』的五百萬保險理賠金已經進到我的帳戶了。」

九

咖啡桌前，阿強指著重新修改過的保險廣告單跟他的客戶說：

「一個月只要臺幣二九九元，就能讓你親愛的家人、你的未婚妻或你的未婚夫，在你意外過世的時候領到五百萬。別小看這五百萬，以年輕人的薪水，不吃不喝，現在恐怕十年都存不到。你只要花二九九元，一旦你不在了，你將讓你所愛的人，包括你的未婚妻，能讓她們的人生更璀璨！」

沒錯，這個新廣告詞講的就是「猴子」和他女朋友淑婉的故事。

當年的駕駛兵「猴子」，為了幫忙兼差賣保險的阿強做業績，他瞞著家人投了「人情保」。「猴子」每個月花二九九元買意外險，受益人的名字就填上他認定的未婚妻——許淑婉。侯子車禍死後，阿強正在昏迷。於是，淑婉合法的領走「猴子」身故後的五百萬理賠金。只不過，「猴子」的家人到現在都不知道有這筆錢存在。

現在播放車禍影片的同時，阿強已經能侃侃而談了，他更敢開口講講「猴子」的故事了。只不過，他換了個說法，他把悲慘的故事變成活教材的啟示，讓更多客戶點頭稱是。

如果按照「猴子」往生前的說法：「收入愈高，就代表愈專業」。那麼現在的阿強算得上是專業人士了。因為，他用自己車禍的故事，再搭配「猴子」理賠金的啟示，兩者結合變成推銷保單的話術引子。於是，阿強的保險單就以一種令人炫目的速度瘋狂賣出。由於收入高，「三保」工作，對他來說不再是貶抑的名詞，他一樣能夠做得專業、做得好。

如今，阿強的專業能力更進階了，他只要一想到自己賣出的保單能夠幫助人，他的感情就會跟著豐沛起來，真摯的淚水也會不自覺的簌簌流下。那些不知從何而來的淚水都是真的，就像奧斯卡影帝影后的眼淚一樣也都是真情流露。只要工作上有需求，他的眼淚就會敬業的自然湧出。

雖然他不想透過眼淚來操縱別人，但工作中的阿強往往表現專業，他總能夠在短暫的交談中真情流露，獲取同情與認可並進一步取得客戶的信任。

淚水之後，阿強會道歉！

客戶會說：「沒關係！」

然後，阿強會用左手遞上鋼筆。再然後，客戶就會自動簽名。

這種不知從哪裡跑出來的淚水，有時候會讓阿強覺得自己的感情是不是太泛濫也太不真實？但說實話，當客戶簽下保單的那一刻，說有多真實就有多真實。

真實的世界裡，阿強已經進步到可以站起來跟人道謝、說再見了。只是，在不自覺的工作情境中，他已經忘記該如何使用他的右手。每當有感動的女客或者受激勵的男客想要表達他們的感動時，他們多半只能握到阿強伸出的左手，或者拍拍阿強的肩膀當作對他的鼓舞。

時間一久，也不知道是「習慣成自然」，還是「弄假會成真」。事業成功的阿強，變得比以前更會笑也更會哭。

只不過……，在客戶面前，阿強已經不再會使用右手。

那隻其實早已經康復重生的右手。

那一場車禍……

安慰別人的時候，如果話能好好說，
甚至抱抱他，什麼都不說，
這比帶著情緒胡亂安慰要強的多。

不帶情緒的去面對問題、解決問題，
把安慰人的話好好說，
也許就能夠阻止悲劇……
哎，安慰人的話究竟該怎麼說？

一

警察分局的偵查員中午過來通報蔡火旺車禍喪生的消息時，火旺的老婆來不及悲傷，她卻立刻奪門而出，跑到隔壁去狂敲大門，高聲大喊：「大姐、大姐，出事了，真的出事了！」

火旺的大姐從午睡中驚醒，頂著鳥巢般的短捲髮來應門。眼前的弟媳婦焦急的說：「車禍……，是車禍，火旺真的出事了。」

「這隻豬，居然……，去醫院嗎？」火旺大姐惺忪的睡眼還沒完全睜開，緊張的問：「哪一家醫院？」

「去殯儀館！」分局的偵查員李振武催促著說：「你們是蔡火旺的妻子和他的大姐吧。趕快收拾一下，立刻跟我到殯儀館認屍。」

一般來說，車禍事故發生，傷者只要還有一絲生存的希望，救護員都會盡可能送去醫院急救。只有當場明顯斃了命，連救護員都宣佈放棄的人，才會等檢察官到現場「相驗」，也就是驗屍。確認死者身分後，不是送往醫院的太平間，而是直接送到殯儀館等待家屬指認。換言之，蔡火旺是當場死在車禍現場。

火旺嫂和大姐跟著偵查員趕到殯儀館認屍時，火旺嫂膽怯的先問表情酷酷的檢察官，「報告大人哪，我們可以只看他的手嗎？」

檢察官拿著卷宗問：「蔡火旺是妳們的什麼人？」

「是她老公！她叫阿媛。」火旺大姐把阿媛往前推了一步。然後指著冰櫃，怯怯的說：「我……，我是他大姐啦。」大姐突然抽泣起來，動作誇大的哭說：「我們火旺平常都菸酒不沾，他的生活很單純的。」

檢察官早習慣死者家屬避重就輕的說辭，但是對於死者太太，也就是火旺嫂請求只看先生的手，他直覺有點不符合常情。因為一般人指認親屬，多半希望看看他們的臉，死去人的臉多半看起來像睡覺會比平常安詳。

可是來殯儀館的路上，偵查員李振武顧不得火旺嫂在車上哭個不停，他已經先跟她們描述了火旺的死狀。偵查員說，由於車禍發生後引發的火勢太大太猛烈，蔡火旺全身已經被烈火燒得焦黑，只剩一雙緊握方向盤的手由於離開火源稍遠，所以還殘留下手的形狀。至於身體的其它部位都已燒得慘不忍睹，多看多傷心，所以認屍時，要看就看看手掌就可以了。

檢察官同意了家屬不近常情的要求，他向法醫交代了兩句，冰櫃裡就拖出了蔡火旺的遺體。蔡火旺身上蓋著慘白色的被單，手掌以上雖然被刻意遮蓋住，但是手腕已經燒得焦黑，愈接近身體，焦灼的顏色就愈深愈黑。如此漸層上去，不難想像大火已經把火旺燒焦成什麼樣的慘狀。

阿媛和火旺大姐平時罵火旺的時候氣焰囂張，但是在這陰森森的殯儀館停屍間裡，面對白布下的焦屍，姑嫂兩人頓時像洩了氣的皮球，只乾癟癟的傻傻站在遺體旁，連大氣都不敢喘一下。

這時，偵查員微微掀起白色被單側邊的一小角，一只微黑的手掌露在外頭。

火旺嫂阿媛對這只大手再熟悉不過了。寬大的手指關節，是他長年來因為侷促不安卻又喜愛拗手指硬掰給掰出來的；修長的無名指幾乎超過了中指，人家都說這樣的掌型若是長在豪門那叫好命，但是長在火旺這樣的「做工仔人」家庭，那就註定是好吃懶做。單憑這兩項手掌特徵，火旺嫂一眼就能認出那是老公的手，她掩住淚眼，頻頻點頭，說：「沒錯，是是是，是火旺仔……。」

「妳要確定喲……」，偵查員不小心把被單又拉高了一些，阿媛遮著眼睛不敢直視，她甚至不敢多看，因為那雙手已經被燒烤過度，烤得像皮革一樣又乾又硬。該怎麼形容呢？「像，像烤乳豬的皮…。」阿媛知道這時候想到豬這個動物很不恰當，但，「豬」的罵聲真的出現了。

「你是豬呀！」這熟悉的罵聲此刻又在阿媛耳邊乍響。

「豬，你這隻豬……」果然，火旺大姐終究按捺不住性子，低聲咒罵起來：「你這隻豬，你這隻豬，這麼老了還是這麼不懂事，居然真的給我做傻事了，你……。」大姐邊罵邊拭淚，陪著阿媛一起哭。

檢察官看多了這種認屍悲劇，也沒多說什麼。他很快就開立了「相驗屍體證明書」給偵查員，要李振武協助家屬去辦理後事。

二

認完屍的那夜，阿媛回到家中，人已經恍恍惚惚。入睡後，阿媛在寤寐之間作了個夢，一個悲傷的夢。

夢中，她夢到一雙燒焦的手。是火旺燒焦的手在她臉上、身上遊走，老公粗糙的皮膚在她的肌膚上擦呀擦的很恐怖。阿媛為了躲避那雙焦黑的手，於是拚命逃，拚命逃……，最後墜落山谷……，掉進無底深淵，掉進一個失控的空間……，然後她就驚醒。

夢醒後，阿媛再也睡不著了。但她害怕吵醒女兒——巧雲。巧雲一會兒還要去工廠上早班咧，不能讓她睡眠不足。於是，阿媛一個人輕手輕腳摸黑走進廚房。微弱的街燈透過窗戶灑進阿媛家老舊的公寓，她給自己泡了杯茶，坐下。失去老公的第一個夜晚，她不只傷心，更多的是自責，她不知道事情怎麼會變得這麼糟。

黑暗中，她看見火旺平常慣用的酒杯孤零零的擺在桌邊，她彷彿又看到火旺獨自一人躲在角落喝悶酒。

火旺出車的前一晚，他就是一個人在角落喝悶酒，而大姐又來家裡罵人。

三

「豬，你這隻豬呀。就知道喝喝喝，喝死你算了。」火旺大姐是一牆之隔的鄰居，到火旺家串門子兼罵人早就是家常便飯，她罵自己的老弟，說「你明天要出車了，現在還在喝，你不怕喝酒又誤事嗎？」

「喝酒怎麼了，哪一條法律規定在家裡不准喝酒的？」火旺一仰頭乾掉杯子裡的酒，他一肚子怒氣說：「法律是垃圾，法院就是垃圾場，法官更X媽的全都是爛人也全都是垃圾，都該丟到垃圾場裡，連資源回收都不必，燒掉，直接燒掉。這些垃圾人！」

只要講到法官，火旺可以罵上三天三夜。因為兩年多前，他酒後駕車被逮到，然後被法院吊扣執照。過去的兩年裡，他因為沒有駕照，遊覽車沒得開了，只能到處打零工賺取菲薄的工錢。男人一旦沒錢，在家裡就沒地位，老姐、老婆……，每個人都可以指著他的鼻子罵。

「別喝了，免得明天又要人家導遊來叫你。」阿媛接過大姐罵人的棒子繼續數落老公：「你成天只會抱怨，你不會把喝酒的時間拿來想想辦法，看要怎樣多賺點錢嗎？人家做導遊、做領隊的還有抽成，你咧……，你只會在家裡生悶氣。」

火旺的脾氣不好，稍不順心就暴衝：「媽的，真倒楣，明天又是跟那個垃圾阿國仔一同出車。」

「那個垃圾阿國仔？」大姐問。

「就是上回跟他打架的那個呀。」阿媛一想到就氣：「你老弟就是酒品差、人緣更差，和阿國仔打架，結果阿國仔沒事，他卻要被林老板扣薪水。」講到錢，阿媛就一肚子氣，經濟的壓力，讓只能做家庭代工貼補家用的阿媛很不高興。

「垃圾，阿國仔就是垃圾。」火旺整個人就像受氣包似的，好像全世界都對不起他，只有手上的酒才是他的好朋友。

「你是豬呀，叫你別喝了。」大姐一把搶過他的酒瓶，罵說：「你還是不是男人呀，男人要自己堅強啊。」大姐其實是真心想安慰老弟的，但親人之間就是這麼怪，愈是親近的人彼此愈是沒耐性。有時候明明想說幾句安慰話，但不知怎麼搞的，說出來的卻都像刺耳的風涼話。

大姐說：「你呀，就別抱怨了，你雖然是個衰人，衰事也是一籮筐。但你應該還不是最慘的吧，我聽說，你們公司還有司機被抓去關的，不是嗎？」

「快了啦，你老弟也快進去了啦。」阿媛又接力補刺老公一刀，「下午才收到高等法院的酒駕判決。三年，這回確定要被關三年了。」阿媛生氣的說：「重點是，還要賠人家九十萬，要怎麼賠呀？拿什麼賠呀，難不成要用我們這間破房子去銀行抵押貸款？」

「垃圾，全都是垃圾。」火旺沒等老婆抱怨完，立刻大吼一聲，「那個糟老頭根本是在裝死，我車子輕輕一碰，就能撞斷他一條腿嗎？居然還跟醫院勾結，白白住院住了三個月。法官還要我賠他九十萬，垃圾，都是垃圾，全都燒一燒，攏總死一死好了。」

火旺抱怨的聲音太大，大到連準備上晨班的女兒巧雲都被吵醒。巧雲惺忪著睡眼，她也湊進廚房裡來聽大人們的怨天尤人。

「你說怎麼辦啦！」阿媛繼續跟老公哭窮，「如果房子被拍賣抵押，我就帶孩子回我後頭厝，回我娘家。」

「不可以！」火旺像一壺燒開的熱水，嘴上噴著怒氣說：「已經夠丟臉了，還要讓妳們家人看笑話嗎？以後我還要不要做人哪。妳要是敢回娘家住，我就死給妳看。」

火旺雖然是一枚衰人，但還保有傳統大男人的舊思惟，他就是不想跟岳家低頭。但現實中諸事不順，喝酒咒罵成了他情緒上的唯一出口。更糟糕的是，本應該是勸他、寬慰他的老姐和老婆，卻經常左一句「蠢貨」，右一句「爛人、豬」的，讓他搞不清這兩個女人究竟是在安慰還是在責罵。閩南語有一句俗諺叫作「歹話，漲破腹肚腸。」，濫罵碎念的結果，聽起來就是冷言冷語，會漲破火旺的肚腸。胡亂吵嘴的結果，就是三個人最終吵成一團，親人變成了仇家，廚房變成了戰場，氣頭上的每一句話，聽起來都像重炮攻擊下的口出穢言。

巧雲看著大人們又吵的不可開交，她想打圓場扮演和事佬，卻只能輕聲細語的哀求老媽和姑姑：「妳們兩個就不要一直罵他了，爸爸的心裡也很苦……」

兩女人沒理會巧雲的哀求，三個大人的吵鬧依舊不休。

但明顯的，一個老男人吵不過兩個老女人。

「蹦」的一重聲摔門，鬥敗的火旺怒氣沖沖的奪門而出。留下廚房裡三個錯愕的女人，以及火旺喝乾了杯底朝天的空酒杯。

四

「叮、叮、叮、叮」法師站在路邊搖鈴鐺，口中不斷誦念蔡火旺的生辰八字和他的名字。這是在車禍現場進行的招魂儀式。

火旺的妻女捧著牌位，手裡拿著招魂幡，上面還繫著火旺生前穿過的白色T恤。法師要大家跟著他同聲念：「回來喲！蔡火旺！」

「爸爸，回來喲，爸爸……」巧雲哭的撕心裂肺。會如此泣不成聲，是因為她萬萬沒想到，廚房爭吵的那一夜，竟然是她們父女最後一次的相見。隔天她到工廠上晨班，很早就出門了。火旺則是在她出門之後才回家，父女倆錯失最後一次的見面機會。那天早上，火旺拿走他換洗的衣物就去公司開車，開始他八天七夜的遊覽車環島之旅。

這趟最後的旅程，火旺果真有去無回，他最後容身的雙層遊覽車此刻就在家屬眼前，它已經被燒得一片焦黑。車廂內部嚴重燒毀，上層被燒得只剩骨架。全車上下，只有唯一沒著火的下層底盤還算完好。

偵查員李振武也陪伴在事故現場，他跟其他的罹難者家屬解說：「根據初步判斷，起火點應該就在駕駛座附近。」

「那不就是火旺坐的地方嗎？」阿媛緊盯著焦黑的駕駛座，口中喃喃念著：「阿彌陀佛，阿彌陀佛。」

事故現場風大，一同招魂的，還包括導遊阿國仔的家人。可是這兩家人相見不相識，連招呼都不打一聲。兩家人各做各的法事，各招各的魂。

各做各的還大有人在，這包括事故現場的新聞媒體。記者們本來講好不打擾喪家的，但一發現偵查員在跟家屬說話，他們立刻掉轉鏡頭和麥克風，悄悄的湊了上來。

偵查員跟罹難者家屬說：「起火的原因，不排除是機械故障，才導致駕駛座的電線走火……」

話才說到一半，偵查員一看到媒體鏡頭湧上來，自己立刻倒退一步，反而把跟在身邊的一名西裝革履的中年男子往媒體面前推，然後說：「至於是不是機械故障？或者還有其它原因？這個部分由遊覽車公司的林總經理來說明……」偵查員自己立即退到林總經理的背後。

林總很快淹沒在媒體的麥克風堆裡，他一直在為遊覽車的失火道歉，但是他能夠回答的卻很片段、很零碎。他既不能確定是不是因為車上裝設了太多飲水機和電視機才導致火災？也不能回答為什麼遊覽車的安全門卡死打不開？以至釀成後續更重大的傷亡？林總沒重點又無聊的答話讓記者很快失去耐性。

有記者搶話問說：「你們對家屬有什麼補償？公司要賠給家屬多少錢？」

「旅遊意外險，本公司有幫每位乘客投保兩百萬的意外險。對不起，真的很對不起啦。」林總經理急忙表態，並且再度向罹難者家屬們賠不是。

記者們一捕捉到有關家屬的新議題，立刻打破先前不打擾家屬的默契，媒體紛紛調轉鏡頭拍攝跪在路旁招魂的家屬。記者想訪問罹難者家屬的感受，但記者打擾的舉動卻讓阿媛和巧雲非常不自在，她們拚命向後閃躲，可是攝影機的鏡頭卻不斷向她們投射。

「尊重一下，尊重一下。」火旺大姐這時發揮母雞護小雞的功用，她雙手叉腰，以歐巴桑的姿態高分貝喊說：「各位媒體小朋友，拜託尊重一下啦。」火旺大姐一邊推開鏡頭一邊說：「拜託拜託，我們是喪家，喪家耶。請各位尊重喪家一下嘛。」

「那妳也說說看，遊覽車究竟是怎麼起火的呀？」有記者開始向火旺家人嗆聲：「身為司機的家人，妳們知道為什麼是駕駛座起火嗎？」

記者的尖銳提問，火旺家人都閉嘴不答，只是更拼命的阻擋、撥開鏡頭。眼看場面有些失控，逼得偵查員李振武站出來維持秩序。經過與媒體的再次協商，在尊重死者的前提下，記者們再次配合的退到十公尺之外拍攝，這才維繫了現場的平和，這也算守護住罹難者最後的尊嚴。

五

「叮、叮、叮、叮……」招魂鈴聲中，事故現場飄起微微細雨。女兒巧雲跪在燒成焦炭的駕駛座旁，她的眼睛含淚，眼前迷濛，彷彿看到父親就坐在兩公尺外的駕駛座位上。她清楚記得，前天她打電話給爸爸的時候，爸爸的遊覽車是停在免稅店外休息，當時父女倆還開了手機視訊通話，那時巧雲在視窗裡說：「爸，你別又衝動了，有什麼話，回家再說，好嗎？」

「沒什麼好說的，妳媽根本是無理取鬧……」火旺對著車窗外噴了一口菸，然後告白似的跟女兒說：「是爸爸沒用……不過，爸爸雖然沒有用，可是我真的不願意坐牢呀，我該怎麼辦？」

「你是沒用……」巧雲被媽媽推到一邊，在視窗裡講話的換成妻子阿媛：「你這沒用的傢伙。你一個人去坐牢就算了，可是我們還要賠錢人家醫藥費咧，你錢要從哪裡來？」阿媛的溝通方式根本讓問題走進了死巷，她急切的追問：「真的要抵押這間破房子嗎？你要叫我們母女倆去睡路邊嗎？」

「媽……，妳別這樣……」鏡頭外，巧雲向媽媽求情：「不要再罵他了啦。」

鏡頭裡，火旺的火氣也上來了，夫妻倆在視訊通話裡吵得不可開交。

火旺氣到極點撂下狠話：「汽油我早就準備好了啦，我若是死死咧，妳就會卡塊活。」說完，切斷通訊。

巧雲被車禍現場的一陣冷風吹醒。她隱約嗅到一絲絲汽油的味道，但她不確定是不是從駕駛座上飄過來的，更不敢想像老爸是不是真的帶汽油上車？

「回來喲！蔡火旺！」法師要家屬跟著念。

招魂儀式即將結束，離去前，法師要家屬呼喚亡者的名字。法師說，往生者有三魂七魄，如果死者的魂魄招不足，就沒辦法到陰曹地府報到，也就無法輪迴轉世。

「回來喲！回來喲……」一時間，呼喚亡者魂魄的吆喝聲在車禍現場此起彼落，家屬喊得哀淒，場面令人動容。也許，看不見的亡者魂魄真的跟家屬上了車，連同警察和媒體記者，一群人在淒風苦雨中緩緩向殯儀館移動。

六

公祭靈堂裡來了很多人，阿媛和其它罹難者家屬都被事先安排好，乖乖站在各家的靈位前，等待各級長官前來弔唁。阿媛看到檢察官和偵查員李振武陪著長官跑來跑去，還有好幾位只在電視上才看得到的明星，噢，不，只在電視新聞裡才看得到的政治明星和民意代表也蒞臨致詞。

「我很痛心這次的意外，但是跟海內外的朋友們掛保證……」大長官說話的時候，電視臺攝影機拼命捕捉他的畫面。大長官一看到鏡頭對準他，講話更顯得鏗鏘有力：「我和我的團隊，我們一定會把這起火燒車意外的原因查個水落石出，給大家一個交代。對不對呀！」大長官激動的握緊拳頭，一幅要剁雞頭發毒誓的激情模樣。這讓臺下熟悉選舉造勢場合的人們，差點兒忘情的喊出：「凍蒜，凍蒜。」

這種激情場景，阿媛是一點也不陌生的。

「噢，對！」阿媛想起來了，她心裡暗暗叫苦：「這是在選舉造勢場合才看得到的場景嘛。」

不過，她剛剛才擦乾眼淚，現在卻看到這樣的畫面，讓她感覺突兀甚至感到不舒服。

在大長官講完話之後，各級長官和民意代表也各自尋找電視臺的攝影機，尋求在媒體曝光的機會。阿媛知道，這些舉動對政治人物來說無可厚非，政客們到公眾場合若不求曝光、不作秀，那他們來幹嘛？

阿媛模模糊糊的聽到民意代表們做出個人的政治保證，他們拍胸脯保證說：「沒有安全，就沒有觀光」。他們一定會要求行政部門健全臺灣的遊覽車管理和旅遊環境，全面提升臺灣的旅遊品質。

長官們生動且誇張的述說他們的意見和沉重的心情。不過，在長官受訪的過程中，旁聽的阿媛好幾次都聽到有人提到「蔡火旺」這個名字。阿媛對長官們的保證完全沒興趣，只是老公的名字多次被提及讓她很不舒服。站在阿媛身旁的巧雲更是只盯著老爸的遺照發呆，她不懂大人們說話為什麼總是口是心非？為什麼明明該是安慰人的話，從媽媽和姑姑嘴裡說出來就變成了指責，而政治人物嘴裡講出來的，又多是虛偽與空談。

不過，巧雲對老爸的名字屢屢被提起也感到惴惴不安，她隱隱然覺得會有什麼祕密要被揭穿。但是，她跟媽媽都只做同樣的事，在靈堂裡，她們還是得體的表現出喪家該有的哀傷，她更是乖乖的低頭站在原地一動也不動。因為她不想讓那些慷慨激昂或者假裝憂傷的政治人物難堪，她知道那些政治人物一定會幼稚的以為，他們的親臨弔唁算是很給面子，大人物到靈堂致意能讓亡者安心，給生者安慰，更能給陰風慘慘的殯儀館帶來蓬蓽生輝。

「不要作秀、不要只說是空話。」靈堂裡其它的罹難者家屬按捺不住，開始用高聲抗議回應官員的安撫。

殯儀館裡除了蔡火旺更還有其它二十多名罹難者家屬，他們的淚水夾帶著憤怒。導遊阿國仔的妻子就跳出來高聲大喊：「真相、真相，我們只要真相。事情都發生兩天了，為什麼還是沒有真相？還找不到該負責任的人？」

家屬的激動情緒很快又成為鎂光燈捕抓的焦點，記者們甩開政客，鏡頭都擠到家屬面前。而大長官看看前面該被拍的也被拍到了，意思到了，該走人了。於是他使了個眼神，一個職位比較低的副局長立刻跳出來安撫家屬。大長官則趁這個媒體不注意的空檔，在隨扈的保護下，匆匆趕赴另一個可以作秀的行程。

被推上火線的副局長，他的誠懇堆在官式的笑臉上。但一看到憤怒的家屬和咄咄逼人的媒體，副局長立刻收斂笑容，又把職級比他更低的檢察官給推出來，讓檢察官來面對媒體和罹難者家屬的控訴。

「都幾天了，連個行車記錄器都查不出來嗎？你們辦案的速度太慢了。」家屬們的抱怨很直接：「你要給我們死者一個交代，都燒成這樣了，死不瞑目呀。」群眾的情緒很容易挑撥，一時間，「死不瞑目、給我們交代」等等情緒性問題，以及討伐官署的雜音圍繞著攝影機與麥克風此起彼落。

有媒體記者裝作一副老練的模樣向檢察官提問：「是遊覽車的配電不當，還是電線老舊引發了火災？車上的電視機和飲水機都被燒光了。」

也有記者發問：「遊覽車有八個逃生口，卻沒有一個人能夠逃出來，逃生口是被故意封死的嗎？」

更有人問說：「滅火器和擊窗器都沒有使用到，全車乘客為什麼都沒有反應，難道都被下藥迷昏的嗎？」記者的問題一個接一個，坦白說，問題很全面也很細瑣，但是看在檢察官眼裡，這些問題都沒有觸及火燒車的真正核心。

面對四面八方、七嘴八舌的提問，這時，承擔所有指責的檢察官乾咳了兩聲，他清了清喉嚨。等到公祭靈堂裡稍微安靜以後，他才嚴肅的告訴大家：「驗屍！所有車禍罹難者都要重新驗屍！」

人群中有人發問：「屍體不是都相驗過了嗎？」

「那叫認屍！那只是認屍。」檢察官不想在名詞上多做解釋，他寒著一張臉，然後加重語氣說：「由於死因不單純！我們會重新驗屍。一定給各位真相，特別是駕駛蔡火旺更要仔細解剖，一定會找出真相。」

七

解剖室外，阿媛侷促不安的徘徊自問：「真相？真相難道會藏在火旺的遺體裡？」

解剖室就設在殯儀館的角落裡。進解剖室前，阿媛無數次想像解剖室裡黑血污濁的恐怖景象。她害怕，到時候會忍不住嘔吐，所以她刻意不吃早飯，早早就和火旺大姐到解剖室門口等待，正好趕上檢察官帶著法醫和李振武偵查員抵達。

阿媛緊張到兩腿發軟，她拉住偵查員的衣角悄悄問：「有必要嗎？我們火旺都燒成那樣了，還有必要解剖嗎？」

「別緊張，火旺嫂。」偵查員說：「這是檢察官辦案的必要程序。」

「可是我們都認過屍了，是火旺沒錯呀。」

「是蔡火旺沒錯，但是檢察官要查明真正的死亡原因。」偵查員安撫阿媛，一般來說，車禍肇事原因多半是駕駛人超速、疲勞駕駛或者不守交通規則……等自身的疏失。車禍罹難者的死因一般也很明確，很多車禍死亡的遺體不用解剖就能一眼看出，他們多半是頭顱爆裂、胸腔凹陷，要不然就是斷腿殘肢、失血過多……。這些顯而易見的死因，檢察官帶著法醫「相驗」完，再找家屬確認死者身分後，開立「相驗屍體證明書」就大功告成。但是，如果檢察官認為有他殺、自殺的嫌疑，或者死亡原因有進一步確認必要的時候，就會另外找時間，也就是今天，來解剖驗屍做確認。

李振武有點自得意滿的說了一籮筐，一般人，連他的長官很多人都搞不清楚這一套「相驗」程序。但是當警察的，特別是像他這樣的刑事偵查員，他就得明白整套流程。

「我們火旺不就是燒死的嗎？還驗什麼驗呀，還要在死人身上動刀，有什麼好驗的呀。」火旺大姐插嘴問。

「但為什麼會燒死呢？有沒有其它原因？」偵查員深深嘆了口氣說：「遺體解剖後就會有答案。有時候，遺體能說出自己死亡的祕密。」

偵查員要阿媛和火旺大姐不必進解剖室，要她們待在門外的休息室等候。至於火旺死因的解密工作，交給資深法醫和他就已足夠。

八

坐在家屬休息室裡阿媛的心情忐忑，她反覆思索偵查員進入解剖室前的最後一句話，「遺體能說出自己死亡的祕密！」這句話勾起她太多的想像。

「火旺有祕密嗎？祕密是什麼？」阿媛打了個寒顫，全身泛起雞皮疙瘩。待在家屬休息室裡，阿媛有種說不出來的怪異感覺。

休息室的陳設算是簡潔，但簡單乾淨到讓人覺得有點冷。尤其休息室與解剖室中間只隔了薄薄的一扇門，這更讓阿媛感覺「毛毛的」。偶爾，她可以聽到法醫和檢察官的小聲交談，甚至隱約可以聽見解剖室裡哐噹哐噹的金屬聲響，有剪刀、電鋸、手術刀……，以及其它不明物體碰撞解剖枱發出的聲音。

「血液、胃液、眼球液……。」這原本是法醫在解剖室裡的細聲講話，一門之隔的阿媛起初也聽不清楚，但經過偵查員李振武的高聲覆誦：「血液、胃液、眼球液……。收到！」，這些臟器和體液的名稱卻讓阿媛聽得明明白白。

接下來，阿媛的耳朵像似安裝了擴音接收器，隔壁法醫切割遺體、抽取臟器的聲音……，一時間，她都能聽得一清二楚。阿媛的心情緊張，原本用來拭淚的手帕被她擰了又擰，早已皺巴巴的揪成一團，她覺得窒息的喘不過氣來……。

「臭，好臭……。」火旺大姐邊說邊憋住氣：「妳聞到了嗎？有一股味道……」。

感覺窒息的阿媛本來沒聞到什麼，但經過大姐這麼一提醒，她卻好像聞到一股腥羶混雜烤焦的臭味。

「是火旺的味道……，」阿媛能想像法醫在剖室裡對火旺的遺體做了些什麼。一陣噁心湧上了喉頭，阿媛奪門而出，跑出宛如家屬行刑場的休息室，跑到室外去嘔吐。

阿媛不願意再靠近解剖室，甚至只一牆之隔的家屬休息室她都不要再進去了。自從確認火旺死亡之後，這三天來，她腦袋整個是放空的，她不敢想像為什麼老公會走上這樣的絕路？

冷，阿媛只覺得冷，她開始燒化帶來的紙錢給火旺，同時也給自己取暖。

看著金爐裡紙錢燒化的裊裊香煙，她心中卻慢慢浮現火旺的畫面……，一場和火旺激烈爭執的最後畫面。

九

當時火旺的遊覽車停在免稅店的停車場裡，為了省錢，夫妻倆不打電話而是用手機視訊。阿媛雖然心裡惦記著擔心著老公，但不知為什麼，只要一開口又沒有好話：「你還算是男人嗎？坐牢這種事，你要自己去面對啊！」

面對老婆的罵聲，火旺背對鏡頭偷偷喝了一口酒，然後慢悠悠的轉身對鏡頭說：「我要去買麻糬，有地瓜的、巧克力的，妳們想要那一種口味？」

「你買麻糬幹什麼？」阿媛一副不領情的潑辣模樣。

「又不是買給妳吃的！」面對老婆的冷淡，火旺更賭氣的說：「我是買給女兒的，妳碰都別想碰一下。」火旺的脾氣上來，又吞了一小口酒。

「你這隻豬喲……，都要坐牢了，開車你還偷喝酒。」火旺大姐也搶著入鏡，接著就是破口大罵：「是男人就要勇敢面對呀，這個時候了你還敢喝酒，你正在開車耶！」

「我沒有喝……嗯，我心情不好嘛。」火旺話說的心虛，辯解說：「就偷偷喝一點點也不行喏。」火旺真是死性不改，已經被酒駕搞得身敗名裂就快破產坐牢了卻還不知悔改，這種自我放棄的愚蠢行為，只換來鏡頭彼端兩個女人更激烈的咒罵。只要是罵火旺，姑嫂兩人各種惡毒損人的字眼都罵得出口，這讓早已沒有男性尊嚴的火旺，在鏡頭這端看起來，更十足像個小癟三。

自覺沒路用的火旺笑罵由人了，只能一口接一口的小口灌酒，借酒澆愁。

不知過了多久，直到遊覽車的車門被人狠踹又被猛力拍擊敲打，火旺才回過神來，只看見導遊阿國仔怒氣沖沖的站在車門底下。

「垃圾，你是睡死了還是醉死了。」阿國仔罵人的大嗓門響徹整個停車場。

火旺這才慢慢的打開車門，說：「怎麼啦，又怎麼啦，有話不能好好說嗎？」

「現在是上班耶，打你手機怎麼一直不接？客人找不到你的車，已經在店門口等你老半天了。」阿國仔上了車，仍然氣得七竅生煙繼續罵：「我早前已經打給公司了，林總氣死了，他說，回去一定要扣你薪水。你這個垃圾人……」他的話沒說完，一巴掌就往火旺的後腦袋猛力K下去。

被打的火旺不甘心展開還擊，兩人就在駕駛座旁激烈扭打。

個頭較小的火旺很快就被阿國仔壓制在地。

打贏的阿國仔這才算是出了一口怨氣，甩了火旺一耳光後罵說：「這回再饒恕你一次！開車，先去接客人，我們還要趕飛機。」

鬥敗的火旺只能摸摸殷紅的臉頰，拍了拍皺巴巴的上衣，回駕駛座去開車。

返回免稅店載客之後，遊覽車公司的林總林老板就來電話了。林總在電話裡劈頭就罵：「火旺你在搞什麼飛機，阿國仔說你又搞失蹤，你是跑去那裡摸魚？」

「沒有啦，林總，你別聽阿國仔那垃圾人胡亂講。」火旺費盡唇舌跟林總解釋，他只是跟家裡通電話，阿國仔根本是小題大作。

「你一而再、再而三的犯規，不教訓你，我要怎麼帶其它的司機。」林總提高音量恐嚇火旺：「不管你了啦，回來以後我們把帳算一算，看你是要滾蛋還是要怎樣。」話說完，切斷電話，沒再給火旺解釋的機會。

「X，你娘卡好咧。」火旺對著空機喃喃自語。

這一幕全看在導遊阿國仔的眼裡，他緊握拳頭湊到火旺的臉前，說：「垃圾人，你甘脆去死死卡快活啦，回公司以後你就知道自己會怎麼死的！」在向火旺狠狠示威後，導遊才拿起麥克風上到遊覽車的上層去招呼旅客。

火旺對著後照鏡裡阿國仔的背影大吼：「恁爸這次就沒打算回去了啦，你這個垃圾人。」過去半年，他們兩人互相以「垃圾人」詬罵對方。火旺自覺被阿國仔欺侮，早就想給他死，但打架又打不過對方。現在遊覽車下層只剩火旺一個人，他拿著酒瓶大口的又灌下一口酒，酒精漸漸竄上腦門。

「同歸於盡……」火旺昏沉的腦袋裡開始胡思亂想。

一〇

家裡的電話視訊又打來了。

這一次，火旺慢條斯理的打開電話。才接通，火旺大姐劈頭又罵：「你這個豬，你就算笨，也該知道家裡上有老下有小，你千萬別做傻事呀，別讓我們沒臉見人，別做傻事啊。」

火旺大姐的本意其實是在勸慰人，但聽在火旺的耳裡就是責備，更像是一種提醒，像似說：「你這隻豬，別忘了，別忘了去做傻事啊！」

大姐之後是阿媛，但火旺看阿媛在視訊裡的影像卻開始模糊。不過阿媛的嘮叨卻絲毫不含糊，「火旺，你千萬不要想不開，男人要有男人的樣子。」阿媛突然睜大眼睛對他說：「房子若真的被拍賣也沒關係，沒了就沒了，大不了我搬回我後頭厝，我回娘家住……。」

「不要！不要！」火旺這時的神情激動，他講話大聲，他狂催油門，他還猛烈搖頭想要清醒。

他想，自己坐牢也就算了，還搞到老婆孩子無家可歸，他真的沒臉見人了。這個無聊的痛點，竟踩到火旺的死穴上。

這時候，手機視訊裡的影像似乎愈來愈不清楚，阿媛的聲音也愈聽愈模糊。倒不是手機的訊號品質變差，而是火旺醉了，而且醉的厲害。他不但看不清手機視訊，連前面的道路都變得扭曲。

「遜咖、垃圾、人渣、豬……」火旺腦際裡浮現的全是這些不堪的名詞，但這些也是身邊人對他最多的評價。這些評價讓他很受傷、很沮喪，很想開快車超速甩掉它們。

遊覽車高速開上國道以後，火旺就開始快速變換車道。有搭車經驗的人都知道，汽車在高速行駛下，快速轉換車道是很容易頭暈的。接下來的場景變化，在火旺暈眩的狀況下，像快動作播放一樣，一幕幕的快速發生：

暈車的火旺開始在駕駛座上潑灑汽油……

暈車的上層遊覽車乘客抱怨連連……

暈車的導遊阿國仔準備到遊覽車下層來教訓火旺……

暈車的火旺燃起打火機，點燃了身上的汽油……

接下來，一切都來不及。

火旺在焰火中暈死過去……

失速的遊覽車撞上國道邊坡的護欄……

遊覽車乘客在烈火中呼號、奔逃……

要命的安全門被護欄卡得死死，打不開……

大火焚燒，遊覽車瞬間陷入火海……

全車二十四條人命，連同遊覽車全部化為灰燼。

一

殯儀館金爐裡的紙錢也化作灰燼。

阿媛燒完紙錢，站在灰飛煙滅的金爐前發呆。直到偵查員李振武要求她簽收「相驗屍體證明書」，這才把阿媛拉回到現實。

「妳老公實在燒得太糟糕……」偵查員說出一樁大家都知道的事實，他說：「我們只能從他殘存的胃液裡找證據。」

「胃裡面能發現什麼？」火旺大姐又湊上來關心。

偵查員指著「相驗屍體證明書」說：「法醫驗出了高濃度酒精，換算成酒測值高達一．〇七，」偵查員深深喘了口氣，然後沉重的強調：「這麼高的酒精濃度，恐怕連走路都會跌倒，怎麼還能開車，而且車上還載了這麼多人。」

阿媛腦袋一片空白，只能機械式的反應：「所以呢？」

「所以答案出來了，這應該是預謀自殺！」偵查員幾乎下了定論：「蔡火旺應該是先灌醉自己，再淋上汽油自焚。遊覽車上全車人都跟著他一起陪葬。」

「啊……」火旺大姐張大了嘴巴。

「妳們還有什麼意見嗎？」偵查員其實想跟阿媛說兩句安慰的話，但卻只能不斷嘆氣，什麼都說不出口。

阿媛也是什麼都沒說。一抬頭，只看見金爐頂上的輕煙飛上了青天。

二二

阿媛回到公寓，進到小廚房裡。

遊覽車公司送回火旺的遺物。那是火旺放在遊覽車下層，沒被燒毀的私人背包。阿媛把火旺的背包放上餐桌，她給自己倒了杯茶。

她沒意識的撥弄手機，慢慢找出她發給火旺的最後一則簡訊，上面寫著：「回來就好，我只要你回來就好。」

說不出口的話，寫在簡訊裡。只可惜，很明顯的，當時已陷入烈焰中的火旺，根本來不及看到阿媛發出的這封遲來的短訊。

「早知道，讓你好好哭一場也好。」阿媛在自己朦朧的淚眼裡自責。如果出車前的那個晚上，就在這個廚房裡，安慰他的話能夠好好說……。甚至什麼都不說，就讓他在這裡好好大哭一場。也許，也許現在我們還可以坐在這裡一起喝杯茶。

阿媛失魂落魄的翻動桌上的背包，那是火旺最後的遺物。背包裡，居然被她翻出兩盒花蓮麻糬。

「啊！」阿媛吃驚的大叫一聲，她這才意識到，火旺曾經是想回來的。

「早知道，早知道，話就不要說的那麼絕！」

但是阿媛所有的後悔只能埋在心底，只能沉默，只能淚流。

她嘴裡咀嚼火旺死後才捎來的地瓜麻糬，心裡嚐到的卻是滿滿苦澀與懊悔。

錢少爺的那些事

錢少爺什麼都懂什麼都會，
會考試、會開車、會做事業……，
但，他最會的是撒謊！
錢少爺一生的謊言故事無數，
臨到生命盡頭，
都還造成誤會……

一

震驚，兒子出車禍的消息讓錢太太大大的震驚。

當錢太太趕到警察局製作筆錄的時候，她穿的名牌高跟鞋才跨出車門，一群記者就團堵上來問：「錢媽媽，你兒子現在怎麼樣？他還好嗎？」「錢媽媽，你兒子現在有懺悔嗎？」記者們左一句錢媽媽、右一句錢媽媽，七嘴八舌的提問。

錢太太因為還沒搞清楚兒子的狀況，所以她一律不回答。但為了表現富貴人家的修養，她只好雙手合十擺在胸口表達歉意。在司機的護隨開道下，架開盡職提問的記者慢慢往警察局裡擠。

但記者們仍不死心的追問：「錢媽媽，這場車禍撞死兩個人耶，錢少爺有打算怎麼賠償嗎？」乍聽「錢少爺」三個字，讓錢太太稍稍停頓了腳步。

「錢少爺」這個綽號，是兒子高中同學「阿達仔」惡作劇給他起的。為的是要讓兒子「阿凱」請客，給阿凱這麼一個少爺的頭銜，好名正言順的敲阿凱竹槓。但是和阿凱素昧平生的記者，他們怎麼知道「錢少爺」的綽號呢？

來不及多想，幸好警察也適時加入排擠記者的勤務，圍堵的人潮終於被擠開出一條縫隙，錢太太這才躲開人群，被刑警請進偵訊室。

處理這起重大車禍的年輕刑警整夜沒睡，他明顯累了，眼皮沉重得快睜不開。即使光鮮亮麗的錢太太坐在眼前，他依然只能瞇著眼睛問：「錢少爺，噢，不，錢冠凱平常怎麼樣？」

「阿凱，你是問阿凱嗎？」錢媽媽面對警察還是有點不習慣。不過，她很有教養的攏了攏剛才被擠亂的頭髮，然後說：「阿凱很好呀，平常很乖呀。要怪就要怪他爸爸，都是他爸爸把他給寵壞了。」錢媽媽還沒弄清楚兒子出了什麼事，就先把前夫給臭罵了一頓。

黑眼圈的刑警打了個大大的哈欠。發現自己失禮，於是對著風韻猶存的貴婦說：「對不起，妳說，妳說，妳可以慢慢說，我會記錄下來的。」刑警按下錄音機，一手握筆記錄，一手支撐睏到不行的下巴，然後說：「現在妳可以說了，愈仔細愈好，妳想說什麼就說什麼。」

「想說什麼就可以說什麼嗎？」錢太太忍了很久，她想利用做筆錄的機會說個夠。那麼久沒看到寶貝阿凱了，她也想一次釋放心裡的所有糾結。

二

於是，錢太太陷入回憶，回想她寶貝兒子的種種。她說：

我的阿凱是個好孩子，他小時候真的是個好孩子。除了個性比較急，除了有時候不知道為什麼愛撒謊。但撒謊的小缺點都是遺傳他爸爸，跟我沒關係。

我發現阿凱撒謊的小缺點是在那年的一個秋天……

那年秋天的晚上，再過兩天就是阿凱滿十七歲的生日。那天晚上，豪宅社區的管理員跑來跟我說，我們社區裡養的一隻虎斑流浪貓「喵喵」死了。管理員早上發現貓咪被吊在社區旁邊的樹頭上，不過，他已經把「喵喵」的遺骸取下來，並且就近埋在樹下。

「『喵喵』死了真可憐。」我就問：「是誰，誰會這麼狠心呢？」

管理員跟我說，他調出昨晚的監視錄影帶，發現有兩個身穿校服的大男孩在花園角落裡餵「喵喵」。他們不知道是拿什麼東西給「喵喵」吃，不只用餵的，還用灌的，甚至是用硬塞的。畫面裡的「喵喵」一直掙扎，好像在嘔吐，可能是喉嚨被噎住叫不出聲吧，掙扎沒多久就沒了動靜。然後這兩個大男孩拎著「喵喵」走出社區。是晨起運動的陳先生來跟管理員說，「喵喵」被吊在社區旁邊的樹上，管理員才過去處理的。

「那兩個大男孩是誰？跟我有什麼關係？」我嘴上這樣問管理員，心裡卻有點疑心與擔心。

管理員跟我說，監視錄影器裡的兩個大男孩，他只認得一位，就是我家的「阿凱」。至於另一個是誰，他並不清楚。

「不會吧，我們家阿凱最乖了，他很喜歡『喵喵』的，還會買巧克力給『喵喵』吃。不會的，害死貓咪的絕不會是我家阿凱。」

我拒絕承認，管理員也拿我沒輒。

那天晚上，阿凱從補習班下課回來，我把「喵喵」遇害的事情講給他聽。阿凱當然否認他殺了貓咪，還表現出驚訝。阿凱說，應該請管委會公佈錄影帶呀，懸賞高額獎金來追緝殺害「喵喵」的兇手呀。

阿凱講的很有道理，這讓我安了心。我相信，我的阿凱絕對是無辜的。

可是稍後，等阿凱洗完澡出來吃宵夜的時候，他卻叫我不必因為貓咪死了而太難過。他說：「媽，妳不覺得今晚安靜多了嗎？噪音少了嗎？」

我知道阿凱指的是貓咪叫春的噪音。前兩個禮拜，總是有發情的貓咪在社區附近叫個不停，吵的我不能好好看電視，阿凱也沒辦法好好讀書。「喵喵」死後的今晚，貓叫春的噪音真的也沒有了。

「真是你做的嗎？」我驚訝的看著兒子。

兒子從書包裡丟出一盒包裝精緻的黑巧克力，「我同學阿達仔說，生物課有教，老師說，貓和狗都沒辦法代謝黑巧克力裡面的可可鹼。所以，我就我跟阿達仔拿『喵喵』做實驗。」

我訝異的看著兒子，「所以呢？」

「有效！結論是：有效！」我的阿凱笑嘻嘻的說。

但我什麼都沒說。

「我該去翻翻書了……」兒子端著雞湯進房間前說：「真好！沒了那隻死貓，現在真的安靜多了！」

那晚開始沒有叫春的貓，這是真的；阿凱沒把書讀進腦子裡，這也是真的。

那年，他入學考試沒有考好，但是他爸爸有錢，還是給他念了末段班的ＸＸ技術學院。阿凱自我解嘲說，有ＸＸ學院讀不錯了，我同學阿達仔還去念最爛的ＺＺ管理學院咧。

看著兒子這麼樂天豁達，一副知足常樂的模樣，我也拿他沒辦法。反正大學學歷在臺灣也不值錢，而他老爸有錢，他老爸就阿凱這麼一個兒子，就算我和他老爸已經分開住了，我們的阿凱將來也不必為錢傷腦筋，反正他老爸有的是錢。搞不好，將來還得為繼承他老爸的遺產要付高額的遺產稅而操心咧。

三

阿凱上大學後，學校安排他到餐廳實習，是有錢可以領的那種實習。

為了慶祝他第一次領薪水，我特別要求素珠嫂多做了幾道美味的小菜給他補身體。人生第一次打工賺錢嘛，我為兒子感到驕傲。我問他：「阿凱呀，你領多少薪水哪？」

「三萬！」兒子說。

我有點吃驚，學校兼職的實習生可以領到三萬？幾乎快跟我的管家素珠嫂領的月薪差不多了。我雖然懷疑，但我還是高興的說：「太棒了，我的寶貝兒子真是太棒了！」

第二天上午，素珠嫂從洗衣籃裡找到了不對勁，她給了我一張薪水單和一張銀行ＡＴＭ的明細表。薪水單上寫的是三千元，我給他的提款卡，明細單上註記的提款金額卻是三萬元。

我問他是怎麼回事？

他卻笑笑的跟我說：「媽，『自己賺的叫作屌，家裡給的叫幸福。』媽，當妳的兒子，我很幸福，不是嗎？」

我不喜歡兒子講粗話，但是我願意給我寶貝兒子永遠的幸福。

只是我不明白，為什麼，為什麼我的阿凱不肯說實話。就像我問他下課以後去了哪裡？他跟我說，跟同學去看電影。但後來我從信用卡的刷卡紀錄裡知道，他是和朋友去ＫＴＶ，因為他刷的是我給他的附卡。我不了解，跟同學去歡唱有什麼不能講的，我是他老母呀，為什麼不肯跟我說實話。

更讓我不能理解的是，有一回他跟我要錢，說是學校要求他們買電腦。我要他刷我給他的附卡，叫他自己去買。但過兩天，我卻看到他的死黨阿達仔帶著與阿凱同款的新平板電腦和新手機來家裡玩。而且更讓我討厭的是，阿達仔當著我的面，還怪聲怪氣的喊阿凱叫他，「錢少爺、錢少爺。」

我就問阿凱為什麼要幫阿達仔買電腦和手機，而且還刷爆了附卡額度？

他只笑笑說，又沒多少錢。而且人家叫他少爺，少爺幫小弟阿達仔買單好像也是應該的。

我不知道這荒謬的想法從何而來，我不是心疼錢。我只是生氣，氣他為什麼不跟我說實話。

四

還有一次，他跟我說，他要參加學校舉辦的校外教學，要到中部和南部的飯店去參訪觀摩一個禮拜。

我就問他，「阿凱呀，這算你們系上提前舉辦的畢業旅行嗎？」

他聳聳肩沒有正面回答，反而兜圈子拐彎抹角的說，他們系上老師做人有多麼討厭、多麼機車。如果這次不去校外觀摩參訪的話，以後還會被刁難。

我當然是二話不說，立刻掏錢給他去報名參加。只是他出發後的第二天，我就同時收到他就讀的ＸＸ技術學院的退學通知，以及ＺＺ管理學院的入學通知。

我著急的打電話問他究竟是麼回事，我說：「你不是在參加ＸＸ技術學院的校外觀摩嗎？怎麼會被退學呢？而且ＺＺ管理學院的入學通知又是怎麼一回事？」

阿凱在電話裡的語氣很不耐煩：「早跟妳講過了，ＸＸ系上的老師很愛碎碎念、很機車。」阿凱還很不屑的說：「是我把ＸＸ學院給開除了啦。」

「所以你要去唸ＺＺ管理學院嗎？」我著急的在電話裡問他，我說：「你同學阿達仔就是唸ＺＺ管理學院，你不是還嫌人家的學校上不了檯面，很落漆嗎？為什麼你現在要跟阿達仔念同一間學校？」

電話的另一端，阿凱卻哈哈大笑說：「ＺＺ管理學院也可以了啦，一樣都是大學畢業嘛，在臺灣，哎喲，都一樣啦。我現在就跟阿達仔他們在一起，ＺＺ管理學院他們一票人正在幫我辦迎新咧。」

謊言，謊言，從頭到尾都是謊言，我都不知道該跟阿凱說什麼了。

我不了解，阿凱為什麼不肯跟我說實話？被學校退學就轉學嘛，反正臺灣的大專院校多到爆，他老爸有的是錢還怕沒學校讀嗎？

只是，只是……，我是他老母耶，我真的覺得他應該跟我說實話。

五

轉學到ＺＺ管理學院後，由於校園離市區比較遠，我那分居的老公，也就是阿凱的爸爸幫他買了輛進口跑車代步。有跑車之後，阿凱經常在外流連，有時玩到快天亮了才載著同學阿達仔回來補眠。我擔心他天天在外面玩，會影響他上課，但他卻總是哈哈大笑的說：「媽，放心啦。我是ＸＸ學校的轉學生耶，要應付ＺＺ學院的功課綽綽有餘啦。」

一天上午，他要出門前，我問他：「功課怎麼樣，今年能畢業嗎？」

他笑笑說：「很好呀，畢業不是問題。」

但是中午過後，我收到學校寄來成績單，他有一半是紅字。

一個週末的晚上他沒回家，打手機又不接，我擔心到幾乎一夜沒睡。

第二天早上，十點多鐘他回來了，一進門就喊肚子餓。我要素珠嫂給他做早午餐。陪著他吃飯的時候，我卻聞到一股怪味兒，他身上有一股塑膠燒焦的怪味。我不喜歡那股臭味，就問他怎麼混身上下那麼臭？他笑笑說，大概是一夜沒洗澡的關係吧。

「沒洗澡是酸臭味，你身上是塑膠的焦味。」我天天擦香水，嗅覺很敏感。

「待會兒洗個澡就好了。」阿凱有點緊張，但很快就為自己打圓場，說：「洗完了澡，再跟媽咪借香水擦一擦，一會兒妳的寶貝兒子就香噴噴了。」

「你昨晚整晚去哪兒了？我擔心的要命。」我仍然不放心的問。

「ＫＴＶ唱歌。」他吃著火腿。

「誰跟你去的？」我知道錢一定又是他出的，都是別人跟著他去。

「是阿達仔嗎。」我的話他愛理不理，他知道我不喜歡阿達仔。

「又是阿達仔！」我有點不高興，追問：「除了阿達仔，還有誰？」

「阿達仔、阿達仔、就是阿達仔。」他瞪著眼睛看著我，早午餐沒吃完，就回自己的房間。我也沒再追問，但我記得，這是阿凱第一次擺明挑戰我。

可是，我是他老母耶，他為什麼要用這種態度對我？為什麼老愛說謊？說謊對他有什麼好處？我不明白，我不斷自問，但是沒有答案。

六

星期天傍晚，阿達仔抱著一隻馬爾濟斯小狗來家裡找他。小狗長的挺可愛，狗主人阿達仔卻還是黑黑瘦瘦、頭髮枯黃。我不喜歡阿達仔，他不像我們家阿凱英俊瀟灑、一表人才。

阿達仔一來，阿凱和他兩個人就上樓關進房間。他們把音響開的很大聲，在房間做什麼，我不知道，他們不到吃飯時間是絕不出來的。

我一個人待在樓下，隱約聞到一股燃燒塑膠的臭味，就是阿凱那天帶回來的那種臭味。我真的不高興了，上樓敲了阿凱的房門。

迎門的是馬爾濟斯小狗神經質的狂吠，兩個年輕人的神色則明顯恍惚。

我忍著臭味，捏著鼻子問阿凱，「你們在做什麼？」

「在聽音樂。」

「你房間怎麼有股燒焦的臭味？」

「噢，」阿凱關掉了音響，說：「那是阿達仔抽菸不小心燒到垃圾袋的味道。」

我留意到馬爾濟斯身上穿了一件小背心，背心上還繡著「緝毒犬」三個字樣。

我開始起疑，「小狗身上穿這樣的背心是在做什麼？」

我的問題既是問阿凱，同時也在問阿達仔。

「錢媽媽，這是在提醒我們要抵抗誘惑。」阿達仔一臉恍神，他拍拍阿凱的肩膀，說：「錢少爺，你說，我們都禁得起誘惑吧？是嗎？」

兩個年輕人在我眼前放肆的哈哈大笑。

我突然意識到，這股塑膠臭味可能是K他命。電視新聞有在說，K他命的毒性雖然低，但仍是屬於第三級管制藥品。這種毒品吸多了會尿失禁，要一輩子包尿布的。做母親的直覺逼的我對兒子大喊：「你們千萬別亂來啊！K毒絕對不能碰的啊。」

「妳管那麼多幹嘛？」阿凱的祕密被識破後，他突然「見笑登生氣」沖著我大聲咆哮：「媽的，我受夠了妳這樣鬼鬼祟祟的監視我。」

「我是你媽耶！」

「好好好，還我媽咧！」阿凱吼叫：「他媽的！」

話沒說完，阿凱拉著阿達仔抱著小狗奪門而出。然後開著他老爸給他買的進口跑車，負氣絕塵而去。

我回到自己的房間裡哭到不行，第一次被兒子用這種語氣頂撞。我很想跟他說，雖然你生長在單親家庭，但是我和你老爸給你的愛一點都不少，至少在金錢上從來沒讓你匱乏過。我不管你那些狐朋狗友叫你少爺還是錢少爺，你是我心裡永遠的寶貝，我不要你吃苦不要你受罪。我只祈盼你聽話，你能答應我，一輩子不碰毒品不酗酒，做個堂堂正正的好人。

可是，我的祈禱阿凱顯然沒聽見，那天夜裡他離家出走。那個酒肉同學阿達仔陪著他去上酒店。阿達仔說要幫他借酒澆愁，但其實又是刷我的信用卡徹夜狂歡。

酒店買醉之後，為了送酒店妹妹回家，阿凱居然拖著酒測值〇・八五的身體開車上路。他以時速一〇〇公里的速度在高架橋上狂飆，結果……，結果追撞了一輛晨起賣菜的貨車。貨車上七三歲的歐吉桑頭部去撞破了前擋風玻璃，送醫不治。

我嚇壞了。接到警察的通知之後，我嚇壞了。

我立刻打電話call阿凱他老爸來幫忙處理。

阿凱他老爸也真的很夠力，又請大律師又請民意代表來幫忙。最後，最後……花了八百萬元和死者家屬達成庭外和解。

法官看我們民事和解了，刑事也就法外開恩。依過失致死罪判我們阿凱兩年徒刑，還可以緩刑五年，但必須勞動服務一〇〇個小時。

我後來聽說，聽說阿凱被法院派去殯儀館做掃地清潔工作，用來折抵法院的一〇〇個小時勞動服務。去殯館……，我一度很捨不得。但想想也還好，還好不是派他去洗大體，要不然，我們家阿凱一定會嚇壞……。

我之所以講「聽說」，是因為處理完那件車禍以後，我就一個人回家。

阿凱沒跟我回家，他搬去跟他爸爸住。

在那之後，我再也沒見過我的阿凱。

七

噢，不對，不對……，今天早上我才在電視上看到阿凱的消息。電視新聞從清早就一直在報導他的名字。說阿凱開著他老爸給他新買的賓士雙門跑車，又載著酒友和酒店妹妹開車上路，結果超速撞上一輛垃圾車，然後再撞上一名晨起運動的歐巴桑。新聞還說，歐巴桑和他車上的酒友兩人傷重，當場死亡，駕駛則送往醫院急救。

我是他老母耶，看到這樣的新聞我就嚇得要死。所以，當你們通知我來做筆錄的時候，我頭髮沒梳，妝也沒化，趕快叫司機就載我過來了。

「啊……現在是怎樣？」我講完一大堆，這才發現坐我對面的刑警已經「度咕」睡著了。可能我只顧著自己叨叨絮絮講了一大堆阿凱的往事，沒注意到整夜沒睡的年輕刑警已經在打瞌睡。

「那……，我的阿凱現在怎麼樣了，我可以看看他嗎？」我忍不住搖醒已經響起輕微鼾聲的刑警，我說：「警察先生，該說的，我都說完了。」

年輕刑警這才驚醒，「喔，妳都說完了嗎？」他像聽完漫長的「一千零一夜」故事，打了個長長的哈欠，然後關掉錄音機。

「我可以看看我的阿凱嗎？」我用打聽的語氣詢問，「是不是可以讓他交保或者和解？就像上次車禍那樣。至於錢，錢不是問題，他爸爸有的是錢。」

「錢，妳是說錢少爺喲。」刑警像似沒清醒，摀嘴又打了大大哈欠，說：「錢冠凱喔，妳兒子的名字取的真好。錢冠凱，第一名的有錢人，難怪記者也叫他錢少爺。」

「我可以看看我兒子嗎？」

「錢少爺已經是第二次酒駕撞死人了，他這次受傷，不知道是送去那家醫院……。妳坐一會兒，我幫妳電話確認一下。」刑警打電話的時候卻突然回頭問我：「妳認識那個叫『阿達仔』的人嗎？」

「是阿凱的那個同學嗎？」，我還是不喜歡阿達仔。

「應該是吧……」刑警正在撥打電話。

「他怎麼了？」我問的很無心，我只想趕快看到我的阿凱。

「他死了！」

刑警說，他應該是坐在副駕駛座吧，可能也是喝多喝茫了，他沒有繫安全帶。車禍發生的瞬間他噴出車外，頭部著地，當場死亡。

聽到這消息，一時間，我滿腦子都是阿達仔黑黑乾乾、頭髮枯黃的吸毒病容，想到他我就不舒服。

「妳想看看阿達仔嗎？」刑警hold住話機，咧嘴一臉詭笑。

我搖搖頭，沒說出口的是：「我才不想看阿達仔咧。」

刑警繼續接聽電話。

放下電話後，刑警的笑臉瞬時收斂起來，他嚴肅的跟我說：「對不起！錢太太。」

「阿凱在那家醫院？我去醫院看他。」我擔心的問。

「我搞錯了。車上的人都沒帶證件……」刑警一直抱歉說：「是我搞錯了，開車的是阿達仔，他骨折受傷還在手術中。至於副駕駛座飛出去的，其實是錢少爺！」

「啊……」我一聲驚呼還沒喊完，撐不住要命的暈眩，當場昏死在桌上。

據說，據說，後來我是被抬出偵訊室的。

到現在，現在我還躺在醫院裡。

至於我的寶貝阿凱，我沒看到，以後再也看不到了。

門外，是誰在咳嗽？

初入社會，剛到南部當菜鳥記者的時候，
一位新聞界的前輩藉著酒意告誡我，
他說，以後不論是採訪還是真實生活，
千萬別問賺吃查某，「妳何時開始幹這行的？」
這種白目問題，一旦你知道了答案，
只會讓你破財，更可能讓你人財兩失。
酒醉的前輩告訴我這個故事，
它有點荒謬，有點情色卻又有點悲傷。
老前輩藉這個故事要菜鳥記者永遠記得，
想當一名好記者，問話要看人，更要有技巧……

一

那是一個冬雨夜裡。

已經連續下了一星期的雨，房間裡悶濕的快要發霉。電視裡的氣象報告說，這場冬雨，一、兩天內還下不停。

那一天排休假，沒進報社，一個人悶在南部租賃的套房裡看電視。悶了一整天，我關上電視，關掉電視裡無厘頭的嘻笑怒罵，卻突然感覺淒涼與寂寞。這種孤單的感覺模模糊糊，但我知道，此刻需要女性的慰藉才能平撫。這讓我想起電視廣告中，那個身材豐滿的成熟女性，深夜此刻，我有一種難以遏制的雄性衝動。未娶妻也沒有固定女友的我，「買！」是唯一解決的方法。

披上厚重的防水冬衣，就去做個城市獵人吧。

在這個城鄉混搭的南部小城裡，聲色場所有限。繞來繞去的幾條黑街，角落裡站著的女子，讀來讀去都是似曾相識的老臉，沒有一個有讓人駐足入港的興趣。

夜，逐漸深沈，一種肉眼無法看到的細小水滴落在外套凝成大片濕痕。

「別再逛了！」我告訴自己，孤單到達了頂點，是該找個小港靠泊下來。也許消磨個半小時，甚至更短。如果人對了，在這樣的寒夜裡或許還能摟個人，安安靜靜的睡上一晚。

繞過藝術館後街的小巷，這裡依例聚集了「賣肉」的流動攤販，往常在這兒也能找到一、兩個共渡一宵的女伴。但今晚，也許是真的太濕冷，冷到不適合女人出來做生意，小巷走到盡頭，居然沒有一個能看上眼的。

其中一個粗魯的中年女人更模仿皮條客，扯著我的外套不放，拉扯間，我厚重的近視眼鏡都差點給弄丟。其實，雖說「食色，性也。」但即使是用買的，也還是希望那檔子事多少能有一些美感，至少不能像野合的狗吧？尤其是雌性，在我殘存的大男人思維裡，總認為順從還是一種美德，所以，剛才那個女皮條客拖拉的強盜行徑，要想讓生意成交當然沒得談。

走完藝術館後街，我還是沒找到共渡寒夜的對象。心理開始有些煩燥，腦袋開始倒帶，蒐尋剛才那些過眼女人的面容，心裡盤算著，只要不算太差，將就將就算了。

二

不過，妥協的念頭才閃過，奇蹟出現了。後街角落裡站著一個可愛的身影，我知道，今晚我不必勉強自己降低條件了。那可愛的女人，剎時間，我確定她將是我今晚共享體溫的對象。

她穿著一襲白得可愛的長裙，披著外套，年紀很輕。不過，年輕的臉龐上卻有幾條不該在她這個年齡出現的皺紋。但有趣的是，她略顯豐腴的體態，居然和今晚電視裡那個洗髮精廣告的女明星有幾分神似，都有一種雌性且適合哺乳的魅力，她真的勾起我雄性的衝動。

小小的議價後，我們很快談成她要求的價碼。然後，我歡喜的摟著這個討人喜歡的女子往她的香巢走去。我的心裡雀躍，也許只因為今夜實在夠冷，也許實在是寂寞的夠了。

跟著小女人在藝術館後街小巷穿進穿出，連我這隻尋芳老鳥都迷迷糊糊的不知身在何處。直到女人帶我走到一間舊公寓前，回頭一望，遠方新大樓頂上的霓虹燈還在寒夜裡眨巴眨巴閃著，從新大樓的位置我才確定自己的所在。只是好奇，這個小女人在後街人肉市場裡應該算是生面孔呀，怎麼能將小城的地理位置摸的這麼清楚？

這棟公寓位在公園旁的舊建築區，以前一度是「賺吃查某」專門租來做生意的「貓仔間」。但隨著公園周邊新大樓陸續完工，租金便宜的舊建築裡現在只能吸引外地來的打工仔。由於物質水平不高，甚少打掃的樓梯間裡，全都是黯紅的檳榔汁和隨意丟棄的瓶瓶罐罐。看到這遍地髒亂，我竟然有些後悔，剛才不該答應小女人來這兒的。因為隨便一家賓館或一間旅社就足夠兩人廝磨了，為什麼我會答應來這貓女的窩呢？也許是她的哀求，也許是我的好奇，但……其實是精蟲灌腦，連我自己都糊塗了。

小女人領著我爬樓梯，一路跳過垃圾來到公寓五樓，我還氣喘咻咻的吐著大氣。女人卻一回頭勾住我的脖子，說：「你在門口等一下下啊，我房間裡有一點點亂，我先進去整理一下下。」

「那有什麼關係！」我說：「反正妳們的房間都是一個樣兒，我知道的。」我順勢擰了她的肥臀一把。

小女人則撒嬌似的猴在我懷裡，說：「很快的，我整理一下就好，不然破壞了情趣，多殺風景。」

「那就給妳一分鐘。」我捏著小女人的小鼻子，說：「我也不想殺風景，但不許讓我等太久，我很著急的咧！」

女人噗哧一笑，拿著鑰匙把門打開了一個小縫隙，然後輕手輕腳的鑽進去，好像怕我跟著闖進去似的。不過，她關門前還是對我拋了個媚眼，說：「一下就好，別走開喲！」我心裡則想，這個小風騷還挺帶勁兒的，待會兒可得好好展現男人的雄風。

三

站在頂樓走廊上，我不知道房間裡的她在做什麼，只是看著這走道實在骯髒。再回想貓女要我等門的接客方式，讓我有一種不甚痛快的感覺，總覺得今晚有些什麼不對勁。一想到不對勁，我立刻提醒自己，待會兒別忘了要屏氣提肛，免得什麼樂趣都沒嚐到，三兩下就丟了，豈不枉費我一整夜的尋尋覓覓。

看看手錶，女人進去已經三分鐘了還沒出來，我輕輕地扣門，只聽見女人嬌羞的叫說：「馬上就來了喲！」，緊接著是一連串模糊的咳嗽聲音，好像用毛巾壓抑著不讓它咳出來似的。

「她感冒了？剛才看不出來。」我心裡有一絲擔心，萬一被傳染了可就不妙。但想想，我們倆剛才一路走來，也沒聽她咳嗽呀，那咳欶聲是怎麼回事？

不過，再多的狐疑也被這寒冷的雨夜打敗，要我現在一個人回去宿舍，孤單單的抱棉被，那種寂寞滋味我可不願意忍受，只好摸摸鼻子繼續等下去。

走廊上，除了斑剝的油漆和滿地檳榔汁之外，還有一張大躺椅。奇怪的是，躺椅上還有一條全新的睡袋。

「是誰把睡袋放這兒呢？」我好奇的摸了摸睡袋，連日的冬雨讓睡袋的表面有些濡濕，但從縫隙間漏出來的白色羽毛看來，這件睡袋的質料還不錯，能防寒防濕，拿到大霸尖山露營都夠用。

房間裡傳來一陣隱約的馬桶沖水聲。側著耳朵，我又聽見壓抑的喘咳聲，接著，是悄悄的關門聲音。

「是不是房間裡另外有恩客？既然有人了還拉我回來作什麼？」我狐疑的瞎猜更有點不高興。看看手錶，時間過了五分鐘，心想：「如果一分鐘內她還不開門，我馬上走人。」對於貓女這樣的服務態度，我已經有些不耐煩。

就在我轉身準備離開的時候，小貓女終於開門了：「進來吧！趕快進來！」

「妳在忙什麼……？」話沒說完，小女人兩片豐厚的唇已經壓住我的嘴，硬是把我往裡拉。

四

進到房間，有一股劣質香水的氣味，有些嗆鼻。床上收拾的倒還挺乾淨，大致來說，這間小套房還稱的上整潔。

「妳養小白臉喔？」我發出抗議，因為她進屋收拾的時間太久。

女人愣了一下，立刻裝出笑臉說：「有呀，你就是我的小白臉。讓我給你養，好不好？」，然後就要幫我脫衣服。

「為什麼這麼久？」我依舊謹慎的向四處張望。

「我先進來準備一下，幫你培養氣氛呀！」女人風情萬種的為我解下腰帶。

確定房間裡沒有其他「人客」之後，眼前這風騷的女人很快讓我興奮起來。在一股雄性衝動的驅策下，我很快把小女人放倒在床上。但小女人半推半就的直笑說：「等一下，等一下！」趁著我脫外套的空檔，小女人從我胯下溜到電視機旁扭開電視。

「幹嘛呀？」我對小女人開電視的舉動有些氣惱，「都要做了還看電視？」

「就是要做了，才要培養氣氛呀！」小女人淫邪的笑說。

電視裡果然出現了所謂培養氣氛的A片，女人說：「今晚你要在這兒過夜嗎？」小女人熟練的打開我褲檔裡最重要的部份，她說：「就在這兒過夜嘛，算你便宜點兒。」

「當然！」掩不住興奮，我一把拖起她的雙峰，「原來妳是先進來準備A片的喲，果然是小蕩婦！」

小女人很熟練地握住男性最重要的部位，誇張的說：「好大！」

我有自知之明，很想說：「那有？」但女人這樣一聲輕柔的讚美，足以讓所有男性聞聲奮起。

我衝動的要脫小貓女的衣服，她卻說：「會冷，待會兒……」

小女人珍惜自己手中的所有，接著，她低下頭學著電視裡的畫面，用唇口撫觸那專屬我雄性的所有。

而我一雙激情的手臂則放在她小小的腦袋上施壓，引導她的厚唇自由自在的吸吮。就在興奮的當口，我沒忘記告訴自己要屏氣提肛，希望男女的激情能夠維持地更長久。

小女人的敬業是我近來少見，她原本雙膝跪著，時間稍久，她不得不轉換個姿勢，換了一條單腿跪下，並不時發出一些呻吟來幫忙我維繫亢奮。終於，我忍不住了，我想跳離她的唇，亟欲真正的入港。

我把小女人壓倒在床上後，急切的向她討「帽子」來戴。畢竟，在這個愛滋病陰影籠罩全球的時代，縱使眼下這小個女人再怎麼熱情如火，我仍然沒忘記入港時要注意的安全措施。

小女人翻身在床頭櫃裡找「帽子」，我貪心的雙手則在她的雙峰間遊移把玩，並順著她深深的乳溝往下滑，我摸到小女人腹部有一條長長的圓形弧線。所以，我問她，「妳生過小孩喲？」

我的疑問，只讓她停頓了一秒，但她沒有回答，繼續認真的找「帽子」。

我繼續摸索她的小腹，卻不禁真心的讚嘆：「妳保養的真好耶。」回想太多交合過的肉感女人，縱使沒生過小孩，那庸俗的肥油黏上贅肉，總讓人缺少性愛的遐想。但眼下的小貓女，穠纖合度的身材，完全不輸電視機裡正在播放的ＡＶ女優。

床頭櫃裡遍尋不著保險套，小女人歉然的說：「抱歉哪，好像沒有了耶。不過你放心，我很乾淨的，不用戴帽子也沒關係。」說著，說著，她又抓起我的命根子，又是輕撫又是親吻。

「可是，我習慣戴帽子了。」我想到我最崇拜的運動明星偶像，美國籃球球星魔術．強生就是因為太「博愛」又不愛戴套子而感染愛滋。沒有「帽子」，讓我有些害怕。

掙脫小女人的愛撫，我倔強的說：「沒有帽子我寧可不辦事。」赫！我當下的語氣可能有點像衛生署長喔。

一下子，氣氛有點僵。我有些後悔自己的狗屁堅持，正準備妥協的時候，小女人卻跳下床說：「你一定要戴帽子……，我有辦法。」

她故意嘟著嘴說：「你先借點錢來用用。」

「做什麼？」我心想還沒辦事咧就要買單，有點不高興的說：「這檔子事要預付款的嗎？」

「我又沒說你完事了呀！來來來，我看看！」女人故做吃驚的又往我的下體搔摸，搔得我整個人都癢了起來。然後，她又學著錄影帶裡AV女優的畫面，厚唇嘴巴又動作了起來。

「滋……」女人嘴裡含著我的命根子，含糊的說：「你要帽子，還不拿錢出來，人家可是沒錢的喲。你先借點銀兩來用用，等一下再從裡面扣嘛。」

躺在床上，整個人已經飄飄欲仙，我說：「現在還拿錢做什麼呀……」

「去幫你買帽子呀。」女人說話的神色有些淘氣，用她一雙放浪的眼睛盯著我。她的專業精神，真的可以和A片裡女優相比。

「妳現在去哪兒買呀？」我撫著她的頭，讓雙手隨著她的捲髮上下起落，我說：「等妳回來，我都冷了。」

「冷了再燒嘛，反正你這把火，好點的很。」女人俏皮的說。

「算了，算了。」我話說的堅決，樣子可能有點無情，嚇到了小女人。

「什麼算了？」小女人緊張的停下動作，說：「我是真的沒錢才叫你先墊的嘛！」小女人居然認真起來。我讀出她眼裡有些渴望，但渴望什麼呢？是我這個人，還是我這單生意？

「跟你說，我很乾淨的，不用帽子一樣很安全的。」小女人一口氣把話說完，不知為什麼，我從她的語氣裡似乎聽到了哀求。

我被小女人突如其來的認真嚇了一跳，摸著她的臉說：「我是說算了，不要帽子了，我們今晚還是在一起，妳不要緊張好不好。」低頭一看，自己的雄性象徵居然一下子萎縮下來，反而覺得有些不好意思。

「討厭……」女人又主動靠了過來，說：「也不講清楚，害人家以為是我服務不周到咧。」女人邊說邊動手解開我的背心，她嘴裡黏呼呼的說：「這麼冷的天，我可不想一個人睡。再說……再說，我們價錢都好商量的嘛。」

我心裡則想，這女人的面容、體態、專業度什麼都好。但殺風景的就是老愛講錢，這太缺乏美感了。雖說婊子無情，但我出來買春，從來也沒欺負過女人，更沒吃過免費的霸王餐。

短暫的出神裡，女人已把我的上衣脫地精光。而她更快，脫掉罩袍後整個人已經躺進了被窩，伸出一截雪白的手臂向我招呼，「好冷，快點來嘛！你不冷，我可是冷呷凍不條。」

照著她的樣子，我也很快的褪去僅剩的底褲，猴一樣的上床與她親熱成一堆。

但，但，只有幾分鐘。

幾分鐘後，我發呆似的躺在床上，心想：「剛才一定是忘了提肛……。」

五

射精後的沮喪讓我混身不自在，再轉身看看裹在棉被裡的小女人，反而有點厭惡她，要不是剛才她的愛撫太過投入，我也不會這麼快繳械。而此刻的電視機裡，軀體雜交的男女還在翻雲覆雨，過分的呻吟聽來異常造作，我心煩的說：「關掉它，關掉它！」

小女人只「嗯哼！」一聲，身子光溜溜的就去關電視。

我從口袋裡摸出seven star，點燃了菸捲才後悔。想起報社裡的前輩老黃早就警告過我，說：「抽這種日本涼煙會倒陽、早泄。」沒想到，今夜居然給那烏鴉嘴給說中。

「別抽涼煙了，該換個味道重一點的煙。」我告訴自己。

女人關上電視，怕冷似的急忙忙又鑽回被窩，她說：「借根菸吧！」

我毫不猶豫的把已經燒了三分之一的seven star遞給她。卻也覺得奇怪，這女人不但沒準備保險套，怎麼連自己要抽的煙也買不起。

女人接菸的同時卻頑皮的說：「你怎麼抽這種女人煙哪。」

女人的話正好擊中我的痛處，我把悶在嘴裡的一口煙重重噴在她的臉上，沒好氣的說：「媽的，是沒讓妳爽到嗎？」我真動氣了，沒想到她跟其它俗物一樣，既要賺錢還要賺爽。

「爽呀，爽呀，你把我搞得快累死了。」女人一看我的口氣不對，趕忙安撫。她擰熄了菸，拉著我的手在她多毛溫濕的下體摩娑，嬌柔的說：「你摸摸看，人家流了那麼多……」

這真是一次奇特的買春經驗，以往出來買，「賺吃查某」辦事的時候多半一副死魚模樣沒感覺。男人在上面辦事，她們在底下卻很麻木，有些還氣定神閒，幾乎可以在底下打毛線算時間。但為什麼眼前這女人要這麼巴結我，還故意擺出這付風騷模樣？

我摸著她的下體問：「妳這裡多久沒做生意了？」我以為我找到答案了，她需要的是「愛」。

「我剛搬來第三天，」女人把一雙似乎哺育過而略顯下垂的乳房在我手臂上左右摩擦，她說：「人生地不熟，你是我在這裡的第一個客人。」

「第一個」這三個字，對沙文主義的大男人很有刺激作用。一時間，我以為，或者說我認為，今晚這場買春就把它當作是一場「豔遇」吧。比起其它可以在胯下鉤打毛線的老查某，眼前的小女人不但專業，可能還因為太久沒做而有所渴求。精神阿Q的我甚至認為，從某個角度來看，她算得上新鮮而且純潔，至少她已經三天沒「賺」了。這種程度的純潔，對一向只靠打野食來解決生理需求的我來說，自然產生一種微妙的好感，感覺自己賺到了，我替自己今晚的買春行動大大加分。而且，剛才在樓下說好的價錢裡還包括過夜。我可以在這裡與她共渡寂寞的一夜，我心想，待會兒，能做幾回就再做幾回。

現在，我只需要等待下體奮起，雄風重振之後就能進行下一次的人肉拼搏。而在等待的空檔，我的心情輕鬆，我們就自然的胡亂瞎聊。

「妳剛搬來這裡，妳從那裡來的？」

女人輕噓了一口氣，說：「臺北吧。」

看她回答的很敷衍，我知道她可能在說謊。但撒謊又如何，我不會也不需要追究，在這樣的冬雨夜裡，有人可以陪著說說話就好，管她是真心還是假意。

「你知道的，臺北那地方和這裡相比是比較好賺啦，但臺北空氣壞的要命，住的地方更可以把人悶出病來，很容易得氣喘。為了身體好，我才搬來這裡，試試看，有沒有辦法靠『賺吃』在這裡過生活。」接著，她又講了一堆關於臺北的不是。不過，她的抱怨在我聽來是屬於生活常識的那種，聽聽就可以忘掉的那種囈語。

女人說話的內容無聊到叫人不想搭理，此刻還和她一起躺在床上，只是為了等待在混時間。剛才在床上的「運動失常」，讓我的雄性激昂有點兒失落，現在只能等待。我偷偷把手伸到雙腿間摸了摸，答案卻叫人失望。

「怎麼還沒起來？」我心裡覺得懊惱，但隨即勉勵自己：「待會兒起來以後更要好好表現。」我滿腦子想的都是男女間的那檔事，畢竟，那才是我今晚花錢狩獵的目的。

女人還在談她臺北污濁的天氣、擁擠的交通和罹患氣喘……。但這類話題實在無聊，直叫剛剛射過精的男人想打瞌睡。於是，我轉移話題問她：「那妳是什麼時候開始幹這行的？」

這種針對性的問題，對於在風塵中打滾的女子，可能是無禮且讓人心痛。但對我這種買春男人來說，探詢女子墮落的經驗，揭開她們下海前的面紗，彷彿可以找到她們過往遙遠的純潔，會有一種窺伺的快感。人性嘛，就愛窺伺，這可能就是八卦雜誌能夠生存、大發利市，甚至成為媒體主流的原因吧。

「這不是一件讓人愉快的回憶……」女人猛力吸著手上的煙，小小煙捲上有腥紅的火苗輕輕跳動。房間裡突然靜肅，連煙捲燃燒時的滋滋聲響都清晰可聞。

「這個故事有點長……」，女人的思緒看起來縹遠。

「沒關係，妳可以慢慢講。」我幫自己也點上一根煙，即使是七星涼菸，我依舊抽得過癮。抽著煙，我可以好整以暇的躺在床上，等待胯下再起的同時，順便聽一個可能讓人感動的故事。

六

「那年，那年我們讀高職二年級的下學期，」女人輕輕噴了一口煙，然後悠悠的說：「那是一個星期六的下午，下課後，我和淑芬到臺北仙公廟去拜拜。」

「等等，等等！妳的故事有點兒沒頭沒腦。」我墊高了枕頭故意調侃她：「淑芬，淑芬是誰？」

「淑芬是我們班同學，是我的閨蜜，我們是死黨。」小女人假裝生氣的說：「你別打斷人家啦。你不知道，那陣子我時常作噩夢，常常夢到有一個男的僵屍來找我索命，每次夢到他捏著我脖子的時候就會驚醒。但我還是騙我爸媽去補習，其實，每天下課後，我都跑到淑芬家看僵屍鬼片的錄影帶。有好幾次，因為看錄影帶的時間太晚，連回家的公車都沒有了，我就睡淑芬家，要跟淑芬抱在一起才睡得著。那陣子，我們兩人每天都作同樣的夢，夢裡有一個男鬼，他長的好恐怖，即使白天上課，打瞌睡的時候都還會夢到他的鬼影子糾纏我們。現在想想，還是覺得好可怕。」

「妳沒回家，妳爸媽不覺得奇怪嗎？」我忍不住插嘴。

「奇怪又怎麼樣，他們成天忙著在夜市賣外銷成衣，那有時間管我？」

「後來呢？」我其實是隨口問問，問的很無心。

「後來，我們就把做噩夢的事情告訴淑芬她阿嬤。阿嬤說，找一天，她會帶我們去廟裡求菩薩保佑。可是，星期六那天下課以後，跟淑芬逛完了街，我們倆就決定自己去廟裡拜拜。」

七

女人慢條斯理吐著煙圈，彷彿掉進時光隧道裡，她回憶說：「那個星期六的下午，跟今天一樣，也是下著雨。我和淑芬到仙公廟裡上完香，還跟顧廟的老阿伯要了一個護身符。我們都想說，只要有仙公的保佑，以後就不會再有惡鬼糾纏，不會再作噩夢了。我和淑芬都好高興，決定繞到夜市吃一碗豬腳麵線，幫自己祛祛霉氣。」

「阿彌陀佛！」一聲佛號突然在耳邊響起，女人說，她和淑芬才走出廟門，就被廟門口一個剃光頭、打扮成和尚的男人嚇了一跳。和尚說：「兩位小姐是惡業纏身喲！」貌似和尚的男人一邊閉眼睛搖頭，一邊托缽化緣。

女人說，「我記得那時候他的缽裡只有零星的幾枚硬幣。可能是下雨天的關係吧，廟裡上香的人少，他的收入也不多。我想做好事嘛，會得到諸神菩薩的庇佑，所以放了兩枚十元硬幣到他的空缽裡。匡噹匡噹的聲音響在他的空托缽裡，當時還覺得挺響亮的咧。」

「師父！」淑芬沒叫眼前的男人和尚或什麼的，而是尊稱師父。傻氣十足的淑芬那時雙手合十，學她阿嬤參拜的模樣說：「師父有夠厲害，眼睛都沒張開，怎麼就知道我們身上有惡業呢？」

那光頭男人，或者也叫他和尚吧。打扮成和尚的男人在自己光頭上輕輕一抹，我本以為那是一顆戒疤，沒想到戒疤居然飛了起來。原來，那是一隻大蒼蠅，蒼蠅飛走了，我才大吃一驚跟著淑芬喊：「師父！」

「嗯！」和尚這才慢慢張開眼睛。我好佩服他的定力，在人來人往的大廟門口，他還有辦法把自己的動作放得這麼慢，他揮蒼蠅的姿態簡直像錄影帶裡的慢動作。不過，當他睜開眼睛，我們才看清楚大和尚的一對小眼睛和雜毛參差的粗黑濃眉。我和淑芬都被眼前這個「濃眉小眼」，眉眼比例很奇怪的和尚嚇了一跳。

淑芬當時就把我拉到一邊，偷偷指著和尚的面容說：「妳覺不覺得他很像一個人？」

「妳也這麼認為！」我立刻點頭附和淑芬的意見。

我們都承認，和尚的長相和我們夢裡的男鬼長得一模一樣。

我拉起淑芬的手立刻要走，見鬼了，我只想趕緊逃跑。

「妳們是不是覺得心裡很不安，連覺都睡不好。」和尚看起來不過三十出頭，聲音卻像五、六十歲的歐吉桑，聽來有些滄桑沙啞。

「你怎麼知道？」淑芬怯怯卻又好奇的回話。

「阿彌陀佛！」和尚神祕兮兮的說：「天機不可洩漏，天命不可違逆。」

我不懂什麼天機、天命，只覺得夢中的鬼怪出現，趕快跑吧。我拉著淑芬要走，可是淑芬卻像著魔似的不肯走，還傻傻盯著人家和尚看。

「妳們兩個別怕……」和尚把手上的托缽往寬大的衣袖裡一兜，缽裡的零錢瞬間消失，只剩下原先的幾枚硬幣還牢牢的黏在碗裡頭。我看和尚簡直是在變魔術，他卻莫測高深的說：「這是業障，妳們必須快快化解，免得隨業流轉。」

「怎樣才能化解呢？」淑芬傻里傻氣的瞎問：「我現在每天晚上都睡不好，翻來覆去的，有時候內褲底下還會……。」

沒等淑芬說完，我一把捂住她的嘴，附在她身朵上說：「妳連褲底濕濕的事情也隨便跟外人講嗎？而且他……，他看起來好噁心。」

淑芬說：「妳才噁心咧，妳不是也夢到那個男鬼壓在妳身上？」

不過，淑芬沒打算跟我吵，她反過來安慰我，說：「有什麼關係嘛，反正師父也不知道。問問他，也許他有法術，能替我們解決失眠的問題也不一定。」

淑芬說話的聲音很大，好像要告訴天下人，我們被男鬼纏身。我們週遭沒有別人，但是我可以確定，淑芬講的話，和尚有聽見，因為他的一雙小眼睛一直斜睨著我們。

我偷偷看見，和尚的光頭頂上不知什麼時候又飛來了兩隻蒼蠅，像兩粒黑色的戒疤停在他的頭上。但不知是他的定力太好，還是太專心聽我們講話，和尚忘了驅趕牠們，那兩隻蒼蠅動也不動的停在和尚的油頭上。

「阿彌陀佛！」師父高聲唸完法號說：「兩位女施主如果有心事，一定要儘早化解，貧僧和妳們有緣，一定盡力替兩位排解。不要遲疑，一旦惡業纏身，後果就不堪設想。」

和尚說完了話，托著他的空缽，又以緩慢的動作慢慢移往另一扇廟門。

八

我和淑芬稍稍靜默了一會兒。但她沒徵詢我的意見，中邪似的拔腿就去追那和尚。還一邊小聲的喊說：「師父救救我們吧，師父救救我們吧……」

和尚停下腳步看看淑芬，手裡捏著念珠說：「妳跟我來。」

但看我杵在原地不動，和尚抬手指著我，說：「那……，妳來不來？」

我還在猶豫。淑芬卻一把把我拖到和尚身旁，哀求說：「求師父救救我們倆。」我發現和尚的小眼睛盯著我看，不知為什麼，我居然也學起淑芬的傻樣子，哀求說：「求師父救救我們！」

我永遠忘不了和尚那抹淺淺的微笑，好像救贖了我們，他自己可以得到多大滿足似的，他說：「那就跟我來消業障吧。」和尚溫柔的補充說：「找個好地方，我替妳們排解排解。」

這一回，和尚不等我們反應了。他快步走在前頭帶路，我和淑芬緊緊跟在他的後頭。淑芬幾乎就牽著和尚的黃色大僧袍，那是一件洗地白淨，但卻沾滿臺北街頭汽、機車臭油煙味兒的舊僧袍。

午後的小雨中，我們三個人在仙公廟後面的小巷子裡繞來繞去。和尚的腳步飛快，我一路上卻只留神記憶待會兒要怎麼回家。但是在繞了幾條窄巷，穿過幾條小街之後，我放棄了。因為亂七八糟的巷道就像羊腸、雞腸一樣複雜，不一會兒，我就跟淑芬一樣傻傻的被和尚牽著走。

九

我們進了一家不知叫什麼名字的小賓館，和尚熟練的跟看門的歐吉桑要了房門的鑰匙。我們爬樓梯三步併作兩步，很快就進到和尚房間。

一進門，和尚拿出一個小小的香爐，用火點上。一會兒，小房間裡就瀰漫一種特別的香氣，聞著聞著……，讓人有點飄飄然。這時候，和尚神祕兮兮的說：「為了破除妳們身上的魔障，我帶妳們到這個沒有人打擾的地方作法，保證法事成功。現在妳們閉著眼睛安心靜坐一下，聞聞這香氣，稍後我們就進行法事。」

香氣蒸騰中，我被薰的頭暈暈昏昏欲睡，心跳也莫名的加速澎湃。我偷看了淑芬一眼，卻發現她比我更嚴重，不但臉漲紅了，胸脯的起伏更是激動。這時候，和尚笑咪咪的說：「有什麼問題，可以說出來了，我替妳們排解。」

我和淑芬睜開眼睛卻面面相覷，一時間不知道該說什麼。和尚看我們不說話，就用他低沈而權威的音調說：「別怕，在這裡，外面的人是聽不見的。」

淑芬的膽子還是比我大，她漲紅著臉搶先一步跟和尚說，說我們兩人每天上課都沒精神。再過半年就要四技二專統測了，希望和尚作法幫忙，幫我們考上一間學校。淑芬和我對自己的爛成績都心知肚明，淑芬補充說：「是我阿嬤講的，只要有學校讀就好了，不管那一間都可以。」

和尚捏著一串長長念珠不停地撥弄：「妳們是不是晚上看書看得太累？」

「沒有啦！」淑芬按住大波動的胸脯笑嘻嘻說：「其實，我們是錄影帶看的太多，最近又老是做一些奇怪的夢，才會睡不著。」

「什麼奇怪的夢？」和尚問。

我一把拉住淑芬，附在她耳朵上講了幾句悄悄話。淑芬搖頭不願意，是我在她屁股上猛力掐了一下，她才勉強同意要先考驗考驗和尚。

「師父……」淑芬挪了挪屁股，說：「師父，人家說得道高僧可以通靈，那我們兩個做了什麼夢？師父應該猜得到吧！」

「妳們在考驗我嗎？」和尚停下數佛珠的動作，他沒回答淑芬的問題，卻一副惱羞成怒的樣子說：「妳們兩個並不誠心，如果妳們只是覺得好玩那就算了。我佛雖然慈悲，但我佛也只渡有緣人。妳們的業障只有自己去承受，現在妳們可以走了。」

和尚說完狠話就閉上眼睛，一副酷酷的模樣繼續數他的念珠。

「師父別誤會，我們不敢考驗師父啦，請師父救我們！」淑芬也不管和尚是不是知道我們的夢魘，只一個勁兒的向和尚叩頭請求原諒。我也害怕，都進到這裡了，萬一和尚不救我們，那怎麼辦？我也向和尚鞠躬道歉。

和尚一看我們被嚇到了，用命令的語句說：「把妳們的手伸出來！」

我和淑芬再也不敢違抗和尚的意志，一同伸出右手交給他。

和尚用一雙大手捏著我和淑芬的手掌仔細看。我只覺得和尚的手好粗，磨砂紙一般刺刺的，摩擦在手臂上，有一點討厭。但第一次被男人撓搔著手，我低頭聞著這房間裡的異香，卻又隱約有一絲酥麻癢癢的感受。

「罪孽呀，罪孽！」和尚放開我們的手，說：「哎！妳們兩個前世都做了壞事，招惹了邪靈，今生他們來討債了。」

我和淑芬嚇得起了一身雞皮疙瘩，忍不住開口問：「師父，你說邪靈來索債……，邪靈是誰？他們在那裡呀？」

和尚睜開他的小眼睛，挑著一對濃眉問我：「妳是不是夢到有人要害妳，有一個人全身壓著妳，要跟妳索命？」

我的臉更紅了，驚訝和尚怎麼知道我夢裡的情形，只好死命點頭。

「那就對了嘛」，和尚說：「夢裡壓著妳的，是不是一個男鬼？」

「對對對！」淑芬搶著回答說：「我們兩個都做了相同的夢，那個男鬼好……好那個喲，壓得人家喘不過氣。」淑芬不知是吸多了和尚燒灼的香氣還是想到了夢境，胸脯一個勁兒的大波動起伏。

「那就是業障嘛！」和尚說：「妳們兩個上輩子害死了那個男的，他才會到夢裡來找妳們報仇。這就是業報，造業，你們聽過嗎？」

業報是什麼？我跟淑芬都搖搖頭。

「阿彌陀佛！」和尚接著說：「妳們若不趕快消除這個惡障，可能就性命難保。現在我要替妳們做法解運，妳們願不願意？」

一聽和尚要幫我們消災解厄，我們當然拼命點頭。

和尚說：「現在妳們要輪流去薰香和沐浴。」

「洗澡？」淑芬輕喊出聲，我一聽也傻了。我們四目，喔，不對，連眼鏡加起來應該算是八目相對。一時間，我和淑芬呆呆站立，完全不知所措。

和尚卻說：「要洗澡和薰香才能做法事呀。妳們連齋戒沐浴，表示誠心的道理都不懂嗎？」

「齋戒沐浴？」這四個字我們聽過，我和淑芬中邪似的猛點頭。然後，我們以猜拳的方式決定：我先進去洗澡，淑芬則跟和尚在外頭一同薰香。

我們不知道什麼是薰香？但我們早已經被和尚的香薰的頭昏眼花，而且心快加速。不知道還要再薰什麼香？不過既然和尚都說了，我們只好輪流薰香、洗澡。

進浴室前，和尚還特別交代我，說：「為了讓做法的效果更靈驗，妳一定要花時間用力洗，洗得很乾淨才可以出來。」

一〇

我喏喏的答應，拎著書包進浴室。

「這是怎麼一回事？」我一邊淋浴一邊回想今天的奇遇。我不懂，業障是怎麼回事。難道我上輩子真的殺了夢裡那個男人？那個男人又是誰？我也不懂，為什麼每次那個男人入夢，我的底褲就會濕呢？而且，那個濃眉小眼的男鬼為什麼長得跟這個和尚那麼像？

一連串的疑惑，早已被香薰的昏沈沈的我，在浴室裡是找不到答案的。

第一次到賓館的我，卻發現這裡的浴室比家裡的澡盆又大又新奇。浴室裡有淋浴的蓮蓬頭，比家裡燒水的澡盆好用的多；浴室裡大片玻璃裡反射出我的胴體，我用手抹掉滿是水氣的玻璃鏡面，從大鏡子裡，我第一次看清楚自己胸前隆起的兩座小山。真的，這是我第一次發現自己的身體和以前不一樣。只是我不懂，為什麼以前上健康教育第一四章的時候，老師要跳過這一章節，叫我們回家自己看。

順著胸前的小山打肥皂，再沿著小腹下滑到兩股之間，我又有一種想要尿尿的感覺，就像夢裡被那個討厭的男生壓住身體的感覺。

「叩叩叩！」一陣急促的敲門聲扣在浴室門上。我心想：「怎麼這麼快？」

「啊妳是洗好了沒呀？」淑芬的聲音在門外輕喊：「那有人洗那麼久的？」

淑芬的聲音聽起來有些不高興，我趕緊用清水沖洗過後走出浴室。

二

「換妳了！」淑芬提醒我，「會有一點點痛，但師父說，要忍耐。」淑芬握了握我的手，像在給我打氣加油，然後一拐一拐的走進浴室。

我看見和尚猛然吞下兩顆不知道是什麼的藥丸，然後盤腿坐在床上。他深深的吸氣、吐氣，好像有一點累。

「師父！」我小心的叫他。當著他的面，我沒再叫他和尚或者「嘿」，而是學習淑芬的戒慎恐懼叫他師父。我怯怯的問：「那……，現在輪到我了嗎？」我如臨大敵一樣的緊張。

「妳的陰氣太甚！」和尚閉著眼睛說：「妳先坐在旁邊聞一聞香爐裡的香氣。等一下，待我固精還原過來，我就用太陽的精氣替妳消除業障。」

我聽師父的話，深深吸了一口香爐的煙，只覺得頭更昏，臉紅心跳的更快。

一旁的和尚吸氣、吐氣深深吐納，手指頭還掐著數息。過沒多久，他突然圓睜著他的小眼睛對我說：「好了，我可以了！」

我不知道要做什麼，只能說：「喔，好！」

和尚嚴肅的說：「這一關妳一定要衝過去，如果衝不過去，以後就很難救了。」然後，他又死盯著我說：「待會兒可能會有一點點痛，不過沒關係，妳只要忍耐。」

我不太懂和尚在說什麼，但這話聽起來像保健室護士阿姨的叮嚀。

如果只是一點點痛，那我不叫就是了。所以我問：「不會很痛吧？像打預防針一樣嗎？」

和尚突然楞住，然後說：「對對對，像預防針，像打預防針。」

接下來，和尚要我全程閉上眼睛，然後慢慢的把全身衣服都脫下來。我雖然閉著眼睛，但感覺得出來，他也脫下了那件大僧袍，然後，他像錄影帶裡的僵屍，更像我無數個春夢裡的那個男鬼，一個赤條條的身體壓在我的身上。我感覺有一股熱氣從他的鼻孔直接噴向我，讓我覺得非常不舒服。而這麼近的距離，我終於聞到和尚光頭頂上的那股味道了，那是一種叫人作嘔的臭腥味。我想，大概就是這個味道，他頭頂才會不斷吸引蒼蠅過來吧。

他用身體在我身上磨蹭了一下，然後說：「準備好，我要衝關了！」

「好的，我會忍耐的。」我把眼睛閉得更緊，拒絕一切外來的感覺。只知道他猛力一撞的剎那……，嗯，是有一點點痛，比打預防針痛，但我可以忍耐。接下來，只聽到他的喘息愈來愈渾濁愈來愈急促，終於在一陣短暫激烈的衝刺後，和尚輕聲喊了一聲：「啊……！」，

我感覺一股熱流沖入我的體內……，嗯，是有點討厭，有點痛啦。但既然是作法事，當時，我也就只能忍受。

二一

講完這段失身的故事，小女人木然的躲回被窩，臉上沒有太多表情。

我卻哈哈大笑說：「騙人！妳騙人。那個根本是假和尚嘛。這絕對是妳自己瞎編的故事，對不對？又或者是妳在什麼色情雜誌抄下來的小說情節，對不對？」

女人噘著一張嘴說：「不相信就算了，那再給我一根煙吧。」

我沒給她煙，聽完這則瞎掰的情色故事，我有反應了。伸手在兩腿之間摸摸，發覺雄性的自尊又回來了。我一翻身捏著她的乳房說：「別抽煙了，吃點別的吧！」

於是，女人敬業的托著我的屁股說：「急色鬼，這麼快又要啦。」

「那當然！」我誇大自己雄性的能力說：「那個和尚，妳說的那個濃眉小眼的假和尚都可以一日雙響炮，我怎麼可以比他弱。」

「先讓我喝口水，可以吧。」女人在床頭櫃上替自己倒了杯開水，自顧自的喝起來。

我則想揭穿她瞎編的故事，想逗逗她，「妳剛才講的故事是編出來的吧？故事裡的和尚、還有妳那個叫什麼的同學。」

「你說淑芬是嗎？」小女人回嘴說。

「對對對，那個淑芬同學跑那裡去了？」我還是半信半疑。

「淑芬和我一樣，都因為好奇又貪玩，書沒讀了，現在都跑出來，在外頭四界賺吃。」女人放下水杯繼續說：「至於那個冒牌和尚跑那裡去了？我不知道。那次作法之後，我和淑芬後來去過幾次仙公廟，但都沒找到他。」

「不過，那個禿驢倒是給我留了一個永久的紀念。」女人為自己點起一支煙，不帶情緒的說：「和尚給了我一個天生氣喘的男孩，而且他從小臭頭，簡直無藥可醫，無法可治。」

女人編造的故事愈說愈離譜，我跑新聞也不是一年兩年了，怎麼可能輕易給她這樣唬住。我說：「那……，那個小男孩呢，他現在在那裡？」

「他正患著哮喘病……」女人說：「就因為他患氣喘，我才離開臺北，想找個空氣好一點的地方給他養病。」

一三

女人有一搭沒一搭的自說自話，我的耳朵卻突然變得靈敏。我又聽見進門前那模糊的咳嗽聲，這次是斷斷續續的從走廊那端傳進來。

「是誰在咳嗽？」我側著身子用敏感的耳朵傾聽，「他好像咳得很厲害。」

女人跳了起來，焦急的問：「是嗎？是嗎？在哪裡？」

「妳沒聽見走廊上有人在咳嗽嗎？」我指著走廊說。

「該死！」女人一邊穿上罩袍一邊說：「是我兒子啦，他感冒還沒好。」

「是喔？他在哪裡？」我也下床，急急忙忙的找衣服穿。

「先生，你也好心一點，先給我一些錢吧。」女人一邊穿衣服一邊用哀求的口吻說：「我兒子咳了好幾天都沒有好，我要帶他去看醫生，但是沒有錢。」

「人咧，妳先說他人在那裡嘛？」今晚一再被打擾的性事已經讓我很不爽了，我只想弄清楚，現在究竟是怎麼回事？但她居然先開口跟我要錢。

女人不再辯解什麼，穿好衣服，打開房門就往走道上衝。

走道角落的躺椅上窩著一個年約五、六歲的小男孩。

女人有點急有點有點氣而且是氣急敗壞，她的聲音不自覺大了起來：「死囝仔，你這小和尚是在搞什麼鬼？」

用死囝仔罵人，這很熟悉。但為何叫自己的孩子「小和尚」呢？

這個疑惑，在看到小男孩貼著狗皮膏藥的癩痢頭上得到了答案。他讓我不得不聯想起，女人剛才故事裡的假和尚。

小男孩蓋著精緻的睡袋，綣縮在躺椅的一角不停喘咳。他一看見生氣的媽媽，便下意識的壓抑咳嗽，用沙啞的聲音拼命跟媽媽道歉：「媽媽，我不是故意的，我不是故意的……」小男孩害怕的拿起一條毛巾捂住自己的嘴，卻又止不住喘咳。他像做錯事一樣的重複說：「我不敢了，下次不敢了。可是它就是要咳……咳……，我也沒有辦法呀！我會在這裡乖乖睡覺……我會乖乖……。」

原本氣沖沖的女人，看到孩子求饒的可憐模樣，一時心軟，更是心急。她一屁股直接坐在冰冷的地板上，一把摟住躺椅角落的小男孩，哄著孩子說：「沒事、沒事，不怪你，這不怪你。」她把孩子摟在懷裡，卻仍止不住孩子的喘咳。

女人抬頭對著我說：「先生，我說過的，這不只是故事而已……，我的孩子沒錢看病……。」

女人向上仰視我，從她濡濕的眼睛裡，我讀到母性的溫柔。

一四

我心情複雜卻不知該說什麼，在民國八〇年代初，那個年代還沒有全民健保，看病真的都得要花錢。

「留給孩子看病吧！」不知為什麼，我居然傻傻的留下全身上下所有的現金，那比說好的夜渡資還要多上二、三倍。

女人千恩萬謝的收下錢，跟我點了點頭，抱著小男孩走回小房間。

「而我咧，我算人財兩失嗎？」因為說好的共度一宵顯然沒戲唱了，只能暗幹在心裡。但也只能一個人走下髒亂的樓梯。

距離天亮還早，我把自己重新丟回這個惱人的雨夜裡。

世間事總是荒謬交錯著真實。管不了小女人的故事究竟有幾分真實？她拿了錢，也許明天會帶孩子去看病，然後搬離這棟發霉的老舊公寓，繼續她四處賺吃以及荒謬人生的下一個旅程。

毛毛雨還在下，真實的世界裡，我走在暗黑的街頭。

後來，記者老前輩告訴我，那個晚上他回到自己又冷又溼的房間，瞪著眼睛等到天明。房間雖然濕濕涼涼，錢包也空空，但他心裡卻有一股莫名的暖意。

說完了故事，老前輩藉著酒意再次警告：「小夥子，今後不管是採訪還是什麼情況，千萬別問人家妓女：『妳是從何時開始幹這行的？』，這種白痴問題不但會讓你破財，更會讓你人財兩失。」

老前輩乾掉桌上一杯酒，在那個冷冷的冬雨夜裡頭。

地獄簡訊

死者頭七這天，記者收到死者的手機簡訊：
「幫我澄清，還我清白。」
收到這樣的簡訊，
如果你是記者……，
你該哭該笑還是該逃跑？

一

這一年的秋天還沒過去，記者吳梓卻感覺冬天提早來臨。因為，秋意上了心頭，吳梓的心頭有點冷！

工作的不順利讓吳梓覺得特別沮喪，他想跳槽到其它新聞臺，但人家嫌他記者幹了五、六年，文稿還是軟趴趴的抓不到重點。投了幾次履歷，但沒有其它電視臺要他。他只好跟長官說，他不想跑社會線了，想改跑環保、教育或醫藥線。長官卻說那是女生跑的線，男記者現在在電視臺裡算是稀有動物，男生更應該去衝刺社會線。

去不了其他臺也換不了採訪路線，吳梓只好可有可無的繼續在老東家待著。

更讓吳梓心冷的是他的女朋友張心潔。心潔是他的同事，但不像他被看輕，人家是公司裡的當紅記者，最近剛從生活消費線調升改跑黨政路線，成了公司的臺柱。最重要的是，他老感覺心潔最近怪怪的，老是跟吳梓說，「我想要靜一靜，我想享受獨處。」

這很悲哀，吳梓認為他和張心潔是男女朋友。男女朋友不就是兩個人要在一起嗎，偏偏心潔最近一回家就鑽進特製的隔音紙箱裡。吳梓很後悔幫她從日本買來這個縮小版的紙製電話亭，其實那只是一個由八層瓦楞紙組成的隔音紙箱。心潔鑽進這個只有兩個冰箱大的紙箱裡看書、玩手遊，享受她的獨處，但就是不理吳梓。當然，兩個人更不可能睡在一起。

沒有女友一起睡，吳梓覺得有點冷。他經常半夜爬起床關冷氣，然後像個變態狂悄悄打電話給女朋友。他會偷偷撥號，然後摀住話機，只要她一接，他馬上就掛掉。這種午夜的電話鈴聲，他認為只能算惡作劇，還構不成報復的程度。

只是，午夜的惡作劇，往往影響白天的工作。早上開採訪會議前，張心潔一見面就用手機K他的頭，惡狠狠的警告說：「吳梓，你再這麼無恥試看看，半夜若是再給我鬼來電，我們就立刻『切』，永遠都別聯絡！」

倒楣的事情永遠接二連三。接著，長官主持採訪選題報稿時，吳梓又是第一個被點名，然後，又被K。

「今天跑什麼？」早晨的時間寶貴，長官丟在桌上的三明治還沒來得及吃，所以問話的主詞、受詞，所有的禮貌全都省下了。

吳梓照著手上的小抄念：「守護海洋，愛護地球是人類共同的責任，全臺灣每人每天平均使用超過二個塑膠袋，全民每年總計就使用超過一八〇億個……」

主管翻白眼瞪他：「講重點！」

「北海岸有個八〇歲的志工老人，他不分晴雨都到海邊淨灘，撿拾海邊的垃圾和塑膠袋。」

「夠了，又是環保話題，誰要看呀，你等一下。」主管堅決的拒絕吳梓的採訪選題，馬上說：「下一個！」

下一個是張心潔，心潔沒好氣的看看吳梓。對於他的採訪選題又被打槍，以前她會替男友難過，最近她卻覺得難堪甚至丟臉，她真的想和吳梓劃清界限了。

「張心潔！」長官點名，把心潔的心思拉回採訪會議上。

「草山飯店董事長準備把飯店賣給大陸的海釣臺賓館！」

「嘩！」的一聲驚呼。心潔爆炸性的選題引發小組一陣驚呼與騷動。因為，這消息如果是真的，那真是一則大新聞。

「真的，假的？」長官一副見獵心喜的饞嘴貓樣，然後追問：「草山飯店的董事長不是年底就要下臺了嗎？還搞這種政治小動作？」

「就因為要下臺，才急著找中資脫手呀！」張心潔的報稿簡潔有力，另外還特別補充一句：「是徐委員爆的料歐！」

張心潔口中的徐委員，就是人稱「國會最後單身漢」的老帥哥立委。更重要的是，他是電視臺老板的好朋友。張心潔去年才從原本的民生消費線改跑黨政要聞，而徐委員就是張心潔的重要線索來源。或者說，張心潔是代表公司成了徐委員放話的重要管道。也因為這層關係，她曾經多次獲得半大不小、似是而非的獨家消息。

「這次也是獨家嗎？」長官一副嘴饞的模樣追問。

「獨家！」張心潔堅定的露出美美小酒窩：「到目前為止還是獨家。」

「太好了，妳帶兩個人快去follow這個獨家，今天要大做喲！」

小組會議很快散會，幾個政治組記者巴結著張心潔追問細節。

「什麼屁獨家呀……」，坐在角落的吳梓酸不溜丟的看著張心潔離開。

他對心潔的新聞早有意見，好幾次徐委員給她的所謂獨家，都是針對政壇上敵對陣營的斷章取義，精確的說，根本是錯誤引述。既沒查證也沒問過當事人，甚至連基本的平衡報導都沒做，他和心潔還曾為了新聞切入角度有過爭論。但長官礙於老板的關係，所以對徐委員的爆料非常寬容，都會大幅報導。而心潔受到鼓舞，氣勢更是百分百壓過吳梓。

二

採訪會議結束前，長官的眼睛狠狠盯著還牢牢釘在椅子上的吳梓，「你還有什麼？別無恥了，吳梓，你今天究竟要採訪什麼？」

吳梓低頭又念：「臺灣一年使用的塑膠袋超過一八〇億個，八〇歲的志工……」

「你還在淨灘老志工？」長官不耐煩的說：「早告訴你了，電視觀眾不愛看環保議題，沒、收、視、率！」長官一字一字念出他的重點考慮。催促著說：「快點，還有什麼？我還有下個會要開！」長官撕開三明治，大口咬下去。

「批踢踢網路鄉民說，有個志願役士官帶女友登上海巡艦參觀……」，吳梓態度輕佻的照著手機訊息念起網路八卦。

其實，網路爆料早成為記者的訊息來源。網路訊息絕對重要，但在網路時代，發文者的真實身分都難以辨識，更別說該如何確認網路訊息的真偽，難怪沒頭沒腦去抄襲網路爆料的新聞老是被罵。

「真的？假的？」質疑網路訊息，這是做為新聞主管的基本能力。

「網路寫的……」，吳梓這一世代的記者是網路原生代，從臉書、ＰＴＴ、推特、YouTube等社群網站去找新聞線索已經是本能。因為就連平常時候，很多政治人物、演藝明星、運動名人也是透過網路發佈訊息。當突發意外發生時，目擊者上傳的照片、影片更成為新聞的重要素材，還常常登上版面頭條。臺灣PTT的鄉民就經常貶損記者：「網路上有新聞喲，趕快來抄喲！」

從網路找訊息不是問題，根本問題在於求證與查證。當飢渴的記者或網路小編忽略了『查核』

才是媒體的本分，那麼記者被網路矇騙，簡直比歐巴桑被電話詐騙更容易。

「那就去查證呀！帶女朋友登艦參觀算什麼新聞？重點在登艦之後做了什麼？去查！」長官沒有否定吳梓這則網路訊息，只是，他對這則新聞的要求更多。他指著吳梓的鼻子說：「你也該想辦法去搞幾個獨家嘛，我叫你跑社會，你給我搞環保……。硬一點，給我硬一點的新聞。3B懂嗎？Beauty、Baby & Beast。新聞，我只要『3B』新聞。你是跑社會線耶，就要給我最後一個B，Beast，野獸一點，狂野一點，我要硬一點的新聞，好不好？」

「那車禍要不要？小轎車在高速公路上連續翻滾七圈……」吳梓又是照著社群網站的內容向長官報稿。

「是監視錄影器還是行車紀錄器？」長官問話時頭抬也不抬，因為他太熟悉了。近幾年由於錄影器材的突飛猛進，影像取得的方便性跟網路訊息一樣又快又多。警察辦案用的祕錄器、電梯路口的監視器以及行車紀錄器，都提供電視和網路新聞大量的畫面素材。以社會犯罪案件為主的「三器新聞」充斥，作長官的不必深究也知道，根據「三器」做出來的新聞會長成什麼樣子。

「你是說高速公路嗎？是行車記錄器吧？」長官一副「嘸魚，蝦也好」的無奈，嚥下最後一口三明治說：「好啦，好啦，至少有畫面拿來塞時間，反正你今天也搞不出什麼名堂了。」

終於結束選題報稿的煎熬，吳梓如釋重負的正要離開，卻又被長官叫住：「對了，外面開始下雨了，今晚你給我加班。有熱帶性低氣壓來會下大雨，很可能變成颱風，去，晚上你去給我SNG連線去。」

「蛤，今天又不是我值班……」吳梓有點不爽。

「管你的！」長官下命令說：「既然你沒腦袋想出好題目，天上掉下來的新聞算你撿到了。少廢話，去連線！」

吳梓站在河堤邊，一手撐著被大風吹地微微變形的雨傘，一邊小聲嘟囔抗議：「搞什麼呀，下雨耶？還要我加班！」

三

資深攝影記者道奎哥則是重重的擺放腳架。穿上雨衣的道奎掩不住憤怒說，「有本事就給你們長官交兩則硬新聞呀，在這裡哭么……。」

道奎今晚很不高興。其實他已經不高興一整個禮拜了，因為他和張心潔搭檔跑黨政，一個禮拜前，他在立法院拍到某個重量級的政府高層，在等待備詢時用小指偷挖鼻孔，然後還把小指頭放進嘴裡舔吮的獨家畫面。道奎哥認為這段畫面很經典，他要把它剪輯進新聞裡。但他的搭檔張心潔卻認為這很低級，打死不肯塞進這段官員舔鼻屎的畫面，還跑去跟長官打小報告。

不服從長官的結果就是，嗯，道奎的下場就是，在這個熱低壓來臨的前夕，陪著報不出好選題的吳梓站在河邊堤防淋雨吹風。

「狗腿，政府高官吸吮手指頭的畫面那麼精彩，卻不讓我播。」道奎哥心情不好，摔攝影機腳架出氣，「只要我們播出，網路一定瘋傳。」他忿忿的對吳梓說：「不讓我播，你們家狗屁電視臺還不配播咧。不播，後悔的是你們家電視臺。」

當晚吳梓跟道奎合作連線，道奎卻把不爽的情緒全發洩在工作上。吳梓不敢去招惹生氣的前輩，但為了不讓臺內的長官失望，他只好在一旁撐傘、低頭、踱步想臺詞，演練待會兒連線的腳本。

「屁話，長官說的都是沒用的屁話。」道奎一邊幫忙SNG車工程人員鋪線，一邊發牢騷：「讓電視臺的觀眾知道，政客除了會噴政治口水之外，還會挖鼻孔、還會舔手指……。讓觀眾知道政客雖然不是人，但也有一丁點像人的地方，難道不好嗎？」道奎叨唸：「真搞不懂，我拍的好畫面不用，卻要來這裡淋雨吹風，颱風還沒來……，有什麼好拍的？」

海邊風大，吳梓手上的傘漸漸撐不住了，他趕忙穿上黃色輕便小雨衣，並且拿出準備好的童軍繩慢慢纏繞上路邊的樹幹。

「你幹嘛？」道奎調整鏡頭焦距時沒好氣的問。

「風開始變大了，我把自己綁好免得被吹跑。」

「太誇張了吧，你……」，道奎最後一個「你」字還沒說出口，一陣強風襲來，道奎趕緊扶穩攝影機，還「哇哇……」的驚呼了兩聲。

「還說我誇張，你自己還不是一樣……」吳梓加快繩索纏樹的動作，一邊跟道奎說，「效果，效果，出門前長官有跟我說，『暴風雨連線一定要給我製造出效果，要有影音效果。』」

是的，電視臺的長官是跟吳梓說過，今晚的SNG連線，一定要把熱帶低氣壓即將侵襲陸地的訊息做得有趣一點、生動一點甚至誇大一點。就為了要有吸睛的視覺效果，所以才特別派出得過攝影金獎的資深攝影張道奎一同來連線。所以，就算道奎最近得罪了長官，為了效果，長官還是要借重道奎的攝影技術，希望讓那些看完「3B」、「三器」、飽受政治謠言和車禍犯罪之苦的電視觀眾，讓他們的眼睛、耳朵獲得一絲絲喘息與解放，從生活新聞裡得到一點點救贖。

吹著中度風速的河堤岸邊，風雨開始逐漸加大。

這組文字和攝影記者即使滿腹牢騷還是得上工，吳梓抱著一棵樹，站在積水淹到腳踝的水裡面認真的開始連線：「各位觀眾…風…風…風，今晚河岸邊的風實在太大了。要不是我扶住這棵樹，可能…啊啊啊……」一陣強烈的風雨突然襲來，吹翻了吳梓的黃色小雨衣，吹亂了他額前的造型瀏海。吳梓護住頭髮，不自覺再一次長串的高聲喊叫：「好大的風啊，啊……啊……啊……。」

四

吳梓「啊啊啊」的嚎叫聲不但在連線現場此起彼落，更從河岸堤防一路喊進港口附近賓館裡的床笫之間。賓館裡的電視螢幕裡，正轉播著雨夜現場的聲聲驚呼。此刻，河邊的尖叫透過電視螢幕與賓館床上的熱烈呼喊交相重疊。

賓館床前的椅子上，散亂的披掛了一件藏青色的海巡署便服，衣服上肩掛著一線三星的上士軍階。衣服的年輕男主人李南生每次在艦艇靠岸時，就會迫不及待的和女友小莉到賓館裡床戰滾床單。

事實上，床戰的前十分鐘，李南生才帶著女友黃小莉開房間。一進房間黃小莉就主動吻他，剝開他的衣服掛在椅子上。李南生舉起小莉的小腿奮力衝刺，女友裸露的小腿上，穿著像袖套一樣的緊腿襪顯得非常突兀。床笫上的聲聲喘息呻吟與吳梓連線時「啊啊啊」的尖叫聲交相呼應。不過，乾柴烈火的倆人，做那檔子事並沒有花費太長時間。

吳梓「啊啊啊……」的嚎叫聲還在螢幕裡喊著。電視機前，完事後的倆人也在一陣「啊啊啊」嚎叫之後躺在床上。

李南生戴起黑白相間、造型感十足的膠框眼鏡，秀氣的臉龐略顯疲憊。南生嘲笑電視裡連線的吳梓，「這記者是怎麼了，還『啊啊啊……』咧，男人的聲音這麼尖，跟妳的喊叫聲一樣，簡直就是娘砲一枚。」

南生的床伴小莉緩緩套上上衣，點起一根菸，她只吸了一口就把菸遞給南生，然後倚著床伴一起看電視。

「各位觀眾，要是沒有繩子綁住，我根本站不住。」吳梓還在電視裡賣力的製造風雨效果，「啊……啊……啊！現在雨水直接落進我的嘴裡了……」

小莉指著螢幕不解的問：「會不會太誇張了呀？颱風不是還沒來嗎？為什麼這個記者就先把自己綁在樹幹上，真的是害怕被吹走嗎？」

螢幕裡的吳梓繼續表演風雨效果，「各位觀眾，風雨現在真的開始變強了，這次熱帶性低壓應該已經達到輕度颱風的等級了。記者的頭……頭髮都……都狼狽的吹散了，記者連麥克風都拿不穩。」吳梓賣力的往後退了兩步，「啊啊啊……這風真強，記者判斷大概有十七級風吧。」

「白痴愛秀，你就作秀吧！」南生不屑的吐了一口菸圈，「這白痴真不該上電視丟人現眼。什麼十七級風？胡說八道。連我們海巡隊的都知道，七級風吹在陸地上人就站不穩走不動了。」南生繼續跟小莉吹噓海上知識，「妳知道十級風就算狂風了嗎，樹會倒、招牌會掉落；到了十一級風就是暴風等級了，很容易有重大災害了。這個白痴記者還說十七級風咧，十七級風都可以吹斷電線桿了。簡直是胡說八道。」

「你知道這麼多！」小莉用崇拜的口吻問，「那你說現在應該是幾級風？」

「大概只有七、八級風吧。」南生擰熄了香菸，「但海上的浪高已經有兩層樓高了，我們也因為海上的浪大，船艦才返港避風，我才能找妳的。」

「討厭……」小莉嬌滴滴的蹭在南生的胸口，「你這次怎麼這麼久？」小莉向南生撒嬌。

南生以為小莉是鼓勵他剛才的表現，一把緊摟住小莉，說：「會很久嗎？」他感覺到她沒穿胸罩，抖動中，衣服底下有微微的震盪，於是他的大手在她的身上遊走，停不下來。

「去了兩個禮拜還說不久！」小莉也展開反擊。她鑽進涼被窩裡，搔得南生受不了，只好討饒。

「這次開到澎湖海域護漁，來回航程比較遠啦。」南生解釋他消失兩個星期的原因。南生在海巡署的巡洋艦上工作，不管是執行海上緝私還是護漁任務，船艦只要一出港，至少得一個星期才回得來。這份海上工作讓他沒辦法和熱戀中的小莉時時刻刻膩在一起，他對小莉覺得抱歉；小莉則是百貨公司裡賣化妝品的專櫃小姐，每天必須踩高跟鞋上班，靜脈曲張是她的職業病，她剛才被南生高舉著小腿卻脫不下來的緊腿襪，就是專門用來治療靜脈曲張的。

不過，高跟鞋已成為小莉身體的一部分，連下午偷偷上他們的船艦參觀，她也是穿著高跟鞋在甲板上走來走去，鞋跟「叩、叩、叩」的聲響，一度還引來船艦上其它同事的側目。

「下午去看你們的船，應該沒關係吧？」小莉回想起下午從船身側邊的舷梯悄悄登艦時，碰上兩名年輕士官對她猛吹口哨。

「沒關係啦，我們這種護漁船幹的雖然是辛苦工作，但船上配置的機槍砲都很低階，完全搆不上機密。」，南生深深吐了一口煙圈，「再說啦，我們士官長和所長上個月也帶他們女朋友上船參觀，還不是沒怎樣。」

「沒事就好了。」小莉接過南生遞過來的煙，「對了，你剛才沖著電視機在傻笑什麼呀？」

「笑電視裡的那個傻子呀！那個男記者的尖叫聲跟妳的叫聲很像。」，他翻身再次撲倒小莉，猴在她身上說：「妳再叫一個來聽聽！」南生很快掀掉小莉剛剛套上的上衣，兩人再次在床單上翻滾，驚呼和尖叫，聲聲迴蕩在房間裡。

五

同樣也是在房裡，同樣也是一對年輕男女，但這裡的氣氛卻大大不同。下了班的吳梓沖著隔音紙箱尖叫：「妳出來嘛，張心潔。張心潔妳出來跟我說說話呀。」

心潔鐵了心要跟吳梓劃清界線，她鑽進隔音紙箱裡聽音樂、滑手機，不出來就是不出來。

「不可以，我們不可以再這樣下去了。我們是情侶耶……，我們是情侶吧，為什麼妳總是把自己關在隔音箱裡？」吳梓死纏爛打、低聲下氣的自我檢討：「是我的問題嗎？跟我說，我可以改的嘛！」

「不是你的問題，你的問題我也幫不上。這是我的問題，跟你沒關係。」心潔打開心房說：「我喜歡躲進紙箱是我的問題，我早告訴過你，我小時候就喜歡一個人獨處。」

小時候的張心潔精力無限，由於她的爸媽是中年得女，她們下班回家都累了，和她講沒兩句話就更累了。小小的心潔卻有用不完的體力，爸媽連罵她的力氣都沒有，只好搬來裝冰箱的大紙箱，讓她自己躲到裡面玩。紙箱裡有童書、有娃娃、有腊筆和ＣＤ播放器。心潔拿著手電筒，一個人在紙箱裡想幹什麼就幹什麼，她童年的大部分時光都在紙箱裡消磨。即使現在長大了，她還是會懷念童年，懷念兒時獨處的時光。

自從吳梓給她買了這個超大隔音箱後，她彷彿又找回兒時獨處的快樂，那種很難與其它人一同分享的快樂。即使吳梓曾經試著和她一起擠進紙箱裡，他們甚至在紙箱裡一起幹過那檔子事，但可惜……，沒用。這也許是因為吳梓的動作太快，快到心潔根本還來不及有感覺就結束了。

所以心潔下決心要跟他切乾淨，她篤定的對紙箱外的吳梓說，「你回自己的家好不好？你不要一直賴在我這兒。」

紙箱外的吳梓卻繼續耍賴，「不要啦，我們不是男女朋友嗎？是男女朋友就應該在一起的呀？」就算表達柔性抗議，吳梓還是改不了小孩子慣用的贅字、疊字和語助詞。

「誰要跟你在一起！」心潔受不了再跟他用童言童語對話，她鑽出紙箱，用命令的語氣向他索討鑰匙，「把我的鑰匙還給我！你馬上回你自己的家！」

吳梓傻愣愣的看著眼前的女人。雖然心潔曾不只一次說過要跟他分手，但這還是第一次跟他討鑰匙，要趕他出門。他怯懦的問：「妳不是當真的吧？」

「我跟你說真的！鑰匙還給我。」張心潔變了張惡狠狠的臉，讓吳梓看了有點怕。心潔繼續威脅他：「你有一點Guts好不好？有點男子氣概好不好？你回家去好好想幾個採訪題目，明天早上報吧。每次報稿都被大家嘲笑，你不覺得丟臉嗎？」

「我讓妳丟臉了嗎？」吳梓的自尊心遭到踐踏，每天早上跟長官報採訪選題，除了那些該死的同事，有時他也會瞄到心潔不屑的表情，真讓他如坐針氈。但此刻，他還是在意眼前這發怒的女人，「那妳要採訪什麼，妳想好了嗎？」

心潔揚起嘴角的驕傲說：「我有獨家！」

「獨家？」吳梓醋勁十足的問：「又是徐委員放給妳的嗎？」

「不干你事！你管不著！還是想想你怎麼過關吧，別再丟人現眼了。」張心潔決絕的態度反倒激起吳梓雄性的昂揚，他說：「好，看扁我！明天我也賞妳一個大獨家瞧瞧。」

然後，吳梓很有教養的把房間鑰匙放在桌上，「還給妳。」

離開前，他還不忘放狠話，「我在網路上找到一條獨家消息。明天我會跑個大獨家。大獨家嚇死妳！」

六

「嗶嗶！嗶嗶……」海巡署大門的哨兵一路吹哨子奔向吳梓和道奎，高聲趕人：「離開，這裡不准拍攝，請你們離開！」

老經驗的道奎不和年輕哨兵對著幹，他收起腳架，背起攝影機上採訪車。

「不行呀，沒畫面要我怎麼做新聞？」吳梓想攔住道奎。但攝影大哥好像還在不高興，頭也不抬逕自坐上採訪車，吳梓也只能摸摸鼻子跟上去。

「道奎哥，你不拍了呀，回去要我怎麼交代嘛？」吳梓即使像在發脾氣，也讓人覺得他是很好欺侮的。

「我拍完了！」道奎一副大牌模樣躺在後座閉目養神，「不就是大門口的畫面嗎？三個鏡頭而已，哨兵沒吹哨之前我就拍完了。」

「三個鏡頭，那不夠呀！」吳梓講得很悲憤，因為在他規畫的新聞裡要講一名海巡船艦的志願役上士，他偷偷帶櫃姐女友登艦，而且還在保國衛民的船艦上做起「愛愛」。

「啊！這麼離譜？居然把女朋友帶上船艦做愛？這不止違紀，是不是還牽涉軍事機密？」男歡女愛的題材終於讓道奎有點兒興趣。

「就因為故事劇情複雜，新聞裡才要有海巡艦的畫面、要有海洋巡防總局的訪問、要有男主角李上士、女主角黃櫃姐的訪問……，最好還要能有軍事專家或名嘴來評論一下……。」吳梓一口氣羅列了要採訪的長串名單。

「你都約好了嗎？」道奎好奇的問。

「我打給李上士了。」吳梓看到攝影大哥一臉狐惑，立刻解釋說：「就是那個在船艦上跟女朋友愛愛的志願役上士啦。」

「他有接你的電話嗎？你有做平衡報導嗎？」老記者追問做新聞的關鍵，「還有，你有錄音嗎？」

吳梓兩手一攤，「他一聽我是記者，馬上掛我電話。」

道奎一聽說關鍵線索都沒掌握到，長吁一口氣，搖搖頭問：「那海巡總局的公關應該可以過去訪問一下吧？」

吳梓垮下一張臉，「公關說，他們會統一發稿，但不接受電視採訪！」

道奎一聽，頓時挺直了背脊。他慢慢抬頭瞪向吳梓，氣得一句話都沒說。

「哪，哪，道奎哥，可是這是獨家耶，我們還是得做吧。」吳梓一手指天，表情誇張的說：「公司裡偉大的長官已經下好菜單，指定我們這條sot是晚間新聞重點中的重點。」

吳梓求饒的表情有點搞笑，雖然該採訪的人都沒有約到，但既然文字記者把長官都比作了天，做為攝影的道奎只能配合。

吳梓根據網路爆料的訊息開始編故事。

他心虛的告訴道奎，他的新聞打算怎麼編。於是，兩個人就這麼商量起來，要把根本沒畫面的電視新聞給它影像化：

首先，關鍵的男女主角找不到？沒關係，請動畫組畫兩張男女登艦示意圖。再來，官方代表問不到無法查證？也沒關係，他自己出鏡串場描述案情。

第三，找不到可以評論的軍事專家？那更無所謂，找個路人阿兵哥，拍攝時遮頭遮臉，回辦公室打馬賽克再變音，剪輯的時候掐頭去尾，也能湊合著用。

道奎就這樣配合吳梓的劇本完成了拍攝。

兩人興沖沖的回到公司剪輯室裡，卻為了一段訪問訪該不該用起了爭執。正在剪輯中的是一名海巡署阿兵哥的訪問，阿兵哥說：「假如帶女朋友登艦參觀而且還留宿，這太離譜太淫亂了。」

「剪掉，剪掉！道奎哥，這段要剪掉！」吳梓著急的要修正新聞內容。

道奎斜眼看吳梓，「剪什麼？哪裡要剪？」

「『假如』，假如那兩個字要剪掉呀！」吳梓有點氣急敗壞。

「人家阿兵哥就是這麼說的，有什麼好剪掉的？」道奎一副不高興，反問他，「你是要我做假新聞嗎？」

吳梓很堅持，他賴在剪輯室裡就是要跟道奎磨菇。道奎實在拗不過他的死纏爛打，為了省麻煩，最後投降認輸，按吳梓的意思把「假如」兩個字給剪掉。就這樣，道奎幫吳梓完成了他的獨家新聞，並且在晚間新聞的重點時段首播。吳梓的獨家是這麼播放的：

「軍紀又出包！海巡署一名隊員，利用艦艇靠港時，偷偷帶女友登艦，兩人在艦上過夜、甚至還發生超友誼關係……。」

新聞一開始，就是吳梓站在海巡署大門口的鏡頭。影片繼續播放：「目擊整個事件的海巡隊員也認為非常不恰當，海巡隊員說：『帶女朋友登艦參觀而且還留宿，這太離譜太淫亂了！』海巡署則表示，絕不容許艦艇上發生淫亂的情事，將會徹查嚴辦。」

吳梓真的把「假如帶女朋友登艦」裡的「假如」兩個字給剪掉了，整段訪問，從原始的疑問句變成了新聞中的肯定句。

新聞一播完，新聞部的長官卻拍拍吳梓的肩膀讚賞說：「不錯喲，特別是《海巡艦淪淫船．隊員帶櫃姐上船嘿咻太離譜》，嗯，『船艇淪砲艇』這個標題下得不錯，很吸睛。臭小子，你終於弄到一條像樣的硬新聞了。等著看吧，這條獨家，其它臺一定會跟進，肯定會來抄我們的。」

吳梓的手機突然響起馬林巴琴的樂聲，陶醉在獨家喜悅的吳梓趕忙接起電話。

「是吳記者嗎？」電話那頭傳來低沉的男子聲音。

「我是吳梓啦！」吳梓喜孜孜的以為是同業打來的，問說：「你哪位呀？」

話機裡有沉重的喘息說，「你的報導是錯誤的，這不是事實，不是事實！」聽得出是壓抑情緒低吼出來的冷冷聲音，「你胡亂報導，你說謊！」

吳梓急忙反駁：「我哪裡亂報，哪裡有亂報呀？」他突然意識到打電話來的是新聞裡的男主角，追問說：「你是李上士嗎？你是李南生嗎？」

「不是你說的那樣，我是有帶她上船，但是在船上我們沒有上床！」一聲嘶吼之後，電話的那端突然有兩秒鐘停頓。

接下來傳來更冷靜也更沉重的指控，李南生吼著說：「獨家新聞值多少錢？你的靈魂一斤值多少錢，你把靈魂賣給魔鬼了嗎？你亂報！你會有報應，會有報應的！」接下來，「嘟嘟嘟」的聲響，是李南生掛斷的電話。

吳梓還來不及反應，助理編輯急急忙忙跑來，拿給他一張海巡署的新聞稿傳真：「……查上士李男未經報准，私帶黃女登艦參觀，嚴重違反勤務紀律和機關形象，李員記大過一支立即調職。李員的隊長及士官長各記過一次，艦長申誡二次處分。」

「好喲，事情搞大囉！」一旁長官喜孜孜的鼓勵吳梓，說：「快呀！快去發稿，你的獨家新聞有了後續反應。其它媒體一定會跟進的，快，快去發海巡署的懲處新聞稿！」

網路時代，媒體人都在尋找刺激的、衝擊性的題材。因為只有衝突性高的新聞才會吸引觀眾和網友的關注。不過，由於網路謠言實在太多，大多數媒體也都害怕萬一新聞搶過頭，弄得不好，不但鬧笑話還可能被告上法院。當然，過濾謊言流言最有效的方法就是自己實地去查證，但如果沒人、沒時間去作求證的工作怎麼辦？多數媒體會選擇讓流言「飛」一段時間，等到有其它不怕死的媒體同業搶先報導了，自家媒體再跟進，也就是照著抄啦。

這種卑劣的行徑聽起來很不名譽，但卻很安全。因為，只要有不怕死的媒體同業先報導了，其它媒體就可以引用刑法的豁免條款，也就是所謂「可受公評之事而為適當評論者，不罰。」，用它來逃避被告的責任。

這就像一個疏於管理的社區，如果有一幢房子破了一扇窗子卻沒有立即修理，過不了多久，這幢房子的其它窗戶就都會被砸破。這就是有名的「破窗理論」。

的確，沒過多久，吳梓這則「船艇變砲艇」的獨家很快就被各電視臺和新聞網站給抄走。大家都不怕被告了，反正有吳梓他們家電臺在前面頂著。於是，海巡上士和百貨櫃姐的鴛鴦故事，瞬間成了刺激電視收視率和網路點擊率的良藥，雖然苦口但很有效。

發完海巡署懲處李南生等官兵的即時新聞後，吳梓又回到辦公桌，他盯著電視牆和電腦屏幕。發現網路時代真是快，不出三分鐘，幾乎所有新聞臺都在播「船艇變砲艇．海巡艦淪淫船」的新聞，手機的新聞快訊也推播這則「腥」聞。就這樣，從來沒在電視上露臉的李上士，突然就成了電視淫蟲和網路紅人。

「叮咚」一聲，吳梓手機裡傳來李上士發來的簡訊：「他們要我休假了……，你要幫我澄清，要還給我清白……清白……。」

吳梓收到這則要求澄清的簡訊，他不但沒有恐懼反而陷入瘋狂的喜悅。他立刻向長官報告，然後馬上啟動辦公室的電話錄音設備，他打算再錄一段李屏生的電話影音，他想利用李屏生的畫面，再接再勵再發一則獨家消息。

不過，電話打過去，聽到的語音訊息卻是：「您的電話將轉接到語音信箱，嘟聲後開始計費。」，錄音設備只錄到電信公司女生的電話語音，以及「嘟嘟嘟」的聲響。李南生的電話關機了，李上士再次讓吳梓吃了閉門羹。

七

給吳梓吃閉門羹的不只李上士一個人。他也再次被張心潔阻擋在大門外，兩人隔著一道鐵門進行談判。

自從吳梓把鑰匙交還給心潔後，他再也不能自由進出張心潔租賃的套房。

「妳讓我進去呀！」吳梓被隔在門外叫鬧：「妳不是要獨家嗎？妳沒看到我做的大獨家嗎？各臺都跟在我屁股後面，抄我的。」

「你走吧！」門裡的張心潔沒興趣他的獨家，態度非常果決。

「好啦，好啦，我知道妳喜歡獨處。那像以前一樣吧，你繼續關在隔音箱，我待在隔音箱外面就好。妳先讓我進去房間嘛！」

聽不到張心潔的回覆，門外的吳梓干脆求饒：「是我的問題嗎？是我不好嗎？告訴我，我什麼都可以改的！」

「不是，跟你沒關係，是我的問題。」門裡的心潔終於開口說：「我告訴過你，我從小就喜歡紙箱。可是，我不要我的紙箱裡面還有個你。」

「不可以，不可以這樣子。」吳梓在門外幾近哀求的口吻說：「妳是我的女朋友，妳怎麼可以把我關在門外呢？」

門裡的紙箱突然有個聲響，一個大叔型男走了出來。這大叔的裝扮很奇怪，上半身穿襯衫打領帶，下半身卻只穿了一條四角大內褲。

張心潔一看大叔走出紙箱，自己差點沒笑出來。這是她的新男友——徐委員。

她示意徐委員暫時別講話，然後轉頭貼著門縫大聲喊：「我們早就沒關係了，請你不要再來騷擾我。」

這讓吳梓很火大，「妳給我說清楚！」他幾乎昏了頭似的忿忿說：「妳如果不跟我好好解釋，我們就分手。」

吳梓焦躁的在門外等她解釋。門裡的張心潔卻一點都不糾結，更沒有天人交戰，她考慮都不考慮就高聲回答：「我們早就沒關係了！再不走，我就報警。」

怕事的吳梓心裡一驚，連忙快閃。兩人藕斷絲連的感情就真的切乾淨了。

八

南臺灣，李南生上士的老家浴室裡，另一場真正的天人交戰正在進行。

被長官強制休假的南生，這兩天徬徨無助，精神在崩潰邊緣。

他買來兩大瓶高粱酒和一些肉片，一個人在浴室裡慢慢升起木炭，一個人在烤肉。在等待木炭燒地熾紅之前，南生安靜的在手機裡輸入「幫我澄清，還我清白」八個字。不過，他沒寫收信人，也猶豫著沒有送出訊息。

李南生雙眼無神的只是等待，等待火焰升起。可是熾紅的焰火，並沒有溫暖他的寒心和麻痺的神經。他打開一瓶高粱，狠狠灌下一大口。雖然滿嘴嗆辣得想嘔吐，但此刻的他居然有些得意。因為這段日子以來，他被媒體追殺、被總局記過、調職、還連累長官遭到牽連處分。

這些都不是他想要的，但卻沒有一件是他能夠掌控的。

所以，截至目前，至少到目前為止，喝酒，烤肉，是他唯一能夠控制的事情。

他忘情的吞下一口又一口酒，茫茫然拿起浴室裡的吹風機，把炭火燒得更熾紅，烤肉架上的肉片已經燒得焦黑，但他一口也沒吃。在不知灌下第幾口酒後，直到酒瓶見底的時候，手機響了……。迷濛白霧中，他模糊的看見螢幕上顯示：「寶貝黃小莉」。酒意朦朧中，他想起小莉的裸體，想起小莉穿著緊腿襪治療靜脈曲張的小腿。但是他卻想不起該跟小莉說什麼，也不想跟小莉說什麼，只好任由手機去響，一直響到沒有聲音。

李南生這才關緊浴室的門，用膠帶黏貼緊最後的縫隙，然後再用吹風機繼續吹炭火。在失去意識之前，他在濃煙中仍能看到點點焰紅的星火，以及手機再次響起時的微微螢光……。

直到濃煙褪去，炭火燒成灰燼。

消防員破門而入，發現癱軟沒了呼吸的李南生。

但一切都已來不及。

送走了南生，家人悲慟萬分。

南生的姐姐在接受記者訪問的時候哭著說：「你們為什麼不能放過他？南生從小就很乖，他絕不會做傷天害理的事，卻因為你們媒體胡亂爆料逼他走上絕路。我們家屬傷心、難過、遺憾，無法接受。」南生姐姐強忍淚水，哽咽的繼續說：「我們沒想要報復，也不知道該向誰報復。因為，弟弟的遺書裡有交代，他要親友們祝福他在另一個世界過得好。不過，他還是希望這個世界能夠還給他一個清白……。」

姐姐沒能再說些什麼，她已經淹沒在自己傷心的淚海。

傷心人還包括黃小莉，她緊貼在南生姐姐的身邊動也不能動。

黃小莉什麼也沒說，眼裡滿滿是悲傷，手裡則緊緊握著南生留在浴室裡的手機，那是她無緣的未婚夫李南生留給她的唯一紀念。

九

李上士輕生的新聞訊息，吳梓是看了南部記者的新聞報導才知曉。

對於這麼一位「熟悉的陌生人」突然的往生，吳梓驚訝、難過卻又不知如何是好。他找上電視臺裡的長官，長官看似沉著鎮靜，但其實也是不知所措。吳梓跟長官說，他想去南部李南生家，卻遭長官訓斥，「人都死了，你還想幹嘛？」

吳梓焦躁難安，他把原本帥氣的瀏海猛力搔成了雞窩頭。他跟長官說：「我想去跟他致個意……」，卻擔心又挨長官的罵。他雙手反覆搓揉然後怯生生的說：「也許，也許去他家，我還可以再發一則獨家……」

「獨你個頭啦！人都死了。」長官當下否決了吳梓愚蠢的提議。媒體老鳥都知道，這種因為過度報導而造成的傷害，媒體是避之惟恐不及。這時候，最怕的就是喚醒社會輿論，重新記憶起自己犯過的錯誤。媒體自身閃躲都來不及了，那裡還有人伸長了脖子去給人家剮的道理？而且，站在媒體的立場，「沒有人去報導就不會再被報導，不發新聞就不會讓自己成為新聞。」遇上這種肇因於自家胡亂報導而釀成的災禍，冷處理、不處理才是最好的處理。如果全社會都能暫時集體失憶，別讓大家想起自己，那才是媒體操作的上上之策。

「你回家！」長官用命令的語氣：「你現在就給我回家，去填幾天假單，回家睡兩天大頭覺，過兩天就沒事了。」

一〇

吳梓不敢回嘴，只好乖乖回家。

朦朧的雨夜裡，吳梓蒙著頭睡覺，但吳梓的夢境裡連續幾天都翻攪著海巡艦艇、登艦示意圖，以及其實從沒見過面的李南生的畫面。過去的一整個禮拜，他經歷自責、內疚和憤怒……等種種情緒。

曾經，他一廂情願的以為，可以用獨家新聞證明自己的存在，順勢把自己拉出被女友甩掉的悲情深淵。但現在才恍然大悟，過去沒完沒了的災難情緒，全都是自己招惹出來的。

「為什麼這麼傻呢？」吳梓心底浮出了疑問，既是罵自己也罵李南生。

夢中驚醒後，吳梓估算著今天是李南生過世的第七天，是民間習俗的「頭七」。

「今天是李南生的『頭七』，他會還魂嗎？」吳梓不敢繼續想，隆隆的冷氣機吹得他發冷，他更睡不著了。

在床上翻來覆去，吳梓習慣性的想起女友。噢，不，正確的說法應該是「前女友」。他猶豫著該不該再打電話給心潔？

理智告訴他，不該打；情緒告訴他，要抒壓。

情緒很快戰勝理智。他刪掉手機裡的自動顯示功能，撥通了心潔的手機。

「喂！」五秒鐘後，心潔接聽了電話，聽得出雨夜裡瑟縮的濃濃睡意。

吳梓卻摀住嘴巴不出聲，但他不認為自己是在惡作劇，他只是睡不著。

「是那位？」心潔的手機螢幕上沒有來電顯示，她想掛電話，但記者的工作守則約束她，手機必須二十四小時保持暢通，所以她耐住性子再問了一次：「哪一位？」

床上的男人翻身抱住了心潔，用渾厚的嗓音輕聲問枕邊人，「這麼晚了，是誰呀？」

枕邊的新人是國會的徐委員，他開始入住心潔的香閨。

心疼身旁的男人被吵醒，心潔決定不理會手機裡的冒失鬼，只罵了一句：「神經病！」

心潔切斷了通訊，關掉了手機，回到床上和徐委員重新溫存。

雨夜裡，窗外飄著濛濛細雨。

吳梓聽著手機「嘟嘟嘟」的聲音，一個人傻楞楞的發呆。

「叮咚！」吳梓還來不及傷春悲秋，手機卻響起一通要命的簡訊。

螢光字體寫著：「吳梓記者，你的靈魂一斤多少錢？你賣給魔鬼了嗎？你會有報應……」

好熟悉的一句！吳梓努力回想究竟是誰跟他說過這樣的話？

「哇、哇、哇……」吳梓突然長聲尖叫，見鬼似的丟開手機。因為他看清楚簡訊的發送者居然是——李南生。

還沒來地及從驚駭中回神，又傳來一聲「叮咚！」

手機裡傳來的第二則簡訊寫著：「幫我澄清，還我清白」八個字。

今天是頭七，李南生的「頭七」。

李南生的未婚妻黃小莉替南生發送了兩則訊息。

來自地獄的手機簡訊把吳梓嚇得躲進浴室裡。

手機遺落在淚雨的窗邊，吳梓在浴室裡哭個不停。

爸爸的復仇

一名荳蔻年華的高中女生，
不幸被一輛超載的砂石車撞死。
女生的爸爸用盡方法想替女兒復仇，
但爸爸愈是拚命復仇，就愈讓自己陷入險境，
甚至一步步讓全家人的性命遭受威脅……

—

何爸爸打開女兒書房，拖著受傷的左腳一跛一跛走向阿秀的書桌。

夜深了，即使關上窗子、拉緊特別加厚的窗簾，依舊擋不住砂石車在窗外呼嘯的聲響。

何爸爸熟練的拿出信紙和鉛筆，把剛才發生的衝突寫給女兒知道：

> 阿秀，像我這樣不怕死的爸爸，今晚可能是最後一次去為妳放雞爪釘了。今晚在河邊，我被匪仁仔那批砂石仔車堵到，匪仁仔今晚好像存心要乎我死，我們那臺小ㄐㄧㄚ年華汽車被他們的兩臺砂石車前後夾的死死死⋯⋯

由於不會寫「嘉」，何爸爸只好用注音符號來代替。事實上，只有小學程度的何爸爸，連續三個月來，每晚都是靠著查字典寫信給女兒阿秀。漢字中夾雜著注音符號和臺語拼音，也許天上的女兒也很難讀得懂，但他依舊堅持每晚寫信：

> ㄘㄨㄥ忙中我拿起車上的棒球棍跳下車，想不到，我的腳ㄚ還沒站穩，匪仁仔他們就圍過來了。

寫到被砂石車司機們圍毆，何爸爸這才感覺左小腿痛到不行，拉開褲管一看，小腿紫青烏黑腫了一大塊。他記得砂石場老板匪仁仔剛剛在溪床上的最後警告，他指著何爸爸，說：「何仔，你三不五時來偷放雞爪釘，已經刺破我幾十臺卡車的輪胎，我們砂石場的砂石仔若賣不出去，這些司機兄弟都不必生活了。」

「是你先害我們家阿秀沒命，我也不睬你們的死活咧！」話還沒說完，何爸爸左小腿挨了一記重重的悶棍，立刻跌倒跪在河川地的卵石上。

四、五個砂石車司機惡狠狠的圍著何爸爸，匪仁仔扯開嗓門吼：「告訴過你多少次，那是意外。靠山吃山，我們靠濁水溪的只有吃濁水溪底的砂石仔，你女兒被車撞上算她歹命，要不然，是要按哪？你若是好膽再來撒釘子，我們就把你直接埋在濁水溪的溪底。」

何爸爸用自責的筆調繼續寫：

阿秀，像我這樣的爸爸真是沒路用。妳知道嗎？今晚濁水溪底的月亮好圓好大，三十公尺外就可以看到他們在採砂石仔。但是溪ㄅㄛ邊好安靜，我想，如果我若真的被他們埋在溪底，大概也不會有人知道。我不驚死，為了替妳報仇，我這條老命甘願跟他們拚了……

回憶起阿秀，何爸爸的眼淚就止不住，眼前一陣迷濛。

何家世代都是南投的小農戶，靠著祖傳的幾分薄田，還得在濁水溪畔兼營釣魚池才得勉強維持生計。何爸爸和太太都只唸到國中、小，唯一的掌上明珠阿秀很爭氣，考上地方的公立高中，一家人巴望著阿秀將來考上好的大學，讓赤貧的何家光耀門楣。

二

但是，一場車禍奪走何爸爸的所有希望。

二月的一個清晨，學校還在放寒假。認真的阿秀起個大早，穿著一身早春的粉嫩色新衣，她說約好了同學要到學校裡複習功課。何爸爸原本掙扎著要起床載阿秀出門，但因為前一晚在釣魚池陪客人多喝了一瓶保力達B加米酒，精神體力都很差。阿秀體諒老爸，要他多睡一會兒，又說同學在等她，她自己就騎腳踏車上學。想不到，在校門口省道上的十字路口，一輛超載、超速又闖紅燈的砂石車撞死了過馬路的阿秀。

何爸爸捨不得呀，好好的一個女兒養到十六歲，乖巧聽話可能正要談戀愛的寶貝女兒就這麼走了。

更讓他受不了的是肇事砂石車司機強硬的態度，撞死一個人，只賠七十萬。砂石場司機的老板匪仁仔當天來協調的態度更是惡劣，匪仁仔說：「一個人七十萬，這是行情價。撞死的，本底就是這款死豬仔價，沒什麼好講的，要認命啦。」

「死豬仔價……」女兒的一條命被當作死豬價，還不准還價。何爸爸的一口怒氣嚥不下去，沖著匪仁仔的臉噴氣，何爸爸用道地的閩南語說：「好啊，你躺在土腳，我開車來壓。試看嘜，我去借，借錢我都會給你七十萬。」

倒不是真的嫌賠償金太少，而是覺得砂石場欠寶貝女兒一個公道。何爸爸對女兒的猝死心有不甘，更對自己沒能載女兒上學自責不已。給女兒的信裡寫滿道歉：

阿秀，像我這樣的爸爸，妳著要原諒我。那天早上如果不是我ㄊㄢ睡，如果是我送妳去學校，你就不必自己騎腳踏車，也就不會發生車禍。

阿秀！像我這樣的爸爸，嘛算是教育失敗。我不該讓妳相信青紅燈，青紅燈對砂石仔車來講根本沒路用，連參考的價值都沒有。我若是早一點教會妳，看到沒有車就給它衝過去，根本不要管它什麼烏魯木濟的青紅燈，妳可能早就平安的進去學校和同學作伙讀冊，也就不會被車撞到……。

囈語式獨白的文字與再多的後悔都喚不回逝去的女兒。歷經四、五次的協調談判，肇事司機砂石場那邊的負責人匪仁仔他的態度依舊強硬，賠償金額也根本沒得商量。

上法院去談吧，法官的裁定更讓何爸爸的心情冰涼到極點。車禍事故一發生，法官就讓肇禍司機以業務過失致死罪嫌交保候傳。肇事司機撞死人不是第一次了，卻連警察局的拘留室都沒蹲過很快就回家。

「你們同一個駕駛，一年內連續撞死兩個囝仔，你們攏總沒懺悔？你們有沒有良心呀……」，何爸爸後來查出，撞死阿秀的砂石車司機，他在案發前一年，也曾經在雲林縣撞死一名國中生。肇事司機超載、超速，習慣性的不遵守交通規則，根本就是殺人的累犯。而砂石場縱容甚至要求肇事司機違規超載，這種行為更被何爸爸認為是共犯，砂石場也應該受到制裁。

「我們就是懺悔了才賠給你七十萬，我們的肇事車也被查扣了呀，這還不夠嗎？人家司機嘛是有某有子要飼，有家庭要養，你嘛替人家的某、子想一想咧。」匪仁仔臨走前還撂下一句話，說：「撞死要賠，那是應該的，不過就是這個價錢。有本事，你去跟法院講。」

法院裡，法官見多了這類車禍案件，態度有點不耐煩。

開庭的第一句話就是：「你們雙方要不要和解？」第一次開庭的時候，何爸爸清楚記得，當時老法官低頭看卷宗，連正眼都沒抬起來看他一眼。

翻完卷宗，法官一開口就像跳針，劈頭又問：「你們要不要和解？」

何爸爸當然不和解。可是接下來的幾次調查庭，法官既不問肇禍的砂石車有沒有超載？有沒有闖紅燈？也不問肇事司機是不是累犯？反而一再跟何爸爸強調：「和解、和解、和解」。好像只要雙方和解，萬事就OK。法庭上不像在審理車禍問題，反而是要解決法官怕麻煩的問題。

給阿秀的信裡，何爸爸就寫說：

阿秀，像我這樣的爸爸，雖然講話講不過他們，但我是不會和解的。他們說，撞死人的砂石車算殺人凶器，可以被扣押。那麼使用凶器的駕駛就應該算是殺人凶手，既然是凶手，為什麼可以賠一點點小錢就無代誌？

何爸爸忿忿不平的繼續給女兒寫信：

為什麼車禍之後，駕駛還可以一而再、再而三的繼續開車？繼續使用殺人凶器？繼續去害人？為什麼他一年內撞死兩個人都不必坐牢？這個冤仇，我一定要替妳報。

三

看不慣駕駛肇禍後有砂石場和工會撐腰，司機只要賠一點點錢，就可以繼續開車上路。何爸爸認為這樣的陋習太離譜，他決定自力救濟，展開報復。

由於南投縣竹山鎮臨近濁水溪中游，豐富優質的砂石一直是臺灣重要的砂石供應地，每天在竹山鎮出入的砂石車起碼有上千輛次。阿秀的車禍事故見報後，臺灣有一個叫做『砂石車受難者家屬關懷協會』的楊理事長，他為了邀請何爸爸加入協會共同向砂石車業者抗議，楊理事長就曾經陪著何爸爸拿著計數器，站在砂石車往來必經的「名竹大橋」上計算車次。僅僅一個小時，楊理事長就統計出，總共有一百零八輛砂石車經過大橋。也就是說，幾乎每一分鐘就會有一到兩輛滿載砂石的大卡車駛進竹山鎮，穿過大街、穿過地區高中，然後，然後輾過阿秀等紅燈的十字路口。

每每回想到車禍發生的這段往事，何爸爸就不自覺的傷心哭泣：

阿秀，像我這樣的爸爸，雖然沒有讀冊，但我有跑去問妳們老師，他們說撞妳的那臺車超載了十噸砂石。老師說，每超載一噸，煞車的距離差不多就要多增加一公尺，就因為他超載了才導致煞車不及，妳才會離開阿爸……

何爸爸知道，很多砂石車司機為了多賺點錢，卡車超載已經是常態。為了替女兒討回公道，何爸爸放下釣魚池的生意不做，白天守在阿秀發生車禍的學校馬路旁，只要看到砂石車車斗有明顯加高的、有可能超載的，他就會記下車牌打電話報警，扮演「檢舉達人」的角色，請警方攔檢取締。

不過，這種流動式的小蜜蜂報警行為，很快給何家帶來意想不到的麻煩。

一天下午，砂石場老板匪仁仔帶著五、六名砂石車司機到何家，他們當著何媽媽的面撕掉十幾張警察告發的紅單。

「再去報警呀！」匪仁仔指著何媽媽罵：「叫你們家的那個瘋尪擱去作爪扒仔呀！妳老公瘋

了，他以為我們不知道是誰去通風報信的嗎？警察局裡也有我們的人哪。」匪仁仔更惡狠狠的威脅說：「你們若是不讓我們有好日子過，那叫妳那個瘋癲駛車的時候卡注意點。妳們讀國中的兒子上下課走路也給我小心點。如果妳們不信邪，大家就來試看嘜……。」

當天夜裡，何家門口前的六米小巷道就湧進大批砂石車。小巷子瞬時間變成了砂石車專用道，砂石車一輛接著一輛，擺明是衝著何家來示威，這讓阿秀媽媽嚇壞了。震天價響的砂石車，吵的何家好幾天沒辦法好好睡覺。白天兒子上學，更得再三提醒他們小心再小心，就怕再有任何閃失。

何爸爸也擔心，但他的擔心只能透過紙筆跟女兒說：

阿秀，像我這樣的爸爸，真正是沒路用。為了妳弟弟和妳媽媽的安全，我不能再當小蜜蜂去檢舉歹人了。匪仁仔來嗆聲，他聯合了其它幾家砂石場，要司機們進車、出車都要開進我們家的巷子內繞一圈。妳媽媽和弟弟已經嚇得半死，出門買菜、上下學，都要特別注意，因為門口的砂石車實在太多。

四

復仇心切的何爸爸當不成小蜜蜂了，但他想出復仇的新招術。新的復仇行動更直接，目標更明確，他要讓砂石車根本動不了。

何爸爸很早以前就知道，溪畔盜採砂石的情況非常嚴重。匪仁仔他們的砂石車隊都是趁夜摸黑一輛接著一輛走產業小路，經過他經營的小小釣魚池，然後開進河床，趁著暗夜四下無人偷偷盜採砂石。

何爸爸摸清楚砂石車盜採的作息時間和行進路線後，他悄悄買來一麻袋銳利的雞爪釘，然後開著他破舊的嘉年華小汽車。在入夜前，沿著溪邊產業道路偷偷的撒下雞爪釘。

每天都會有幾輛砂石車中鏢，被雞爪釘刺破輪胎的砂石車卡在產業道路上動彈不得。而這樣的鄉間溪畔小路，一旦有大型卡車洩氣拋錨，很容易就堵死後方的車輛。窄窄的產業道路一旦被卡住，其它進出的卡車連會車錯身的空間都沒有。這搞得河床上其它砂石車進退不得，運輸動線完全卡死，盜採秩序徹底大亂，砂石車司機們更是幹譙聲連連。

俗話說：夜路走多了，總會碰到鬼。

不過，這回碰到鬼的不是砂石車司機，而是何爸爸。

這一晚，何爸爸又撒完雞爪釘，剛回到釣魚池的工寮裡準備休息，急促的敲門聲像下冰雹似的，重重擂打在工寮的鐵門上。何爸爸機警的從門縫裡瞥見兩個年輕沮迌人，他們人手一支用報紙包裹著的長型條狀物，看起來很像西瓜刀。何爸爸直覺不妙，他操起鐵門邊一把帶著長木柄的除草用大鐮刀，謹慎的問：「什麼人，有什麼貴事，釣魚池仔今晚沒開門啦。」

「駛你娘咧，快開門……」沮迌人的罵聲還沒停，五枚雞爪釘已經砸破工寮的玻璃窗射了進來，還差一點擊中何爸爸的腦袋。何爸爸還沒從驚恐中回神，一團火球已經從破窗丟了進來。

「你娘咧，汽油彈……」工寮裡頓時火光衝天，兩個年輕小混混守在門邊，從報紙裡抽出西瓜刀等著他。

火勢大起，何爸爸顧不得門外的沮迌人了，他拿著彷彿西洋死神在用的長木柄大鐮刀，匆忙逃出起火的工寮。

才出火場，迎面就是一刀。何爸爸下意識橫刀一擋，僥倖躲過一劫。

為了保命，何爸爸的腎上腺素一時激增，發狂似的揮舞著長柄大鐮刀衝向兩名小混混。這突然的轉變讓兩個冏冏人想都想不到，匆忙間，兩個冏冏人的短刀不敵何爸爸的長鐮刀，在此起彼落的叫囂幹噍聲中，小混混且戰且退，不一會兒就愴惶逃出釣魚池。

何爸爸以一敵二逃過死劫後，氣喘咻咻的回頭一望，平日賴以為生的釣魚池小工寮，已經在大火中燒成灰燼。

「一定是匪仁仔！」何爸爸激動的發動小車，口裡罵道：「叫兩個猴死囝仔拿刀來嚇唬我，嘜乎我死，我也要你們的命，大家生意都別做了！」何爸爸帶上新買的夜視功能小攝影機和長鐮刀，在夜色中慢慢駛向溪畔。他早就打算進一步蒐集匪仁仔盜採砂石的證據，只要給他拍到盜採砂石的畫面，他就要送給媒體、送給警察、送給檢察官，他一定要給這個盜採集團致命的一擊。

五

月光皎潔，溪底寧靜。

何爸爸關掉小車的前燈，在河床上摸黑緩慢前進，慢慢駛向匪仁仔盜採砂石的基地。到目前為止，一切看似順利。

但四周的燈火突然乍亮，兩輛砂石車掀開遠光燈前後包抄，強光照耀著何爸爸眼睛都睜不開。小車陷入包圍動彈不得，何爸爸只得匆忙跳車，卻被跟上來的小混混用球棒打傷小腿。司機和小混混們對著他啐吐口水，何爸爸只得惴惶不安的跪倒在溪畔的卵石上任由他們唾罵。

同時間，在小混混的簇擁下，匪仁仔巨大的黑影一步步走近何爸爸。他一把揪住何爸爸的衣領，狠狠的說：「何仔，我知道你不怕死，不過，我也不會讓你那麼快活的就死！」一股檳榔夾雜著紅灰的氣味噴在何爸爸的臉上。匪仁仔說：「我認真的告訴你，今晚，就是今晚啊，算我最後一次吞忍你。我們這些兄弟的忍耐也是有限度的，你要是再敢跟我們胡亂來，我就抄你們全家，我會讓你的妻、你的兒子死得很難看。」

嗆聲過後，巨大的砂石卡車把何爸爸的小車蠻橫的向路邊推擠，小車瞬間成了一團廢鐵。月光下，怪手繼續挖掘溪沙，卡車恢復運載。

何爸爸只能孤單的跌坐在濕冷的溪畔，稍後再慢慢爬回家。

何爸爸的悲傷，只能藉著不流暢的文字跟女兒述說：

阿秀！像我這樣無用的爸爸，請妳一定要原諒。我一個人實在拿匪仁仔他們沒法度，我好怕匪仁仔他們真的會對妳媽媽和妳的兩個小弟下手。溪ㄅㄛ是不能再去了，小蜜蜂爪扒子也不能做了，但是妳的仇該怎麼報？我該怎麼辦？……

六

何爸爸瞥見書桌上的一張名片，「砂石車受難者家屬協會」，那是楊理事長留下的名片。

何爸爸回想起，三個月前這個叫做「砂石車受難者家屬協會」的團體來找他，協會的理事長還曾經和他一起在南投名竹大橋上計數砂石車。那時候，楊理事長曾跟他說：「大家都是歹命，半年前，我讀大學的兒子，也是在等紅綠燈的時候被砂石車從後面追撞，慘死輪下。」

當時理事長還勸何爸爸，說：「你我的子女都是被砂石車撞死，但這不只是他們個人的不幸，還有更多人和你我一樣受到不公不義的對待。我們要團結起來向砂石車業者討公道，只有這麼做，你女兒的犧牲才有價值。」

但何爸爸當時對「受難者家屬協會」的邀請並不領情，他執拗的堅持要用自己的方式為女兒報仇。現在回憶起楊理事長的神色雖然憂傷，但神情卻相當堅毅，他說：「我們這個協會有五百多名會員，大家都是不幸的砂石車受害者家屬。我們都想走出喪子喪女的悲痛，但一個人的力量是不夠的，須要團結，只有團結，才有機會幫我們不幸的子女討回公道。」

「單靠自己是不行的！」何爸爸清楚，眼下的路只靠自己也實在走不下去。回想過去曾錯失合作的機會，現在他知道：「合作，也許合作才是替阿秀復仇的另一個開始。」

何爸爸捏著名片，彷彿又找回復仇的新生力量，他繼續跟女兒寫信：

阿秀，像我這樣孤單的爸爸……，我知道，我若是繼續自己一個人舞，是舞不過匪仁仔他們的。也許應該要和楊仔他們合作，大家鬥陣作夥，最起碼喊起來嘛卡大聲，妳說對不對？妳得要保佑我們大家，作夥互相贊聲，我們一定替妳申冤、為妳報仇、出一口怨氣。

擱下紙筆，闔上信封。何爸爸拉開書桌抽屜，輕輕塞進第七十七封給女兒的信，又是一封永遠寄不出去的信。

七

「也許，也許……」何爸爸心裡暗忖：「明天就和楊仔他們聯絡！」

何爸爸累了，抬眼望了望牆壁上阿秀清秀的照片，像是和女兒做了約定。他打了個深深的呵欠，抹了抹眼睛，疲累的趴在女兒的書桌上。

窗外弦月斜掛，月光輕灑進來。

半夢半醒間……，何爸爸依舊在夢中計畫未完成的復仇。

窗內牆上，阿秀照片的笑臉俯視老爸。

一如過去的七十七天。

媽，我想開窗

阿良活潑聰明，國小的成績優異。
但一個夜裡，阿良和家人吃火鍋時，
他掙扎著只想做一件事，
只想叫媽媽打開窗戶，
為什麼？

我叫阿良，讀小學四年級，我要說說我們家裡的故事。

我們家住在臺南。臺南是一個農業縣，按照我阿爸的說法，我們臺南屬於很窮的縣份。不過，臺南雖然窮，臺南種田的窮人家卻是人才輩出，臺南有人做總統。

我們家不窮，有記憶以來，爸爸就是汽車烤漆廠的老板，媽媽則是在家裡、工廠兩頭忙。我們家雖然沒有種田，但是爸爸經常跟上門的客人說：「我們家是『歹竹出好筍』，雖然我在做黑手，但是我女兒和兒子都是學校的模範生，將來說不定也能當律師，甚至還會當總統。」

爸爸總是以姐姐為榮，姐姐大我兩歲，姐姐很棒。媽媽說姐姐很乖很聽話，因為我的功課都是姐姐教的。

隔壁的歐巴桑總是說，我們家很幸福。雖然我不知道幸福是什麼，但是我知道全家人一起吃火鍋的時候最快樂。也許一家人聚在一起吃火鍋就叫幸福吧！

每次吃火鍋的時候，媽媽都會說：「去把窗戶打開！吃火鍋，窗子一定要打開，才不會悶到。」媽媽只要下達命令，姐姐就會立刻去開窗。

我本來以為，我們家這種吃火鍋的幸福會一直持續下去。直到一個月前，這種幸福有了變化。一天晚上，爸爸拉下工廠大門，垂著頭的跟全家宣佈：「時機實在是太歹，生意歹做，撐不下了，我們的烤漆廠要關門了。」

我不知道爸爸的工廠關門以後會怎樣？我們會不會餓肚子？以後還有沒有火鍋可以吃？

「大家不用擔心！」爸爸安慰我們：「我會去開計程車，日子一樣可以過。」

過了幾天，我們家原來的轎車不見了，爸爸拿它去換了一輛中古計程車。看到新車，我有一點點高興，繞著計程車跑來跑去，因為我們平常很少有機會坐計程車。現在有計程車可以坐，這讓我有一種莫名的快樂。

如果快樂叫做幸福，那麼，這種幸福在媽媽身上並沒有找到。我很納悶，媽媽的臉上看不到換新車的笑容。

上星期，我高高興興地放學回家，因為那天學校發成績單。期末考，我考了全班第二名，可以準備好好放寒假了。我猜爸爸一定又會摸摸我的頭，驕傲的說：「阿良啊，我們家真正是歹竹出好筍！」我一定又會獲得獎賞。

但是還沒走進家門，我卻發現信箱裡有很多信，我拿出來一看，發現是一大疊信用卡帳單和銀行的催繳通知書。我還覺得奇怪，「為什麼銀行最近老是要寄這種討厭的東西給爸爸？」

我拿著那些信準備交給媽媽，才跨進客廳，就看到兩個理平頭、穿著白布鞋的陌生大哥哥。他們嘴裡嚼著檳榔，血紅的汁液掛在嘴唇旁邊，他們踩著三七步，雙手叉腰站在客廳正中央。

「媽媽咧？」我要找媽媽，卻在客廳的角落找到瑟縮在牆角的她。

「阿良，快過來。」媽媽一把把我也拉到角落。

我把信用卡帳單和催繳通知單給媽媽，「這是銀行給爸爸的信……」

大哥哥也瞥了一眼銀行帳單，嘴巴歪斜一邊說：「阿嫂妳看，又有新帳單來了喲！」大哥哥用很凶的語氣跟媽媽說：「告訴妳老公，若是再不還錢來。你們家最好就不要發生車禍、最好不要火燒厝。不過……，這些意外會不會發生？沒有人敢保證喏。」

大哥哥惡狠狠的把檳榔汁吐在地板上，然後張著血盆大口說：「你們家還有一個女孩嘛，還沒回來喲。錢的事情要快點處理，不要弄得大家太難看。」

大哥哥大聲跟媽媽說完話後，一副吊兒啷噹的流氓模樣離開。

媽媽抱著我，哭著說：「阿良，怎麼辦？你阿爸做生意失敗，跟銀行借錢沒錢還，我們的房貸也還沒有付，現在變成卡奴。你阿爸還跟地下錢莊借錢也沒還，人家天天上門來討債，怎麼辦？我們要拿什麼來還？」

媽媽一邊哭一邊說：「快點，快點去找你姐姐回來，然後把門窗都關起來，不要再讓壞人進來……。」媽媽一口氣說了一大堆話，雖然我不知道什麼叫「卡奴」，也不知道地下錢莊是什麼，但是從媽媽胡亂的言語中我知道，爸爸欠了銀行和錢莊很多錢。而我永遠記得，那天晚上，是媽媽最後一次講那麼多話。

天黑後，姐姐補習回來了；過了晚飯時間，爸爸也回來了。

那天晚上，爸爸是一拐一拐、跛著腳進門的。媽媽看到爸爸好像受了傷，激動的問：「是不是他們……，是不是他們打的？」

爸爸什麼都沒說，長嘆一聲就要姐姐去拿碘酒和紗布，媽媽哭得更加激動了。我則是手裡捏著期末考第二名的成績單，傻傻坐在媽媽身邊，總覺得時間過地好慢好慢。

當天夜裡，我們簡單的收拾幾套衣服就離開家。因為爸爸說，他要帶我們去環島旅行。

坐上爸爸的計程車，我才發現爸爸車子後座的玻璃碎了、車身也有好幾處凹陷。我看好像是球棒打壞的，但爸爸卻堅持說，是他自己不小心出了車禍。不過，不管車子是怎麼弄壞的，接下來的幾天旅程，我們全家都睡在爸爸破掉的計程車上。

到現在為止，我都不知道這趟旅程算不算是旅行。因為旅途中，我只看到爸爸無精打采的開車，媽媽不斷的哭泣，姐姐和我則是吹著風，無聊的坐在後座看著窗外的風景。所謂的『「環島旅行」，除了到公園洗臉、擦澡、上廁所，我們幾乎都是在爸爸的「破車」上度過。

旅程的第七天我們到了花蓮七星潭。在海邊，一路上不說話，連續哭了好幾天的媽媽突然不再哭泣了。坐在車上，聽著潮水聲，我覺得有點冷，但媽媽卻用更冰冷的語氣跟爸爸說：「我累了，不要再躲了，我們回家吧。」

一聽到回家，爸爸和姐姐都不說話，只有我高興地跳了起來，還不小心撞到車頂。因為『環島旅行』的這七天，我們有五天沒有好好洗個澡，車上隱約可以聞到一股怪怪的酸臭味道。如果回家，不但可以洗熱水澡，說不定還能吃上熱騰騰的火鍋，全家人一起共享久違的幸福。

我們在住家附近的超市買了火鍋料，有我最愛的魚餃、蛋餃、蛤蠣、青菜、冷凍肉片以及四斤木炭。平常不太喝酒的爸爸還買了兩瓶酒，一瓶是濃度五八%的高粱，另外還有一瓶紅酒。

買完火鍋料，經過賣彩券的小攤子，我看到爸爸媽媽輕聲的竊竊私語。雖然沒聽清楚他們在說什麼，但爸爸很快就掏出了錢包裡的最後一張鈔票，我們買了一張樂透彩券。

快到家的時候，爸爸並沒有直接把車開回家，反而故意在房子附近繞圈圈。過了好久好久，天色已經很晚很晚，我早已餓腸轆轆，都快餓扁了。

爸爸在確定住家附近沒有人的時候，才把車子悄悄的滑進家門口。

「啊！」一跨下車門，姐姐就發出一聲驚呼，但立刻就被媽媽摀住了嘴巴。

順著姐姐的目光看過去，我看見家門口到處被潑上血紅色的油漆，而且還寫上很難聽很難聽的髒話。爸媽看了看，什麼都沒說。但我猜，一定是那天到家裡來的那兩個大哥哥做的，因為門口的地上留有好多乾掉的檳榔渣，跟他們之前吐在我家客廳裡的一模一樣。

一進門，爸爸媽媽拿著那張樂透彩券，緊張兮兮的蹲在電視機前核對號碼。

已經快餓死了的我，則是迫不及待的跟著姐姐生炭火準備吃火鍋。我們的炭火才點燃，卻聽到爸爸好長好長的兩聲嘆息：「唉……唉……。」

我想，爸爸大概又「槓龜」了吧。

但是這有什麼了不起？我們家買樂透「槓龜」早已經是家常便飯了，爸爸實在不需要嘆氣。可是我不懂，爸爸槓龜就槓龜嘛，為什麼媽媽要一邊擦眼淚，一邊去關門關窗還要拉上窗簾。

久違的火鍋大餐，我們家吃的異常安靜，爸爸媽媽都不說話。

我突然想起我第二名的成績單，但是我沒有勇氣拿出來，因為酒量很爛的爸爸很快吞下了半瓶高粱酒，他還不斷的要媽媽跟著他一起喝。最討厭的是，爸爸還要我和姐姐喝他買來的紅酒。

「你不是說小孩子不可以喝酒嗎？」淺嘗一口紅酒之後，我受不了那種澀澀的味道，所以想逃避。

「喝呀！」爸爸勸酒，鼓勵的說：「喝啦，甜甜的，大口喝下去，很好喝。」

一向聽話的姐姐憋著氣，狠狠的喝了一大口。

我討厭酒的味道，只肯抿一小口，雖然有一點點甜，但我就是不喜歡。

「喝，都給我喝下去！」爸爸突然大發脾氣。

姐姐順從地喝光大杯子裡的酒。

我看著爸爸。只好捏著鼻子，學著姐姐的模樣也吞下一大杯。

「再倒一杯，跟你們媽媽也喝一杯！」我看了看姐姐，又看了看滿臉通紅的爸爸，於是學著姐姐一起向媽媽敬酒。

媽媽連看都沒看我們一眼，端著大酒杯，兩、三口便吞下一大杯高粱。也許是高粱太難喝了，我看到媽媽一直在咳嗽，咳的眼淚都流了下來。

喝了酒，我們繼續吃火鍋。火鍋愈吃愈快，酒也愈喝愈多。

可是今晚的火鍋大餐很奇怪，雖然我已經吃的很飽，但是愈吃卻覺得四肢愈沒力。我不知道是不是喝酒的關係，總覺得好熱、空氣也變得好悶。

「都是媽媽啦，為什麼吃火鍋前，不叫姐姐去打開窗子？」我埋怨媽媽。

房間裡又熱又悶，火鍋裡已經沒有火鍋料了，但是媽媽沒有熄火，依舊讓炭火悶燒著。

「姐姐，姐姐……」我叫喚最先倒下的姐姐。我想姐姐一定是喝醉了，要不然她應該會拿出全校第一名的獎狀來「現寶」才對……。

「喔，姐姐醉了……，姐姐今天忘了去開窗……。」我迷迷糊糊的在胡說。

說到窗子，我的頭好痛又好暈……。

我倒下的時候，看見窗子怎麼還是關起來的呢？而且不知道從什麼開始，窗子的四周緊緊密密的塞滿了破布。

媽媽也倒下了，她可能也是喝醉了吧，才會忘記叫姐姐去開窗……。

爸爸咧，爸爸不知道是什麼時候倒下的，我看到爸爸身邊的高粱酒喝得一滴都不剩，而桌上則留下一張紙條。我勉強睜開眼睛，拼盡最後一絲力氣，我看見紙條上歪歪斜斜的寫著：「不知道能否看到明天的太陽，我們這家人，真的一無所有，留在世間又有何用。」

我不懂爸爸為什麼要寫這樣的字條？

我只感覺空氣愈來愈悶、愈來愈熱……我的頭好痛……喉嚨好乾……。

「窗子……，對，窗子……」我想站起來去打開窗戶……，但是雙腳卻無比沈重……，只能慢慢用爬的……用爬的……。

窗戶就在眼前，但它在搖晃……，窗戶什麼時候變得這麼遙遠……想搆都搆不到。

勉強爬到媽媽身邊，我趴在媽媽耳邊說：「媽，我想打開窗……開……窗……」

房間裡只剩下我還模糊的醒著，我知道我叫阿良……我考了第二名……我曾經以為將來我也可以當總統……。

現在，我只想打開窗……。

那一夜，之後……

一夜情之後，拍屁股閃人的多半是男生，
但心裡受傷的，就一定是女生？
「不，那可不一定！」
下面說的，是一個活見鬼的故事，
一個男生跟心儀的靚女發生一夜情，
但痛得連心臟都骨折的受害者，
居然是落跑的男生。

—

「嘰……碰！」一聲巨響，採訪車緊急剎車卻剎不住車，失控撞上分隔島。

擋風玻璃碎了，坐在後座的美女記者方舒渝腦袋撞上前座的座椅。撞得七葷八素，等舒渝慢慢回神，卻模模糊糊看見前方正、副駕駛座的安全氣囊都爆開了。她一個念頭閃過：「慘了，撞得不輕喲！」

更慘的是，舒渝本來想自己走下車，卻發覺根本動彈不得。

等了一會兒，前座的攝影記者阿復哥與醫護人員聯手才把她拉出車外。舒渝一度勉強自己想要走，但雙腳無力，眼前一黑，一個踉蹌癱坐在地上。從採訪車直接抬上救護車，緊急送進醫院。

急診室裡，年輕醫生一眼認出這位小有名氣的美女主播：「妳是……方舒渝，方主播！」，面對電視上偶爾播報新聞的熟悉面孔，年輕醫生一邊看著X光片，一邊修正自己講話的態度：「方主播，妳左腳腳踝的第五趾底部，有一個第二級的撕裂性骨折。」

面對主播，年輕醫生講的謹慎又學術，舒渝卻一臉茫然聽攏嘸。她神情楞楞的歪了歪嘴，塗上蔻丹的紅唇只能呻吟喊疼，「啊！啊……你在說什麼啦？醫生……」

「那我就講白話文吧，就是，妳左腳的小指頭骨折了！」醫生的話沒說完，只聽見相機「咔嚓、咔嚓」的連續快門和閃光燈聲響此起彼落。好幾名影劇版記者闖了進來，一邊拍攝一邊問：「舒渝、舒渝，方主播妳有怎樣嗎？有很嚴重嗎？」

舒渝什麼都說不出來，除了一臉苦笑，卻還得勉強自己擺POSE給記者拍照。一直守在舒渝身旁的攝影搭檔阿復哥，當他發現舒渝難過的開始癟嘴了，這才攔上前去向新聞同業拜託，「各位弟兄，各位弟兄，這裡是醫院耶！」阿復哥輕聲細語但態度誠懇：「都拍到了嗎？有拍到就好。兄弟們幫個忙嘛，舒渝現在是傷患，讓她休息、讓她休息，好不好？」

同業沒為難同業，阿復哥客氣的把記者們請出了急診室。

年輕醫生卻打趣病人：「方主播，這會上新聞嗎？耶，會上新聞耶。」這醫生高興得有些失態。

「怎麼這麼倒楣？」舒渝收斂起笑容顯得有些沮喪。她抱怨說：「明明採訪車是撞在車頭，為什麼前座的阿復哥沒事，我坐後座反而骨折？」

「運氣，只能說是妳的運氣不好吧。」醫生說：「坐前座的人有爆開的安全氣囊保護，身上最多留下瘀青和酸痛，不致於有大礙。但是妳，妳雖然坐後座，可是沒繫安全帶，難保就不會受傷。」

這讓舒渝回想起車禍發生的當下，要不是她的左腳猛力重踩，減緩了向前衝擊的力道。要不然，現在受傷的部位可能不是腳趾，而是她美美的容顏。想到這兒，還真讓她心有餘悸。

「打石膏！」醫生果斷的說：「妳至少得穿上一個月的石膏鞋。」醫生還特別建議舒渝要打樹脂石膏。因為她是名人，樹脂石膏比石膏粉石膏的重量輕一半，穿起來會比較舒服些，不過，價錢也貴一些，需要一部分自費負擔。

舒渝的個性一向直爽，想都沒想就說：「錢不是問題，就打樹脂石膏！」

「不過，不管打哪一種石膏，妳的腳都會發癢。」醫生特別提醒。不過醫生也說，打石膏的腳發癢是醫學上的必然，卻沒告訴她發癢之後該怎麼辦。因為，按照目前的醫療技術，除了讓它癢癢，還真不知道能怎麼辦。

二

打完石膏後，阿復哥送舒渝回家。兩個鐘頭後，石膏腳真的產生副作用，她的腳開始隱隱發癢。石膏腳的第二個副作用就是她必須請假在家。

就因為她必須待在家裡。要不然，益龍打電話的時候，她應該正在電視臺裡準備新聞播報，就沒有機會答應益龍見面的請求。

益龍是她電視臺裡的一位帥哥同事，一位優秀而且個性執著的攝影記者。一年前，他辭去電視臺的工作到大陸臺廠當臺幹。益龍在給她的電話裡說，他這次回臺灣，因為看到她受傷的事情上了新聞，心裡實在放心不下，所以特別打電話，而且……，而且想要過來看看她。

「嗯……嗯……」，舒渝在電話上的猶豫只維持兩秒鐘，然後就果決的說：「也好！你來吧。」

要不是因為她打了石膏，十天的病假無聊到爆，舒渝一定會想盡各種藉口不讓益龍過來。但是她又很矛盾，這無聊的病假簡直快把人逼瘋，所以她才會短暫的猶豫。舒渝自我安慰說，不就是見個面嗎，能幹什麼？而且讓他過來也好，因為要見客嘛，至少讓自己有理由挑件合適的衣服，站到鏡子前面畫畫眉毛、塗點唇膏，讓自己恢復成好看一點的樣子。

照鏡子的時候，她開始自言自語的嘀咕，「益龍來了，我們要做什麼？會不會很尷尬？」舒渝有點後悔讓益龍過來看她。

「算了……算了！」舒渝再次安慰自己，「就算什麼事情都沒發生，我也沒什麼損失。見客，就當是復健的一部分好了。」舒渝告訴自己，她需要的只是見見客人，找一點兒事情來做。

「而且不讓他來，他也會堅持要來。」舒渝反覆給自己解套的理由，她想說她對益龍也算是了解的，「他向來都是執著的。益龍想做的事情，他一定會做到。現在他想過來，就算我想擋他，也擋不住的……。」舒渝就這麼不斷的替益龍的到訪找尋合理的藉口。

這讓她想起一年前，當時的益龍還沒離開電視臺，還跟她在同一個單位。

三

有一天，舒渝的攝影搭檔阿復哥因為重感冒請病假，公司長官臨時派益龍和她一起到中部出差採訪。益龍平時的話不多，兩人也不算熟，但她早聽說益龍對攝影工作異常執著，挑剔的程度幾乎到了龜毛的地步。

兩人是到中部的一座山城拍攝專題，一天的採訪接近尾聲時，舒渝對益龍說：「我想要一個鏡頭，一個『教堂十字架在夜空中閃爍光芒』的鏡頭。這樣的畫面你能生給我嗎？」

益龍點點頭，帥氣的承諾：「No problem！一定生給妳。」

但為了舒渝指定的這個鏡頭，益龍硬是拖著舒渝跑遍附近幾個制高點勘察場景。接連換了幾處地點，益龍卻都不滿意。最後，在他堅持下，他選擇蹲在最高的一處山頂，在那裡等待月亮出現。

「有必要這麼麻煩嗎？我只要一、兩個鏡頭而已……」舒渝不懂益龍跑上跑下的在折騰什麼，有必要這麼堅持嗎？她抱怨卻又不失嬌嗔的說：「我投降，我投降，你隨便拍拍就好，拍完了，我們早點回去休息吧。」

益龍沒把舒渝的抱怨當回事，他一邊撐起腳架一邊說：「難得有機會跟舒渝姐出差，我一定要給妳最棒的畫面。」

益龍和舒渝同年，只不過，益龍比舒渝晚兩年進公司，現在居然叫她『姐』，這讓舒渝覺得怪怪的。但平常傻氣慣了的舒渝並不放在心上，因為，只要離開嘈雜的臺北，所有的糾葛煩惱好像就一掃而空。此刻在這空曠的山巔，等待月娘躍上山頭的時刻，微微的山風掠過她的長髮，這美好的氛圍只讓她覺得放鬆。

從傍晚就開始的等待，兩人從初時隨興的席地而坐，陣陣微涼的山風卻把兩人吹地愈靠愈近。等到月亮終於緩緩升上到十字架，益龍這才啟動攝影機，錄下十字架在夜空中的熠熠生輝，以及月光閃耀下的遍地銀輝。這感染力十足的畫面，讓久候多時的兩人興奮莫名。

接著，更莫名的慶功宴在山頭開演。心情放鬆的舒渝和益龍歡喜的一同啜飲啤酒、吃起堅果零食。兩人一邊領略微微山風的吹拂，一邊等待溫柔月亮緩緩的墜入山谷。

在山風和酒精的催化下，在這個陌生又極度寧靜的山巔上，年輕的兩人併肩躺下相互依偎，他們一同仰視銀河，以及偶爾劃過天際的流星。酒精釋放了彼此的戒心，兩人比平常更多了開放的想法和僥倖的心理，連喝啤酒的速度都比平常更顯豪氣甚至放肆無忌。

夜空醉人，美景、美女，帥哥更是醉人。益龍開始品嚐起舒渝唇上的朱丹，他愈吃愈饞、愈吃愈香，直到舒渝嘴上的口紅都被吃乾淨了，兩人的嘴還在相互糾纏。在酒香、髮香和唇香之間，兩人進一步陶醉在微醺的妙香裡，於是，青春的熱情便一路從山頂蔓延進到旅社的房間裡。

四

山城中陌生的環境，讓孤獨的兩人不自覺的追逐起自由。

益龍一邊貪嘴饞食舒渝的唇，一邊模糊模糊說：「舒渝姐，我喜歡妳……」

坐在梳妝鏡前塗唇著膏的舒渝還記得，益龍當時是曾經說過喜歡她的。但她也沒忘記益龍的坦白。益龍說他和公司外電組的編譯倩寧已經論及婚嫁。只不過，他說他們倆人最近經常吵架鬧彆扭。

在當時旅館的迷人氣氛底下，舒渝並不在意遠在臺北城裡還有另一個女人的存在。在山城這個與世隔絕的環境裡，讓舒渝有一種幻覺，要說是自欺欺人也可以，她幻想益龍說的都是別人家的事，全都與她無關。或者，那全是今夜以前的事，她只想把握當下。這一瞬間，只讓她感覺，今夜和益龍在一起之後，也許益龍的人生會有新的方向，新的方向裡，她有可能是益龍故事裡的女主角。

姑且不管舒渝是想多了還是誤會了，在酒精催動的微醺底下，兩人的原始欲望都在蠢動。益龍開始摸她的手、她的臉，順著頭髮往下摸，摸到她的衣服，他咬著她的耳垂珠說：「舒渝姐，求求妳，我求妳了……」然後兩人更激烈的相互撫摸。

很快的，山城小旅館裡，她們激烈的滾起床單。三十二歲的敗犬舒渝，她身上多了一種成熟與嫵媚，這讓益龍的肌肉很快地充血，快速地緊張起來，這也讓舒渝感覺舒服。

就在最最緊要的關頭時，他還是抽出來了。感覺上，她們還是保守住精神上的一絲絲純潔。最後，她是用雙手替他做了最後溫柔的結束。然後，他疲累地躺下呼呼大睡；她則是光著身子躲進被單裡穿回自己的內衣，再悄悄回到自己的房裡，靜靜地入睡。

第二天早上，兩人各自起床。

為了工作，他們一同回到教堂補拍白天的鏡頭。推門進教堂的剎那，迎面而來的是一大片落地窗，耀眼的晨光透過窗戶滿滿撒了進來，襯托出教堂正中央十字架的優美和寧靜。

舒渝雖然不是教徒，但這樣的宗教氛圍確實讓她感覺平靜。她靜靜地望著十字架上的基督，向祂禱告祈求平安，舒渝看起來真的很平靜；倒是益龍感覺有些異常，他拍攝的動作比平常稍嫌大了一些，一個不留神，攝影機的腳架重重撞上老教堂裡的椅子，發出了轟隆巨響。

「怎麼了？」陪同在側的教堂管理員關切的問：「你沒事吧？」

「沒事，沒事。」益龍摸了摸他的寶貝攝影機。管理員關心的則是教堂裡的椅子，還蹲下來查看古董級的椅腳是否有損壞。

每個人看重的事物本就不同，雖然沒一定的對錯，但反應就各不相同。

譬如昨夜在房間裡發生的事，兩個人在浪漫之後，舒渝今天的感覺還好很坦然，但是益龍的反應卻有些失常。這一切，舒渝看在眼裡，微笑卻掛在嘴邊。

那一夜之後，她們照常採訪。結束採訪之後，他們照樣回到公司。

那一夜之後，工作上，舒渝繼續跟老搭檔阿復哥跑黨政要聞。

那一夜之後，生活上，益龍繼續和女友倩寧按計畫籌辦婚事。

那一夜之後，舒渝和益龍兩個人有意無意的疏遠了，倆人像似兩忘於湮水江湖的淡然。即使偶爾在剪輯室的走道上遇到，也只像一般同事點頭微笑，而且還刻意笑的很應酬。

過沒多久，益龍結婚了。婚後，他和老婆倩寧一同離職。

但是，益龍結婚以及離職這兩件事，他沒跟舒渝說。離職後的益龍到大陸接手岳父的螺絲工廠，一轉眼，他成了小有身家的富二代。這些和益龍相關的事情，舒渝都是後來輾轉聽說。

那一夜山上的激情，對兩人來說，也許真的早已船過水無痕。

五

要不是這場該死的車禍意外，要不是因為骨折不能隨便走動，要不是這無聊到爆的病假。平常早已習慣讓播報和採訪工作填滿生活的舒渝，她壓根兒就不會再想起益龍這個人。

為了要見客，舒渝掙扎著起床。對著梳妝鏡抿了抿剛塗上唇膏的紅唇。

「舒渝姐，我喜歡妳！」益龍那一夜說過的話，此刻卻突然在她腦中乍響。舒渝淺淺的嘆口氣，心裡想：「喜歡我，又怎麼樣？他捨得拋下老婆、拋下大陸的工廠嗎？」

塗上口紅的舒渝，蒼白的臉上終於有了彩虹。整個人瞬間煥發起來，難怪人家會說，口紅是女人的心理春藥。

舒渝對著鏡子裡的美麗容顏自哀自憐，「就算我是一顆春藥，那又怎樣？」她對著鏡子傻傻搖頭，然後自問：「難道他會為了我，回臺灣繼續當攝影記者嗎？……別傻了！」

想到這裡，舒渝自己都覺得可笑，她想：「就那一夜，真的不算什麼。其實他大可不必說喜歡我的，兩個微醺的青年，在離家那麼遙遠的地方，在那麼高的山上，月色又那麼美。他根本不必說喜歡我，我們一樣可以一起滾床單。」

只是過去的一年，他突然離開而且是不告而別。這讓受傷的舒渝此刻回想起來，竟然撩起了一絲絲的失落，心裡頓時有一點點受傷的落寞。

「啾啾啾啾……」門鈴聲響起，益龍真的來按門鈴了。舒渝中斷了傻想，趕忙拄著拐杖艱難的走去開門。

「噹噹噹噹……」益龍一出現，嘴裡就哼響貝多芬的交響樂名曲，兩隻手各拎著一大盒白巧克力以及兩瓶氣泡香檳酒。他以頑童的姿態誇張現身，還撒嬌親切的喊：「舒渝姐，好久不見！」

「還姐咧，我們是同年耶。」舒渝佯裝生氣：「人都讓你給叫老了。」

「叫妳姐，是尊稱嘛！誰叫妳那麼優秀。」

「優秀……」舒渝把優秀兩個字拉得好長，她拄著拐杖站在門邊，說：「優秀，那就叫我前輩！」

「是是是，前輩。我扶您老人家慢慢走。」益龍真的像攙扶祖母一般，扶住受傷的舒渝輕輕坐下。

但是才落座，益龍就感覺房裡有一股寒意。他說：「前輩家裡怎麼這麼冷哪，妳又不是嫦娥，一個人住，也不必搞得像廣寒宮一樣嘛。現在是夏天耶，還穿外套，妳太不環保節能了吧。」

「你一進門就嗒嗒呼呼什麼呀。」舒渝坐在沙發上，勉強舉起打上石膏的腳說：「我這裡打石膏，腳裡面的皮膚會流汗，醫生又規定不准洗。但不洗就會癢、會臭，我只能把冷氣開強一點，減少出汗。」舒渝拋了一件早準備好的薄外套給益龍，用調皮的口吻說：「男人在大陸待久了身體就變虛囉，你要是怕冷就穿上吧。」

益龍穿上外套，接著就問：「怎麼樣？」，看見她膝蓋以下的腳全包了起來，不免擔心地說：「妳……還好吧？」

舒渝抬抬腿輕描淡寫的說：「還好啦，左腳小指的骨頭裂開而已。」

「那大夫未免也太小題大作了！」益龍現在長居大陸，說話不自覺的有股大陸腔調，他把醫生講成了大夫。他盯著舒渝直看，然後說：「也是嘛，看妳還好好的嘛，還能塗口紅，臉上挺有光彩的，不像車禍休養的病人。」

「那要怎樣，要我躺在床上裝林黛玉嗎？」舒渝開玩笑的說：「噓，病西施，姐我是裝不來的。」

「姐，是妳自己叫的啊！」兩人一見面就故意以無所謂的方式相互糗笑，但其實都是為了打斷久未相見的尷尬。

「既然姐的氣色那麼好，那……這個……」益龍秀出一只精緻小禮盒在舒渝眼前晃呀晃的，他說：「這支紅遍大江南北的口紅，看來，姐是用不到了。」

舒渝快手搶過益龍的禮盒，邊拆包裝邊說：「別的可以不要，口紅永遠不嫌多。」拆開了包裝，圖窮匕現的是一支豆沙色的唇膏。舒渝欣喜的喊出：「這是韓星宋慧喬用的嘛，謝謝你喲，歐爸。」

「啊，果真是前輩，妳連這個也知道。」益龍的稱讚發自真心，他說：「這款口紅在中國大陸是搶手貨，韓劇《太陽的後裔》裡，宋慧喬就是擦這款豆沙色口紅誘惑了小鮮肉宋仲基。」

「我知道……」舒渝拿起面紙擦掉嘴上的唇膏，「這則影劇娛樂新聞，車禍之前，姐曾經播報過。」然後就撐起拐杖，掙扎著要起身。

「妳幹嘛？」益龍試圖按下舒渝。

「扶我起來！」舒渝拿著口紅試著站起身，「我想試擦看看。」

「再急，也沒那麼趕吧。」益龍想掩飾久未相見的心虛，繼續炒作歡樂的氣氛，他說：「妳想靠『宋慧喬』來誘惑我呀，不急在一時，不必這麼趕啦。」

這無心的玩笑話一出口，不巧，卻正中彼此的心病。

兩人本想用一些抓狎對話沖淡彼此的不自在，沒想到玩笑開過頭，卻誤擊情感的禁區要害。

舒渝放棄站起來的掙扎，坐在椅子上傻笑；益龍也只好尷尬的坐下。

「還帶了什麼好東西要給我呀？」新聞採訪上見過大風大浪的舒渝，很快的得體應對，端出主人的禮貌，打破短暫的沉默。

「有水果風味的白巧克力，還有甜香型的香檳。」益龍重新打起精神，拿出伴手禮來獻寶。其實他也是為了破解尷尬，繼續誇張的說：「這兩種口味搭在一起不苦不澀，至於味道嘛，那叫妙不可言，吃過的女人都說讚，連我老婆都說好吃。妳要不要嘗嘗看？」

舒渝點點頭，益龍便忙著拆包裝，然後進廚房找酒杯，拿冰塊。

「妳老婆還沒換吧！」舒渝一邊蹺腳等吃喝，一邊故意作弄他。

「沒換，沒換，不敢換。」益龍嘻嘻哈哈的說：「妳知道的，還是倩寧。」

「你當然不敢換。」舒渝和他碰杯啜了一口酒，「你現在是臺廠的CEO，那是倩寧幫你飛黃騰達的，你可得好好待人家。」

「一定，一定，那是一定的。」益龍喝掉半杯酒：「CEO是叫好聽的，距離飛黃騰達更遠得很咧。我只是個打工仔，幫岳父打工的打工仔。來，姐，我敬妳！」益龍不敢正眼看舒渝，自己一仰頭乾掉剩下的半杯酒。這種豪情與放肆的快意跟那一夜在山上很像，這讓舒渝有種似曾相識的錯覺。

益龍很快的又乾完第二杯酒。這時候，他突然低下頭來，然後語帶懺悔的說：「嗯，那一夜的事情……，真是對不起。」

「什麼？」，舒渝被眼前男人的聲音嚇楞了。

「其實，我今天是來道歉的。」益龍仰頭又自乾了一杯，然後自顧自的喃喃自語：「其實我一直很難過，一直想回頭找妳。那一夜，真不該發生那樣的事，我不該讓它發生的。對不起……」

舒渝感覺有點突兀，但她沒事。她只是親切的拍拍益龍的肩膀，沒有帶任何誘惑的意思。她反而像個大姐姐安慰考試作弊卻被抓到的小弟弟一樣，她反覆念著說：「還好，還好，還好啦。」

六

舒渝自己也不知道自己在好些什麼，就是覺得真的還好啦。

那一夜之後，她確實也曾想過益龍。但像她這樣小有名氣的新聞主播，接觸的人面廣，經濟又獨立，像益龍這樣的基層攝影記者若擺在平常，根本不可能是她的菜。

只是，只是她不明白，為什麼那一夜之後益龍會急著結婚？急著離職？而且所有關於他的事情都得靠聽說，為什麼益龍不肯親口對她說？

「那一夜之後……，我本來想跟倩寧講的……。」益龍繼續低聲懺悔。

舒渝則豎起了耳朵想聽個究竟。

益龍又替自己斟一杯酒，「妳知道的，那一夜之前，我和她本來在鬧彆扭。」益龍喝了大口酒給自己壯膽，然後連珠炮的說：「那天……那一夜之後，其實我是一覺到天亮，我根本沒有洗澡。隔天拍完教堂，我們回公司，我一直感覺到混身上下都是妳的味道。但是，到公司以後，倩寧先過來找我，她說她有了。我們必須趕快做決定，究竟是停止吵架趕快結婚，還是冷靜下來去醫院墮胎？本來，本來我們就有談到過結婚。可是，可是因為山上的那一夜，我一度想跟她說：『我們先冷靜冷靜。』但是我又不想倩寧去墮胎，所以只好快快結婚。至於後面我去大陸的事妳大概也都聽說了。」益龍告解似的自說自話，然後又抿了一口酒潤潤唇，繼續吐露他埋在心底的話。

「我說過，我喜歡妳，那是真的。除了倩寧，妳是我生命裡第二個女人。可是我現在當爸爸了，這也是真的。我女兒下個禮拜就滿四個月大，這是她出生以後我第一次出遠門。我本來不敢過來找妳的，但是阿復哥又傳『微信』又是『LINE』的告訴我，說他出車禍受傷混身瘀青，他更傳來妳受傷見報的消息。我猶豫了很久，最後還是選擇搭上飛機，飛回來看妳。」益龍低頭再說了一次：「對不起，那一夜的事情，真的很對不起。」

聽完益龍的表白，舒渝很想跟他說，你太大驚小怪了吧，那一夜的事情根本不值得你這麼小題大作。但是話到嘴邊，久經歷練的她，為了配合當下的氣氛，她說出口的卻是：「還好啦，後來我也還好啦。」

她像個大姐姐又拍拍益龍的肩膀，故作憐憫的說：「既然你要道歉，那我就成全你。」然後舒渝雙手抱胸，很大氣的說：「那麼，我就原諒你好了！」

「謝謝妳，謝謝妳。」益龍突然變得激動，壓抑在心頭的千斤重擔好像瞬間卸了下來，他握住舒渝的手說：「我一直自責內疚，我不是有意甩開妳的，我不是故意傷妳心的，我不是故意的，我真的不是故意的。如果要怪，那就怪那晚是我太執著要拍山頂的月亮，都是我的錯。噢，不，都是那晚月亮的錯，那一夜照得妳太美也太溫柔，害得我情不自禁。」

他話說地激動，竟然輕輕咳嗽起來。舒渝這才發現，原來他是在啜泣。

面對眼前這個沒見過世面的癡情男子，經驗老道的舒渝一下子卻沒輒。她輕輕拍打益龍的大手掌安慰他，說：「沒事，沒事，我很好，我很好呀。」

但經過益龍這麼一折騰，情況似乎變得有點複雜。眼前的男人哭的傷心，倒像是舒渝奪走這個淚男兒的初夜。她有點不自在，因為經過益龍這麼一哭，那一夜的事情好像變成是她的錯了。

不過，舒渝的嘴上還是很世故，「還好啦，沒事啦，我早就原諒你了，真的。」舒渝話說的懇切，只差沒陪著益龍一起掉眼淚。益龍這才用面紙擦擦臉，擤掉鼻水，像個認完錯的男孩重新端坐在舒渝面前。

七

舒渝嘴上說沒事，但心底卻對益龍剛才沒講完的故事很好奇。她用略帶傻氣的問法說：「你剛才說，山上那一夜之後，你本來要跟倩寧講的，你本來要跟她講什麼呀？」

舒渝心想，反正沒事了。她反而是用一種自我調侃的態度，用調皮的心情等待答案。

「我本來想跟倩寧說：我們的婚事暫緩吧！」益龍突然中邪般的抬起頭來凝望舒渝，他說：「當時我真的很想跟倩寧分手。而，而這一切的改變，都是因為那一夜和妳在一起……。」

老練的舒渝知道，接下來的劇情將由她完全主導。她可以有兩個選擇：

選項一、如果她對著益龍深情微笑，那麼眼前的男人就會陷入更深的懷舊情緒，那一夜的山上氛圍可能就會重現，他們會繼續乾杯喝光香檳。接下來，益龍可能會控制不住，昔日的情感會迸發，眼前的這個男人會帶著微醺的酒意吃掉她嘴角的口紅，兩人會相互擁抱，他會抱她進房間裡滾床單。噢，不，乾柴烈火的兩人，很可能在客廳裡直接就打地鋪。

選項二、如果她立刻停止啜飲香檳，並且說：「我原諒你了，但現在我累了，謝謝你來看我。」那麼，益龍就必須識趣的夾起尾巴乖乖走人。也許，也許獨自回他下榻的飯店裡看A片度過一夜。

「究竟該怎樣呢？」舒渝一時也下不了決定。

「妳要我走嗎？」益龍深情的盯著她。

舒渝搖搖頭。

益龍像是受到鼓舞一般，他身體前傾向舒渝靠近。

但舒渝卻突然伸長了受傷的左腳，直喊：「好癢，好癢……」。

益龍抬頭凝望著她。他不了解她此刻喊「好癢」指的是哪裡？是不是一種性暗示？短暫的沈默中，他在等待舒渝的下一道指令。

舒渝指著打上石膏的腳說：「裡面出汗了啦，汗水接觸到新陳代謝的皮膚角質層，好癢好癢！」，她癢的呲牙咧嘴簡直像遭酷刑。她叫著說：「真的好癢好癢，過兩天，那個白目醫生說，還要再過兩天才可以換石膏，到時候才能清洗一下。」

益龍見不得舒渝受苦，他溫柔的托起她的左腳慢慢高舉，然後湊近自己的臉龐說：「聽人家說呀，骨折的腳要抬高，不管妳是坐著還是躺著，都要儘量抬……抬……抬……。」

「哇！」的一聲，益龍突然一陣嘔吐，他本想把「抬高」兩個字給講完。但『高』字掙扎了半天沒說出口，他實在憋不住氣，狂烈的嘔吐把剛才猛吞的香檳酒吐了一地。

益龍滿臉青筋暴露，喊著：「怎，怎麼……，妳的腳怎麼那麼臭啊？」

舒渝哈哈大笑，自我解嘲，「要摸姐姐的纖纖玉腿，是要付出代價的。」舒渝笑說：「忘了跟你說，皮膚角質層遇到汗水是會腐爛的。這臭味，是舊皮屑浸泡了汗水，爛在裡面十天發酵的成果。」

「哇，臭，臭，臭，真是臭！」益龍誇張的一直作嘔：「簡直比我當化學兵時候的生化武器還要臭。」一時間，他感覺整間屋子都臭氣薰天。觸電般快速放下舒渝的腳，立刻站了起來。

「你不再多坐會兒嗎？」舒渝笑地前仰後倒猛虧他。

「改天，改天再來吧。」益龍誇張的掩著鼻子。

益龍著急著離開。最後居然還撒了個謊，撒了一個同事間最高等級的善意謊言，他說：「等妳好了，改天……，改天再請妳吃飯。」

益龍連話都沒講完，夾著尾巴就落荒而逃。

八

房間裡，又剩下舒渝一個人。

她把空調又調降了一度，希望汗水能夠再少流一些，以減緩石膏腳裡發癢的頻率。同時，也為她保持冷靜的情緒，她要為山上的那一夜，以及今日與益龍荒謬的相遇整理出頭緒。

冷冷的空氣裡，她得到的冷冷結論是：山上的那一夜就像日前她出的車禍。本以為坐在前座的阿復哥會受傷慘重，沒想到，卻是後座的自己左腳骨折；至於山上那夜的一晌貪歡，本以為是自己放不下。沒想到，心靈創傷嚴重骨折的竟然會是益龍。

世事如棋，乾坤莫測呀。

她還是會想益龍，倒不是愛他。而是這世上浮誇的男人太多，尤其是一夜情之後，還能這麼認真，認真到心臟骨折的男人絕對算地上是稀有動物，值得保護。

但益龍不是她的菜，他只是山上的流星，偶然劃過她生命的一顆流星。

至於她真正的大菜在哪裡？她也不知道。

也許，她的大菜還在播報臺上的菜單Rundown裡。

山坡上的故事

幸福的道路九彎十八拐
山坡上的小路誰走對誰走錯，很難說
總之，一筆感情爛帳各有各的算法
山坡上的故事，不只是感情的糾葛，
更是真金白銀的算計。
山坡上的故事，
感情中的男女可得看仔細。

一

志偉是我公司裡的同事，二十年前我們一起考進電視臺。他是攝影，我是文字，我們一起被長官釘，一起被長官罵，一起看著彼此成長。我更是一路看著話不多的他，和業務部極愛講話的曼蒂從戀愛到結婚。

曼蒂愛講話，志偉更愛送她電話。很懂3C產品的志偉三不五時就會送給曼蒂最新款的手機，還會貼心的幫電腦白痴的曼蒂安裝上各種食衣住行……等等熱門的ＡＰＰ應用程式。

不過，曼蒂雖然愛講話，但不代表她真的會說話。

會說話的人分成兩種。第一種人是話很多，說個不停，但沒有重點，像霰彈槍打鳥。就比如曼蒂，她跑業務，同樣的話會講十遍，狂轟濫炸，讓人聽了耳朵裡長繭，只為了生意能成交；第二種人說話很慢，話也不多，但能判斷局勢，抓住重點，比如我的死黨志偉。

以前和志偉搭檔跑新聞，人家長度一分鐘的新聞至少會拍六分鐘畫面，方便回公司剪輯。但是他老兄老愛耍酷，一分鐘新聞堅持只拍三分鐘畫面，他總是很有自信的說：「我只拍key frames。我只拍關鍵畫面，方便剪輯。」

的確，過去我和他搭檔跑新聞，新聞畫面精簡不必挑。事實是，畫面太短了也沒得挑。所以，我們搭檔配音、剪輯的速度全公司第一快。

我倆是無話不說的好兄弟。但不幸的是，志偉兩年前出了車禍，左腳走路不方便，只好轉任內勤當剪輯師。他繼續幫我盯著新聞畫面做剪輯，我卻只能看著他和曼蒂吵架鬧離婚。

談離婚就是沒感情，志偉和曼蒂在一起早就沒感覺了。兩人的獨子又到美國留學，他和曼蒂沒有孩子的牽掛，離婚卻一直沒談成。財產怎麼分配？是唯一擺不平的關卡。

臺北市的房子一大間兩小間，存款五百萬，還有一輛車，這就是他們全部的財產。曼蒂很早就開出離婚條件：「公寓、車子和一間小套房歸我，存款我要拿四百萬，剩下的歸你。」這樣的離婚條件實在太欺侮人，但曼蒂卻理直氣壯：「這些財產多半是我辛苦跑業務賺來的。你當個攝影記者和剪輯師，領的都是固定薪水，能賺幾個錢你心裡有數？能分給你一間小套房和一百萬現金，對你已經是仁至義盡。」

這就是曼蒂的說話方式，講得恩斷義絕，就像強勢的霰彈槍打得志偉血肉模糊。不過曼蒂沒搞清楚，離婚談判的最高指導原則是：「最終是要贏得對方的錢，至於有沒有損傷對方的面子根本不重要。更不能只贏了面子卻輸了裡子。」

曼蒂發射的離婚霰彈槍，雖然打疼了志偉的面子，卻沒能真正打殘他的心坎，這反而更堅定了志偉分手的決心。只不過，志偉沒有明說，因為他比曼蒂更清楚，離婚談判，在法律上，夫妻的剩餘財產是要平分的，絕對不是誰賺的多誰就一定可以拿的多。曼蒂開出這種施捨的、侮辱的離婚條件，聰明的志偉當然不會點頭。所以，兩人就繼續這樣消耗著，曼蒂偶爾像隻獅子嘶吼猖狂，志偉則專注當隻獵豹耐心等待、一直等待……。

二

等到一個仲夏夜裡，我們幾個同梯考進電視臺的老友又約在海產店裡喝酒打屁。已經戒菸多年的志偉卻在這個晚上抽起菸來，我們都好奇志偉為什麼要破戒？

「冷！氣！壞！了！」志偉一字一字的講，說出他晚上沒睡好的疲憊。

同梯的老劉則說：「冷氣壞了，你老婆就受得了熱喲？」

「她睡另一間！」志偉說。

「你不會去跟老婆睡喲？」老劉說的理所當然，他不明白志偉正在鬧離婚。只有我知道他和曼蒂早就分房睡了。更精確的講法是，志偉去住小套房，大房子是老婆在住。不過，這年頭，四、五十歲的夫妻分房睡、分開睡，好像已經很普通。

老劉喝了口悶酒，說：「這跟我們家『老板娘』一樣。晚上我去找她睡，她不給我睡，居然叫我自己到外面去『找』。氣死我了，我想離婚，可是人老了，孩子都二十多歲了，我離不了。」

老劉講出大夥兒的心聲，大家各自咕嚕乾掉自己的酒杯。不過，老劉的講講只是發發牢騷，但我知道，志偉卻是認真的。我也知道他正在談的離婚條件很窩囊，但幾天前我遇到一件跟志偉很相關的事，它一直擱在心裡很糾結。今晚藉著酒意，我決定跟自個哥兒們講講這個發生在我家附近山坡小路上的故事，希望對老友志偉有點兒幫助。

三

那一晚，晚飯後，寶貝兒子照例陪我繞著住家附近的大圓弧型山坡健走。志偉知道我住山邊，也知道我經常把繞山路健走當作是健身。而故事，就發生在健走的圓弧型山坡道上。

我和兒子從山腰的住宅向上走，走向山坡頂上的小豪宅區。

當老爸的我開始想抱孫了，一路上我開導宅男兒子，說：「你現在當完兵開始上班了，應該放大膽子交個女朋友。首先，要從外型開始改造，先從外觀上吸引女生的注意……。」

我話還沒說完，無巧不巧的，山坡道上迎面走來一名酷酷的型男，他穿著淺藍色襯衫，袖口整齊有致的往上捋到手肘，搭配質感的黑色皮帶與流行的雙肩背包，這樣的打扮跟我交代兒子改變的造型一模一樣。

我驚喜這樣的巧合，型男牽手的女伴卻帶給我驚嚇。一名風姿綽約的熟女挽著型男的手，狀似親密的從山頂的小豪宅區往下走，而我和兒子則是沿著山坡向上。我才跟熟女一照面，眼神接觸的剎那卻像是觸電，我們立刻產生各自的反射動作，我先歪頭再側身，然後神經兮兮的繼續和兒子瞎扯淡；熟女一看到我，馬上甩開型男的手，低著頭逃難似的小跑步下山。

在我倆錯身的當下，我看清楚了是她，心底驚訝驚呼：「怎麼會是她？」我只覺得不道德，我不相信自己的眼睛，不相信的自問：「真會是她嗎？」受驚嚇的我一路嘀咕：「好巧！好巧！怎麼可能這麼巧？」

兒子回頭看了看跑步下山的熟女卻猜疑的問我，「爸，你怎麼了？她，她又是誰？」

我跟兒子解釋，剛剛錯身而過的美魔女是我公司的同事。但我腦袋搔了半天，因為緊張卻一時想不起她的名字。

兒子看我激動的樣子，很慎重的問我：「爸，她很重要嗎？」

我說：「很重要。」

兒子問：「那……，要不要我跟老媽說？」

「臭小子！」我說：「兒子，你想的太多。」

我跟兒子說，就在剛才，我目睹的應該是同事的一樁婚外情。我不希望兒子去跟老婆多嘴，我怕引起老婆不必要的誤解。

兒子顯然也不想八卦大人之間的鳥事，我們就當什麼都沒發生，繼續走到山坡上的頂點。然後，我們又按照慣例採逆時針方向，沿著圓弧形的坡道快步下山。我們必須走得很快，以便達到健走產生的有氧運動標準，所以我會不時盯著手機上的ＡＰＰ，儘量讓心跳達到一三〇，而且還要持續三〇分鐘。我很早就跟兒子說，我不要像你爺爺一樣，年紀大了衰老後還躺在病床上掙扎，我老也要老的健康，以縮短衰老到死亡的時間。孝順的兒子也認同，為了減少他未來照顧我病痛的時間，所以他現在寧願經常陪我健走。

就在我們快要走到弧型圓坡的谷底時，遠遠的，我又看見她了。她還在跟剛才那個型男手牽手，與我們反方向正從谷底慢慢往上走。

「天哪，怎麼這麼巧！居然碰到第二次……」我已經驚嚇出一身熱汗。只此一條山路又是單行道，我們下，她們上，誰想避誰，誰都避不掉誰。我立刻低頭滑手機，假裝在抓「寶可夢」；迎面走來的她更誇張，不但再次甩開型男的手，整個人還貼在濃密的路樹樹幹上，躲進椰林大道的陰影裡。

這可笑的兩次遭遇，是我和她當晚的第二次視而不見。

故事雖然可笑，但是，我們當晚的奇遇故事還沒結束。

就在我和兒子走到坡道底下的折返點時，我正猶豫要不要按往例再回頭往上走？因為，我考慮到我們的腳程快，很可能會追上她……。但腳程比我更快的兒子已經大跨步走在我前頭，奮力朝山坡上快走。我雖然揪著一顆心，卻只能小跑步跟上兒子的腳步。

上坡的路上，我很快意識到，只要再轉一個彎，我們就會超越走在前頭的她們。果不其然，不出兩分鐘，只過了一個彎道，大老遠我已經看到那對男女的背影。

「慢一點！」我小小聲叫兒子放慢腳步，我不想再有第三次奇遇的尷尬。

當我們放慢步伐跟在後頭，遠遠卻看見型男的右手先輕輕搭上熟女的肩頭，再滑過她的背部，然後順勢就要摟住她的腰……。不過，可能有了前兩次與我尷尬偶遇的教訓，我猜她也有了高度的警覺，就在她將被型男摟住纖腰之際，她居然防禦性的回頭，她在向後看……。

我卻像一個心虛的偷窺狂，立刻拖住兒子前進的步伐，一個箭步，竄進路邊七里香的矮樹叢裡躲藏。

樹叢裡的兒子忍不住嘀咕：「你很奇怪耶，那阿姨又不是你的小三，你幹嘛這麼窮緊張？」

是呀，她只是我偶然在山坡上撞見的女同事，一個已婚的女同事牽著小鮮肉散步、搞搞婚外情，干我什麼事，我幹嘛緊張？

四

山坡上的故事不干我的事，對老友志偉卻很有事。

耐著性子聽完山坡上的故事後，憋了一肚子啤酒的老劉衝去廁所解放。餐桌上，只剩下志偉漫不經心的對我說：「你兒子真孝順，還會陪你散步。」

「你知道的，這不是我這個故事的重點？」我盯著志偉，說的很慎重。

「Peter，彼德你認識嗎？」志偉狠狠的擰熄菸頭，像似要掐死那根菸頭。

志偉又點起一支菸叼在嘴上。我這才發現，在我說山坡上故事的時候，他香菸抽得極快，甚至比戒菸前抽的還要快，煙灰缸裡已經多躺下好幾根根本沒吸完的長長的菸頭。

「這個故事，知道我在說誰嗎？」我忍不住想揭開謎底，自己卻急出一頭大汗，我急切的說：

「要冷靜，你先冷靜……，我們早就講好的，我們是無話不說的兄弟。雖然這已經是好幾天以前的事，但我忍耐不住了，今晚才決定告訴你。」

「是曼蒂吧！你故事裡的女主角不就是曼蒂嗎？」志偉吐了個大大的煙圈，「讓我再告訴你吧，曼蒂牽手的那個男人叫作彼德，我以為你認識Peter咧。」志偉的淡定反而讓我擔心。

沒錯，曼蒂就是志偉的老婆。曼蒂的嬌美，是那種即使青春已經不再，卻依然在保存期限不必退貨的那種成熟美。當年她和志偉交往的時候，她的確是一朵盛開的蓓蕾，連我們這群同梯仔都忍不住要對她流口水。只不過，她被志偉酷酷的模樣吸引，誰都沒料到，一個大學剛畢業的小美女業務員會嫁給一個老愛耍酷的攝影師。

「老實話，一開始，我還以為那個男人是你！」志偉又擰熄了一支菸。

「什麼？」我瞪大眼睛：「你在胡說什麼？」

「別緊張，我當然知道不是你。」志偉指著手機上的追蹤地圖，「她現在就在這兒。」

我揉揉眼睛細看了地圖ＡＰＰ，卻大吃一驚：「這，這不是我家那裡嗎？」

「是呀，就是你家上面的那片小豪宅區。」志偉買手機送給曼蒂時，早就把有追蹤定位功能的ＡＰＰ安裝進去了。他知道我們家住在小豪宅區的底下，所以一開始追蹤老婆行蹤的時候，還以為……，天哪，還以為曼蒂是跟我在一起。

「我知道，你沒這個膽。」志偉知道我是出了名的「妻管嚴」，不但不敢偷吃窩邊草，更不可能傻到把草帶回窩邊吃。打從曼蒂有離婚的念頭開始，志偉就開始追蹤她的行蹤，並且為離婚做好準備。

這時候，手機地圖突然斷訊了。志偉拿起手機調整了半天，卻再也追蹤不到曼蒂的行蹤。

「她發現了，她終於發現了。」志偉拿著手機苦笑。

「噹！」的一聲，很快的，志偉的手機裡傳來一則訊息。

志偉看完之後給我看，上面寫著：「夠了，夠了，離了吧！」，發信人是曼蒂。

我看看志偉，即使藉著酒意壯膽，我還是鄭重的跟他說：「對不起……」

志偉滿飲一杯酒，接著大手一揮，「兄弟，我跟你說，如果我們再年輕個二十歲，她若跟我說『我們不適合，我不喜歡你』，那我會很痛苦。但現在我們都幾歲了，我們都是歐吉桑了，頭髮都白了，那女人因為劈腿被抓包，然後跟我說，『夠了，我們離了吧！』天哪，我都幾歲人了，還需要為這種事情痛苦嗎？這個劈腿的女人不愛我……，老天爺呀，這才是給我最大的解脫！」

我沒聽過一向省話的志偉能一口氣講這麼多話。接著，他舉起酒杯向我道謝，他笑得有點詭異，他說：「山坡上的事……，她知道被你抓包了。現在，反而是我，我想離就可以離，連贍養費都不必付。」

他一字一字說的堅決果斷，就像狙擊槍的子彈一顆顆命中靶心。看得出來他是在暗爽，我想，我在山坡上遇見的故事，幫老兄弟解脫了心結。

五

幾個禮拜後，我懷著忐忑的心情陪著志偉到戶政事務所。之所以忐忑，因為這是我第一次當離婚的見證人。

再次見到曼蒂，她像只洩了氣的皮球。在型男彼德的攙扶下走進戶政事務所，兩人都一副備受打擊的冏樣。反觀志偉咧，他卻是滿面春風，離婚對他來說，彷彿不只是解脫更像是一場大豐收。

「你夠狠的！」曼蒂咬牙切齒的說：「賣房子的錢，你究竟弄到那裡去了？」志偉完全不回答她的問題，只一句：「簽字吧！」

曼蒂簽完了字，卻再也不肯說話。

輪到我簽字的時候，我仔細看一遍離婚協議書的內容，大概是：大房子依舊歸女方，兩間套房的其中一間還是給了志偉。但五百萬的存款要平分，志偉得到比曼蒂先前開出的條件更多出了兩百萬。更重要的是，他們本來應該還有一間套房的，這間套房卻從離婚協議書裡憑空消失。

「還有一間小套房哪裡去了？」我心裡有疑惑，但沒人需要回答我。

等到雙方都換好了新的身份證，志偉看著空白的配偶欄，他仰望天空深深喘了一口大氣，說：「所有的等待，都是值得的！」

原來，當曼蒂先前要跟他離婚的時候，志偉既沒有哭天搶地也沒有失志頹廢。他很清楚，夫妻若沒了感情，財產處理才是唯一需要掛心的事。他花了至少一年的時間佈局，當他從手機的追蹤APP上發現了曼蒂外遇，更重要的是，當他聽完我講述山坡上的故事之後，志偉就不動聲色的悄悄賣掉一間出租套房。同時，還把賣房子的錢偷偷洗到國外去。

曼蒂想要追查賣房子的金錢流向，她想打官司，卻遭志偉酸言奚落：「一個被證實劈腿的女人，一個帶著『小王』在山坡上散步還被老同事發現的女人，妳還好意思跟我打官司？就算到了法官面前，妳好意思再跟我要東要西？」

就這樣，曼蒂摸摸鼻子自認倒楣，原本要打的的爭產官司沒打了。

最後分手的時候，曼蒂先是狠狠白了我一眼，但她什麼也沒說。不過，她的鼻子裡卻噴出濁氣，狠狠的跟志偉說：「你……，哼，咱們永遠不見！」

沒錯，我沒聽錯，曼蒂跟志偉說的不是珍重再見，而是永遠不見。

志偉則斜眼看她和Peter，歪著嘴一副不甘不願的笑說：「那麼，祝妳們幸福！」

是呀，幸福的路真是九彎十八拐。

志偉兜了一大圈多得到一大筆賣房子的錢；曼蒂則是找到自己生命的第二春。走一趟愛情的山坡彎路後，誰對？誰錯？誰又辜負了誰？這筆濫帳的算法各有各的角度，很難算出誰才是真正的贏家。

不過，志偉的表現倒真像中了樂透彩券。他拍拍我的肩膀說：「兄弟，真要謝謝你！謝謝你跟我說了『山坡上的故事』。」

平靜的絕望

一對老夫妻生活的平淡無波，
兩個人幾乎窒息在平淡的生活裡。

一通電話讓平靜的生活激起漣漪，
一個人的消失，
卻激活另一個人的生活。
平靜的絕望被什麼給戳破？

「辛亥、Xin-Hai Station、辛亥、辛亥，右側開門。」臺北捷運到站時的廣播語音提示，一口氣要念四次。捷運局就怕旅客聽不懂或者聽不見，每一站都要花七到十秒鐘，依序以國、英、閩、客四種語言播放一遍，像驅逐下班的工蟻一般，驅趕旅客快點下車。

老李不著急，他不著急下車更不著急回家，從辛亥站下車後他只會慢慢的走。他不像其它下班後趕著回家抱老婆、抱小孩的乘客，他一點兒都不著急。因為，時間對老李這個結婚超過二十八年，兩個孩子又在外地讀書、工作的歐吉桑來說，早就不具意義。就算他早一分鐘回到空巢的家，等在家裡的，也只剩下早已經沒有激情的老婆。老李的生活單調，生命中沒有任何驚喜可言。

待退心態的他，結束一整天機械式的工作，就算晚一分鐘回到蟻巢般的家，對老李也沒有多大差別。任何的著急都沒有意義，他早就習慣不快不慢的步伐，像機械運轉一樣的精準。從捷運站走到家裡是五五〇公尺，平均他只需要花七分鐘，也就是最晚八點二十七分他就能夠到家。

一

平常到家的時候，客廳裡永遠會亮著大燈。老李的老婆自己會先吃飯，吃完晚飯後，她習慣在客廳裡練習寫書法。等到老李回來，老婆會把簡單的剩飯剩菜拿去微波，等老李放下公事包、換上居家服，加熱後的飯菜就會準時上桌。

「先吃蔬菜！」老李的老婆下達指令般的口令，然後又循循善誘似的哄小孩，「今天的蒜炒地瓜菜很好吃，新鮮又便宜，可以幫你控制血糖。」老婆就像個營養師似的緊盯老李的用餐順序。

這也難怪，由於老李兩年前確診罹患第二型糖尿病，糖化血色素一度飆高到驚人的一〇•六。

醫生嚴重警告老李，並且要求老婆一定要幫忙他控制血糖，否則後果會不堪設想。於是，老婆貫徹執行醫生的囑咐，除了盯緊老李天天吃藥，進餐的順序也要嚴格控制，必須先吃青菜，再吃肉類與蛋白質，最後才能吃澱粉。否則，一旦血糖過高失控，各種併發症都會陸續出現，甚至包括陽痿。

但是對老李來說，陽痿不陽痿其實早已不是問題。因為，他和老婆的感情，已經從年輕時一夜能做愛三次的戀人激情，高度昇華為家人般的親情。現在，他和老婆只剩貌合神離的疏遠，三個月的做愛次數還不到一次。

「再來吃魚，今天的乾煎馬頭魚不錯吃。」老婆把老李當作老小孩一樣照顧，晚餐的進餐程序都是同一個模式：吃完一碗青菜，才准吃魚或白肉，最後就著湯汁再吃下少少的五穀米飯。說實話，魚，一直是老李最愛的食物，從魚頭、魚尾、魚骨頭甚至魚刺，一條魚身上所有能入口的老李都愛吃。年輕時，老婆還取笑老李最好養，笑說：「你的生肖應該屬『貓』吧？兩條魚就能打發你一餐。」

直到現在，魚，還是最能滿足老李味蕾的食物。只是按照老婆規定的進餐順序，魚，它被排在第二順位，必須先吃完青菜才可以吃魚。每餐按部就班的吞嚥模式，比他白天的工作內容更機械化，經常讓他食不知味。

平凡的晚餐過後，老婆照例進廚房涮洗鍋碗瓢盆，老李則待在客廳裡邊看電視邊吃水果。飯後水果也永遠是低糖種類：芭樂、蘋果、聖女番茄或木瓜。

「今天的芭樂有點甜，不要吃太多！」老婆從廚房裡發過來新的進食命令：「芭樂的量，不可以超過一個拳頭喔。」

「喔……」，老李早已習慣當甜食的拒絕往來戶。臺灣水果變態的超級甜，所以，偶爾買到甜度太高的水果，為了嚴控血糖指數，老李也只能遵照老婆的吩咐，低下頭來慢慢吮吸芭樂的汁液。因為不能多吃，所以他選擇細嚼慢嚥，延長水果在嘴裡的時間，讓他細細品味水果在口腔裡泌溢出來的甘甜滋味。

吃完水果，生活時鐘依舊運轉的無聲無息，規律的向前推移。

九點十分，時間一到，住在樓上的小胖女會準時打開音樂跳韻律操。一聽到樓上蹦蹦蹦的音樂，老李會調高電視的音量稍做抗衡，只是這卑微的抵抗，根本止不住小胖女撞擊樓地板發出的咚咚聲響。

九點十五分，統一全臺灣垃圾車的經典音樂《少女的祈禱》，準時在樓下的巷道裡奏起樂聲。還好，老李不需要起身追趕垃圾車，因為他家多付了垃圾清運費，大樓管理員會推著打包好的垃圾替他趕赴《少女》的約會；垃圾車到達的同一時間，遛狗的鄰居老沈會牽著他的愛犬「米基」，準時向垃圾車報到，大狗米基會對著倒垃圾的清潔員和管理員狂吠。不過，即使狗吠的聲音再大，老李也不必擔心會有意外。因為「會叫的狗不咬人」，老沈的「米基」從來也只是叫叫而已，連被吠的管理員都懶得理牠。

九點二十分，老李會聽到四樓的年輕媽媽歇斯底里的罵她兒子：「都幾點了？還在玩，還不趕快去洗澡！」，由於媽媽的罵聲太大，整棟大樓裡至少半數住戶都能聽得到，大家都知道四樓的男孩每天是幾點洗澡。

九點二十五分，伴隨著催促洗澡而嚎叫的是對門的新生兒Baby，不知道是被四樓的叫聲嚇著還是真的肚子餓，小Baby總是準時「哭楞」，對門的新手媽媽則會大聲喊他老公：「Honey，你兒子肚子餓了，去泡牛奶！」

老李居住的大樓裡，每晚都有這樣的大小屁事如火如荼在進行，雖然都是小事，時間上卻從無差遲。這些屁事周而復始，老李也溶入其中的一環。因為在每日的例行公事裡，生活時鐘只要走到九點三十分，這個時間一到，不必老婆叫，他自己就會關掉電視，走進主臥室裡洗澡。

浴室裡擺放著老婆自己製作的洗髮精、沐浴乳。自從老李確診糖尿病之後，老婆變成天然洗潔劑的堅定擁護者，她每隔一段時間就會削檸檬皮、柚子皮，把這些柑橘類的菓皮泡進酒精裡，再用蘆薈、甘油、發泡劑當配方，自己調製洗潔劑。這些洗潔劑廣泛的用來洗頭、洗澡、洗碗、洗地、洗衣服……，甚至可以拿來洗廁所。老婆淡然的說：「自製洗潔劑，天然無汙染，環保又健康。」

老李用可以洗廁所的無汙染沐浴乳洗完澡之後，就會自動走回客廳。這時候，老婆已經躺進客廳的沙發床裡，打亮檯燈、打開平板電腦，準時規律的看她的韓劇。

「妳今晚看什麼？」老李往往問的心不在焉。

老李其實心裡有氣，打從兩年前老婆迷上了韓劇，每晚就抱著平板電腦睡進客廳裡。她不但把沙發床睡成了臥榻，更把客廳變成她的臥房，檯燈、書架、床頭櫃……，臥房裡該有的行頭，在沙發床邊只有更多不會減少。

「喔，就是一齣新劇呀。」老婆回答的也很敷衍。說話的時候頭也沒抬，視線沒離開她的平板電腦，「我在看《太陽的後裔》，聽過嗎？」

「喔！」老李的答話也漫不經心，因為老婆看什麼劇，他完全沒興趣。

洗完澡的老李回到客廳，只為了遵照醫生的囑咐，睡前服下兩顆降血糖藥丸。吃完藥，他會規律的說：「我回房間囉！」

「你今晚看什麼？」老婆也只是隨口問問，視線沒離開韓劇。

「一樣吧！隨便看，看他們在吵什麼。」老李關上房門前總是這樣跟老婆說。

回房後的老李躺在床上，電視搖控器在各個頻道間游來游去。但多半停留在新聞區塊，看電視名嘴們談天說地。這些名嘴很厲害，能夠從子宮內壁講到外太空和銀河系。又或者看看立場不同的政論名嘴罵來罵去，看看領通告費的名嘴演出一段段無聊的多口相聲。老李就這樣有看沒看的殺時間，多半時候，他連電視都沒關，糊里糊塗的便能沉沉睡去。

這就是老李夫妻的日常。上班、下班、吃飯、看電視、各自睡覺……。不是特別好，也沒特別糟。每天都過著差不多的日子，很制式，沒差別，生活的很平靜卻也沒有什麼激情與期望。這可能也跟大多數的老夫老妻一樣，也許隱隱然感覺生命裡缺少了什麼，但大家卻都說不出口，似乎也都習慣了這種平靜、乏味甚至有點絕望的生活。這種平靜到絕望的日子，生命像似慢慢的、慢慢的向前推移，其實正慢慢的、慢慢的流逝。

二

直到今晚，今晚真的有點不一樣！

今晚，當老李打開家門，客廳裡的大燈沒亮，老婆也沒在桌上練習書法。

老李逐個房間去掀亮大燈。卻發現，廚房、客廳和房間到處顯得雜亂，那是一種讓人不祥又不安的雜亂。

陽臺收進來的衣服散亂的攤在床上，襪子、內衣褲都沒有摺疊；用來製作天然洗潔劑的檸檬皮是削好了，卻隨意散置在廚房的流理臺上，沒有按規矩泡進玻璃罐的酒精裡；更重要的是，老婆平常機不離身的平板電腦和手機居然還躺在沙發床邊充電，這一切，一切都顯得突然和緊急。

這些沒秩序的散漫，太不制度、太不制式，太不像老李的日常，也太不像老婆平日的風格，這些都讓老李不習慣。

面對異狀，老李的心一沉，他開始惴惴不安：「怎麼了，老婆怎麼了？」

老李踱步走回客廳，這才發現大門門把上方的一個顯眼位置，有一張新近貼上的便利貼紙。貼紙上有老婆匆匆的草書筆跡，那是她勤練書法的成績，上面潦草的寫著：「我媽突然住院，我搭高鐵回高雄，冰箱有青菜和魚，我媽可能是髖關節出問題，微波後先吃青菜再吃魚……。」

在他們二八年的婚姻生活裡，雖然日子過得愈來愈單調，但老李和老婆真的很少分開。老李傻愣愣的讀完便利貼，一遍又一遍。

他讀出老婆字裡行間的匆忙，老婆顛三倒四的留言裡，不但告訴他丈母娘住院了，還交代他不可以放縱用餐進食的順序，老李突然對老婆覺得窩心卻又心疼。他急急忙忙撥打老婆的手機，想跟她說說話。

「鈴鈴鈴……」老婆的手機沒人接，鈴聲卻從沙發床邊的充電器上響起。

「Shit!」，老李暗自咒罵自己，「真是天兵加三級！她根本沒帶手機和平板出門嘛！」接著，他撥打丈母娘家的電話，丈母娘住院，家裡當然沒人接。

剎時間，老李機械式的生活出現一個大大的空窗期，他單調的生命裡意外有一個空檔。但是這個空檔，沒有給他帶來驚喜，反倒讓老李無所適從。他要填補這個心靈上的空虛，他想找回失落的安定感。

三

於是，他開始模仿老婆的日常作息，他努力的做起家事。

先從廚房作起。

老李收拾起流理臺上的檸檬皮，把大約半斤重的檸檬皮倒進兩公升的酒精裡。老李太熟悉這套檸檬精油萃取的過程了，因為老婆在做、他有在看。所以他知道，檸檬精油能夠袪除老死細胞、改善黯沉膚色，同時還可以潔淨皮膚、去除角質，對於油性膚質的老李來說非常有效，現在的他已經很少再長面皰了。這時候，老李突然感念起老婆，老婆為了他的健康，做了太多太多。

接著，他回房間摺疊衣服。

老李觸摸到老婆的內衣褲，他已經有一陣子沒幫她寬衣解帶了，現在碰觸到老婆的內衣褲，卻感覺它們有點兒鬆鬆垮垮。這不知是年紀大了穿得鬆，還是內衣褲穿太久了老婆捨不得丟，反正鬆垮的內衣帶給老李一絲古怪的悵然。這喚醒他對生命流逝的感慨，想到這些內衣褲的女主人也曾經甜美青春。但歲月不饒人，在生養兩個孩子，步入中年之後，現在的她，卻只能跟著自己這樣無趣的老頭兒過著乏味的日子，只能從韓劇荒謬的劇情和「歐巴」年輕的肉體去遙想喚不回的青春。想到這裡，老李覺得對老婆有愧疚。

摺疊完衣服之後，老李準備吃晚飯。

老李依照老婆貼紙上的留言，從冰箱拿出魚、肉、青菜放進微波爐裡加熱。

老李一口一口吃著老婆向小農買來的有機蔬菜，老李知道，老婆為了他的健康，一直力行：「天然的尚好！」的準則。所以，即使沒有老婆在旁邊叮嚀：「先吃蔬菜，再吃魚。」他依然沒敢忘記低Gi降血糖的用餐順序。

飯後的老李按往例坐在客廳的電視機前，但他還是覺得怪怪的。

老婆不在家，耳根子難得清靜，按理說，他應該覺得輕鬆才對。但是這一頓安靜的晚餐吃下來，對此刻孤伶伶的老李來說，更感覺寂寞無比。

老李感慨呀，老婆已經完完全全融入他的生活。噢，不，修正的說法應該是，老李已經完完全全融化進老婆平凡的世界裡。只是現在，老婆毫無預警的離開，從他的生命裡消失，那條綑綁他生命的繩索突然鬆脫，他本應該放鬆與高興，但此刻坐在電視機前，任憑螢幕裡的優人再怎麼耍嘴皮子逗他笑，老李卻怎麼都笑不出來。他終於明白，自己擁有的平凡，可能正是別人羨慕的嚮往。

他頓悟到，老婆才是他快樂的泉源，沒有老婆的日子裡，真叫他悵然若失。

「我是混蛋！我真是混蛋！」老李猛力拍打自己的大腿，他自我反省：「我一個人看電視有什麼意思？我自己關在房間裡看電視，卻讓她一個人孤單的守著平板電腦上的韓劇。我不該這樣的，是我太廢了。我應該跟她在一起的，不管是在客廳還是在臥室。」

老李更自我砥礪的說：「我要帶她出去走走，像年輕時候一樣，泡在電影院裡，看電影看到飽、看到夠、看到爽。或者手筆大一點去歐洲旅行，去老婆一直想去的巴黎羅浮宮朝聖。噢，假期排不出來嗎？那麼短期內也要帶她出國旅遊，就算再去一趟韓國，瞧瞧韓劇裡真實的花花世界也好。我錯了，是我錯了。老婆，都是我的錯，我太忽視妳了。」老李不停的自責，因為他突然領悟到，是自己太虧待老婆。

還好，老李自責的悲情並沒有維持太久。老婆雖然不在家，但大樓裡其它住戶的生活節奏依舊照常演出。九點十分，時間一到，樓上的小胖女照慣例開音樂狂跳健康操，蹦的天花板咚咚跳；接下來，《少女祈禱》的垃圾車來了，喜愛吠叫卻從不咬人的「米基」會路過；然後，四樓歇斯底里的媽媽叫兒子去洗澡，對門「哭枵」的Baby會哭鬧……。大樓裡習慣性的作息細節一項都沒少，只除了老李的老婆暫時沒報到。

而老李咧，老李的作息時鐘也照走。九點半，時間一到，縱然老婆不在家，老李也不必人催，關掉電視，自己去洗澡。

老李發現，浴室裡的電動牙刷換上了新刷頭。老李知道，這種小事他不必開口，夫妻的默契會成就老婆對他的好。新刷頭有益老李的牙周病，老婆自製的洗髮精會減輕他出油的頭皮負擔，老婆自製的沐浴乳會徹底清潔他的肌膚……。

老李望著鏡子裡的一張老臉，他自言自語：「我從頭到腳，由裡到外都是妳在打理。沒有妳，我的生命還有什麼意義？」

老李突然高舉拳頭，他下定決心似的對著浴室裡的鏡子發誓：「我一定會彌補對妳的疏忽，我們要重新開始，我要讓妳過著不一樣的幸福。等妳回來，我們的生活一定會變得多采多姿。」

熱氣蒸騰的浴室裡，老李快樂的洗熱水澡，歡心期待他的新生活。

四

不一會兒，兩扇大門同時打開。老李洗完澡跨出房門的同時，老婆正拎著兩個大提袋從大門進來。

老婆放下提袋，釋然的說：「回來真好！」

老李則傻傻盯著突然出現的老婆。

「我媽還好啦，就是膝蓋痛。看完診就回家了，害我窮緊張。」老婆從提袋裡拿出丈母娘自種的有機蔬菜。

「又回去當『女兒賊』了！」老李知道，老婆每次回娘家就像打劫，丈母娘都要塞一堆青菜給老婆帶上臺北。

「吃了嗎？」老李記起剛才在浴室裡的誓言，他想關心老婆一下。

「吃過了，高鐵上吃的。」老婆把青菜放進冰箱，很快又躺回她習慣的沙發床。她說：「好累喲，回來真好，我要看我的韓劇了。」她的指尖快速滑動已經充飽電的平板電腦，愉悅的滑開她的韓劇。

「噹！」彷彿仙女的魔法棒點亮神蹟。

就在這一瞬間，老李夫妻倆慣有的生活時鐘又被重新啟動。雖然聽不見生命時鐘裡大小齒輪的滴答聲，但是它回來了，它跟著老婆一起真的回來了，一切又回到了原點，回到了平凡。

老李忘記自己在浴室裡發誓要對她好的許諾，夫妻倆回復到他們習慣的機械生活。兩個人都把彼此當成一具會移動的大型家具，很快就沉溺在過去的習慣裡，很快就輪迴於平凡與極度的乏味之間。

「吃藥了嗎？」老婆問的平常，連眼神都沒離開平板電腦。

老李慣性的吞完兩顆降血糖藥丸後，照舊說：「那我回房間囉！」

「今晚看什麼？」老婆隨口問問。

「一樣吧！隨便看看。」老李闔上房門，像平常一樣的躺上臥床。

搖控器在頻道間轉來轉去。最後，房裡的電視還是沒關，老李便已沉沉睡去。

門外的客廳裡，陰暗的角落裡老婆也是一個人。一個人，在平板上看劇。

傷心療癒

曾經相愛的兩人，當愛情不再……。
一個人自己躲起來傷心，
自顧自的舔砥傷口，有用嗎？
一個人的寂寞，衍變成兩個人的落寞，
傷心療癒只會帶給自己更多的傷心……

下了班。

才進門，正想翻弄桌上一件未拆封的包裹。

躺在沙發床上的她卻抬眼說：「是我的，你別碰！」

我扯下領帶問：「這是什麼？」

「iPad!」她說：「我新買的iPad。」

我問：「妳不是有一臺了嗎？」

「我需要！」她說：「我要看韓劇，兩臺iPad輪流看，我要看大量的韓劇來抒壓療癒。」

「看韓劇就能療癒？」我不以為然：「真搞不懂妳老是買這些有的沒有的幹嘛，家裡已經被妳堆的亂七八糟，書房都被妳堆成了倉庫，妳還捨不得丟。」

「跟嫁給你的理由一樣！」她頂嘴：「錯就錯在當初我捨不得丟掉。」

我不想吵架，沒再接話，她也安靜下來。

大概是兩年前吧，她的躁熱會突然往臉上、脖子和胸口衝，接著是心悸、全身盜汗。她說，感覺汗水多到像瀑布一般湧出來，背部總是濕漉漉。即使在冬天，一天也得換幾次內衣，這樣的症狀像得了憂鬱症，很寂寞很痛苦。我看她的面色黯淡，細細的皺紋裡，寫滿落寞。

她卻說沒關係，因為她看電視上說，這叫「女性更年期障礙」。

她說，電視上還說，更年期的女性如果多看韓劇可以抒減壓力，也可以排遣寂寞。於是，韓劇就這麼開始盤據她的生活，每天晚飯後，她就躺在客廳守著她的iPad，看著她的韓劇。

那段時間，只要我還在家裡，我就一個人躺在臥房床上。手握選臺器，在無聊至極的新聞臺之間遊走，心裡只後悔自己為什麼沒出去。常常電視沒關機，我已被催眠沉沉睡去。

有一天，她居然跟我說：「我不跟你睡了，我要睡客廳，要看韓劇。」我說：「妳要睡客廳就睡客廳，反正妳多半的時間也已經睡在客廳。但是妳看韓劇已經過度沉迷，這樣非常不好。」我有抱怨但和她沒有爭論。

她抱起被褥往客廳去。關上房門前，我賭氣說：「明晚我晚點回來，部門裡的資料要整理，我必須……。」

「你必須加班！我知道！」她早已習慣我拿加班當藉口。沒讓我講完話，她自己補充說：「你明晚不回來。」

隔天，下班前，我卻覺得哪裡不對勁。在辦公室裡，我打電話給美芬：「今晚我不過去了，我想早點回家。」

美芬焦急的問：「為什麼？出事了嗎？她發現了嗎？」

「沒有，嗯……，我想她可能只是起疑……。」我在斟酌著該怎麼跟美芬說。一長串的沉默後，卻聽到電話那頭傳來濁重的呼吸。過了很久，美芬才壓抑著情緒低聲說：「你昨晚也沒過來……，今晚又不過來，那你明晚會過來嗎？」

「嗯……，這幾天……，嗯，她的狀況真的不太好，我想，我應該多花點時間看著她……，以免有個萬一。」我知道自己講的有點心虛。

電話那頭卻傳來哭泣，美芬嗚嗚咽咽的說：「我真不懂……，真不懂你為什麼還要這麼拖下去，你為什麼不跟她說：『就分了吧！』你們在一起什麼事都不會做，你們不是連吵架都懶得吵了嗎？為什麼還要這樣拖下去呢？」

電話這頭，我說：「別哭，美芬妳別哭嘛。我們不是說好的嗎？等我把房地產權狀和基金換成我的名字，就跟她分手。現在基金的部分已經轉換完畢，等房子的事情處理好，我們就可以永遠在一起⋯⋯。」

她又哭著說：「我不懂⋯⋯，為什麼要拖這麼久？想跟你在一起⋯⋯，為什麼要等這麼久？。」

一時間我手足無措，只好說：「美芬，妳別哭，妳先別哭嘛。啊⋯⋯啊！什麼事⋯⋯？」我說謊了。我摀住話筒，對著電話說：「嗯，有人進來了，我先掛電話。明天，明天我一定過去，見面聊。有人進來了⋯⋯。」

那天晚上，我不但沒去美芬家，還破例的早早就回家。

一進門，卻看見她正在組裝一個大紙箱。

我問她：「這又是什麼？」

「別碰！」她說。不管是她的身體還是她買的東西，她已習慣叫我別碰。

「隔音紙箱！」她說：「我要待在裡面看我的韓劇。」

我問：「為什麼看韓劇要躲起來？」

「獨處的療癒效果會更好！」她說。

這個她網購買來的隔音大紙箱，高度一八〇公分，長寬各一公尺，有獨立的通風口，躲進去可以自成一個天地。她說，有了這個大紙箱，她可以一個人在裡面獨坐一整天。有韓劇相伴，她不寂寞。

她說，在紙箱裡獨處，可以創造一個完全屬於她自己的世界。她淡淡的說：「在那個世界裡，有我美好的回憶！」

「那個世界裡，有我美好的回憶。」我被她的這句話重重捶中胸口，胸悶得說不出話來。不知從什麼時候開始，她老把寂寞掛在嘴邊，這讓我也很痛苦。即使我們一起生活，也像完全沒有交集。一個人的寂寞，已經演變成兩個人的落寞。

從戀愛起算，到現在二十年了。過去，我只忙於工作，從不曾注意從什麼時候她只耽溺在自己的回憶。而我呢？我算什麼？算了吧，我最多只佔她回憶中的一小部分。

不過，她買的大紙箱卻佔據客廳很大的空間。

她原本就霸佔了客廳，早就把沙發搞成了像張大床。她的沙發床邊有矮櫃、矮桌、床頭燈和確保她iPad永不斷電的電源系統。當然，最重要的是衛生紙，她通過韓劇催生眼淚，藉由眼淚治療寂寞，所以，衛生紙是不可或缺的必須品。沙發邊、電視旁堆滿她捨不得丟棄的盒子、紙袋和各式各樣的舊書籍和舊衣服，這些滿載她所謂「回憶」的垃圾，有些已經滿溢到地板和沙發腳邊。再加上這個新買來的大瓦楞紙箱，客廳已經塞得連路都不好走。

「我已經被妳逼得無路可走。」我一語雙關的反彈說氣話，描述的卻是真實的現況和心理的感受。

「我不覺得有哪裡亂呀。」她不認同我的反彈。

「妳在客廳裡面搭蓋小屋，妳現在是屋中有屋。妳把自己關在裡面，卻把我隔在外面……。妳這麼做，是要讓大家都無路可走嗎？」我的語氣幾近控訴。

她卻冷冷的拋下一句：「是你先把我隔在外面的……。」但她的話只說了一半。然後，奇怪又不奇怪的又扯回她的iPad：「我需要徹底放空，我要拋開一切，我要在我的紙箱裡看韓劇。」

茫茫深夜裡，我聽到客廳傳來抽抽噎噎的哭聲。放心不下，我跑出來一看，只見她裹著被子在哭，哭得蜷縮成一團。我問她：「妳怎麼了？」

她沒理我，繼續看她的韓劇。

「有韓劇看，妳還有什麼好哭的？」我的語氣很酸，但我自認酸她有理。

她說看韓劇是為了療癒，但韓劇裡的主角幾乎沒一個正常，每個人都背負各自的傷口在激烈的生活。她說，她的更年期症狀一直讓她睡不好，負面情緒緊跟而來，整個人就快要崩潰，所以她想藉著韓劇裡比她更慘的人物來療癒自己。

這就像使用電腦一樣，用過一段時間以後，如果積累過多無用的程式它就會當機，必須逕行檔案刪除。這時候，必須開啟「reset」程式，重啟電腦將它還原。她說，她就是要藉著韓劇，把腦袋裡所有不舒服的東西通通置換掉，就像電腦重啟一樣，刪除負面情緒，讓人整個放空。

「妳腦袋空空就是療癒嗎？」我承認，這樣的問話酸的像檸檬原汁。

「至少讓腦袋安靜下來。」她的回答，卻清淡的像白開水。

老夫老妻的冷漠對話，沒有激情，沒有親密。生活像一場相互折磨的悲劇，我們真的是因為彼此折磨而厭倦了生活。兩個相互折磨的人，還勉強生活在一起，真是不容易啊。

我記得，年輕的時候，我們若覺得無聊，可以親密可以愛愛可以做任何事情。但現在，她睡客廳，我睡臥房。她有韓劇裡的歐爸小鮮肉淨化眼球，而我咧，如果下了班沒有去美芬哪裡，回到這個家就讓我發愁，我只能上網找日本AV女優清理門戶。我不知道該怎麼打發無聊的時間，因為我和她已經沒有共同的話題，連說話都是簡問簡答。

我問她：「妳不跟我睡，就因為有韓劇？」

她回我：「只要有韓劇，我不怕寂寞。」

我沒好氣的又問：「最近看什麼新戲？」

她回答：「一齣療癒傷心的戲。」

究竟什麼樣的戲能療癒傷心？

她把iPad推給我看劇情簡介，內容居然是：「你爸竟然是我爸；妳嫁的老公其實是老哥。」這類逆天瞎扯的橋段，她怎麼還能看得下去？

「這麼瞎的戲，能療什麼癒？」我簡直不敢相信自己的眼睛。

看著客廳裡的大紙箱，以及塞滿客廳裡的亂七八糟，多年積累的垃圾她早該丟卻又丟不掉。我們的房間就這麼點大，櫥櫃裡塞滿了用不著的垃圾，真正想用的時候，卻又怎麼找都找不出來。捨不得丟，她一個人的滿滿回憶把我的書房塞成了垃圾場。書櫃裡的書已經一排塞成了兩排，橫擺、直放都不夠，還溢滿出來掉到地板上。

她的韓劇和垃圾一樣的回憶對我完全沒有療癒力，反而點燃了我的怒火。我氣得大吼：「我不想再聽妳瞎扯！給妳一個星期……」我吼她，「只有一個星期，妳必須馬上把家裡整理乾淨，丟掉妳那些亂七八糟的垃圾，讓家像個家，起碼像個人住的地方。」我給她下了最後通牒。

她卻連理都沒理我，一句話沒吭，只對著她的ipad哭泣。

我當她只是為ipad裡的韓劇傷心，藉著淚水自我療癒。

受不了她的哭哭啼啼，關上臥室的房門之前我憤怒的說：「明天不回來了，這幾天公司裡有事，明天，就從明天開始我必須……」

「我知道！」她還是沒讓我把話說完，她帶著哭腔說：「你又必須出差了！我知道。」

隔天下班，我沒回家，直接到美芬家裡「出差」。

一個禮拜後，下了班，我早早回家。

推開門，不見她，卻見裝潢工人在客廳裡敲敲打打。

我疑惑的問：「你們在做什麼？」

兩名工人面面相覷，轉頭向裡屋喊：「老板，有人找你喲！」

從我臥室裡走出一名挺胸凸肚的中年男子。他打量我，我看著他。然後他開口問我，說：「先生，你有事嗎？」

「你才有事咧？」我氣急敗壞，憤怒的指著客廳裡的工人說：「你們這些人怎麼可以，怎麼可以隨隨便便跑進我的屋子裡？」

「這房子是我新買的！」那男子講的斬釘截鐵：「我是這裡的新屋主！」

頓時，我像五雷轟頂。接下來，新屋主的話更讓我幾乎暈厥。

原來，是她放下了所有捨得。

過去她捨不得的，在我去美芬家出差的這幾天裡，她全捨得了。她不但丟掉房子裡所有的回憶，捨下了我，而且比我更早一步，她連房子都賣了。

「夠狠，算妳狠！」站在樓下仰望老屋，我在心裡狠狠咒罵她。

眼前這棟房子，它曾是我倆一點一滴存錢付的頭期款，兩個人咬緊牙關還清了貸款。這裡，曾有我倆共同的回憶，但如今……，卻被她給賣掉了。哎！被她早一步給賣掉了。

走過社區管理室，保全警衛叫住我，「你太太要我把這個包裹交給你。」

那是一個厚厚的文件盒，跟她丟在客廳裡和書房裡，那些千百個垃圾長地一個樣子的文件盒……。

但當我打開厚紙盒時卻發現，裡面裝著的是我早年寫給她的情書。從大學二年級開始寫給她的情書，總共五十二封。我以為早被她當成垃圾丟掉了，沒想到每一封都被她細心完整的保存著。

後來，後來是她打手機給我。電話裡的聲音聽起來很平靜，她說：「我把房子賣了，扣掉你偷偷賣掉的基金，房子的剩餘款我們均分，你不會吃虧，我也沒佔你便宜……。我會把該你的錢匯進你的帳戶裡。」

我聽得出她在極力壓抑情緒，但終究還是泣不成聲，電話裡她哭著說：「我曾經試過要挽回……，但我知道，我們都回不去了，你就跟她……跟她去吧。這段時間我已經學會了獨處，我會好好的……。」

掛斷電話後，我完全說不出話來。抬頭看看天空，一聲長長的嘆息之後我才發覺，自己的臉上滿滿盡是淚水。

我們都喜歡算計，卻總是算不清楚。

當一個人的寂寞變成兩個人的落寞，究竟是誰辜負了誰？

又是誰犧牲了誰？誰又成全了誰？

感情這筆帳，實在很難算得清。

爸，我記得你就夠了

一個什麼都記不得的老爸，
甚至連兒子叫什麼都忘記的老爸，
兒子幹嘛還寫信給他？
老爸的記憶正慢慢離開，
最後什麼都會忘掉……。

這是老弟照顧老爸的真實故事。

親愛的老爸：

我是小寶，在你身邊給您寫這封信，希望未來另一個世界的你能夠記住這一刻。

爸，你被診斷出罹患阿茲海默症已經是第六年了，這六年好煎熬呀。雖然你不會記得，但我還是想跟你說說，這六年我們是怎麼走過來的。

我辭去了工作在家照顧你。

孔子說：「三十而立」，但為了您，我卻「三十不立」。眼看前半生，已矣。辭去了工作，你變成我唯一的事業。只可惜，任誰都看得出來，做為產業的你不可能堅強而且是日漸蕭條。你的體能一日比一日衰弱，而我照護你的這番事業，從一開始就註定走入夕陽。

不過我衷心跟您說：「爸，我不後悔。因為記得你，對我很重要。」

記得嗎？爸，我們住在大鵬眷村。

六年前，你突然喜歡把大門的鑰匙放進客廳裡的玻璃杯裡，每回進進出出你都隔著大門喊我，要我幫你開門。本來，我以為你只是一時健忘，故意找碴找我麻煩，所以每次替你開門，每次都得跟你吵架。

直到有一天，我發現，你把髒兮兮的拖鞋藏進棉被裡；直到發現，已經騎了四十年腳踏車的你，卻不知道該怎樣跨上坐墊；直到你去眷村裡的小雜貨店買米酒不肯付帳，被店老板追到家裡討錢，我這才發覺情況真的很不對勁。

本來以為你瘋了精神錯亂，才會做出那些瘋狂的舉動。將您送醫之後我才驚覺，原來你沒發瘋，你只是生病了。

還記得我們第一次住院，醫生拿著你的腦部X光片說：「你爸爸的腦子變小了，小腦有明顯萎縮的跡象……」你不記得了吧，醫生拿著X光片在你的腦袋前面比畫來比畫去，醫生說：「特別是前腦的地方變小了，這種情況和阿茲海默症的老人失智症狀相符。」

你一定不記得了，醫生宣佈你罹患阿茲海默症混合老人失智症。

「但什麼是阿茲海默症？」其實，對這樣的醫學名詞我很茫然。

他們說：「這就是俗稱的老人失智症。」

「但什麼又是老人失智症？」

你應該和我一樣，我們都「莫宰羊」吧。

我只知道，你是腦袋生病了。但是，你沒有發瘋……。

寫到這裡，隱約聞到一股熟悉的排泄物氣味。

「要不要上廁所？」我問。

你吞吞吐吐嗯嗯呀呀的說：「呃……嗯……呃，我不要！」爸爸，你今天又忘記該怎麼說話了。

「都已經拉出來了，還不要？」我有些著急的說。

你全身僵硬、緊緊把屁股黏在沙發椅上。我只好熟練的把你抱進浴室，熟練的替你完成全身的沖洗，再為你穿上紙尿褲，然後再把你抱回客廳。爸，你知道嗎，這樣的過程，我們一天得重複好幾次。

爸，你不會記得褲子沾黏上大便的感覺。但不記得又怎樣?就像我還是小BABY的時候，你也曾替我作過這一切，只是現在的我沒有嬰兒期的記憶，以後的你也不會記得這一刻。

自你生病以來，變得愈來愈像小孩，我只好理所當然的跟你互換角色，擔負起照顧你的責任。

「阿俊……」爸爸以為我是大哥，喊了大哥的名字還說：「謝謝你！」

「唉，是小寶啦。」，我說。

「喔！阿霖啊……」爸爸恍惚中又喊著二哥的名字說：「謝謝你……。」

「我是小寶啦，小寶！」，不管說幾次，爸，你還是會叫錯。

你曾經對我說：「小寶啊，給你起『小寶』這個名字，因為你是老么，是我的心肝寶貝。」

是呀，做為小寶的我曾是你的心肝寶貝，可是這些年下來，你愈來愈分辨不出大哥、二哥和我之間的差別。就連「小寶」是誰你都叫錯，好像我再也不是你的寶貝。

一年前，你開始分不清我們三兄弟誰是誰，總是對著我喊「阿俊」，我是既錯愕又心痛，除了凝視你的雙眼，一再告訴你：「我不是大哥，大哥在臺北上班沒回來，我是你的小寶。」

其實，當時我內心慌亂的不得了。為什麼，為什麼以往那個喜歡說冷笑話，偶爾會幫忙做點家事的慈祥老爸，形體還在，人卻不見了呢？

爸爸，你記得嗎，現在我們每隔兩個星期就要回醫院一次。但是我最氣的是醫生，因為他每次都說：「大部分的失智症患者會很辛苦，因為到目前為止，沒有完全治癒的方法，藥物也只能改善一點點症狀。」

爸爸，我很願意載你去醫院，只是我不明白，為什麼醫生看起來總是比我還喪氣。

這幾年你的忘性比記性好，你總是記得在大陸湖南老家耕田、種地的往事，記得到金門機場修跑道，記得剛分發到空軍機廠維修Ｆ一〇四戰機，你只記得那些對你來說也許重要，但對我來說卻完全沒有印象的往事。可是我天天在你身邊，你卻連我的名字都漸漸記不住了。

我只好告訴自己：「你不認得我沒關係，只要我還認得你就好。」

為了減緩你遺忘的速度，我把你微薄的退休俸挪出三分之一拿來買藥。我看了很多報導說，臺灣目前有三萬多名和你一樣的失智症老人。我不確定三萬人算不算很多？但是我知道，包括你在內，很多失智老人都得另外花錢來買藥，這個部分全民健保並不給付。

爸，你知道嗎？「三分之一的月俸買藥，算不算多？」也許你無從比較，但這些年來，我們家的藥錢確實已經比菜錢還要貴了。

「呃……嗯……呃……該吃飯了……叫你媽媽回來煮飯吧！」你突然清醒，咿咿呀呀的要吃老媽燒的飯。

但現在是半夜十二點，罹患第二型糖尿病的老媽早已入睡。

「嗯……呃……該吃飯了……！」你含含糊糊的說。

「我們吃過了呀！」我肯定的講。

爸爸你又忘了，七點半我們才吃過晚飯。你現在對時間已經完全沒有概念。晚餐我們才吃過五穀米，醫生特別吩咐我要每餐煮五穀米，醫生還說失智老人要多吃瓜類食物。剛才你的排泄物裡，就有我們再熟悉不過的瓜類氣味。

今晚吃飯的時候你很不乖，湯匙交到你的手裡，你還問：「做什麼？」

「老番顛，把飯舀起來！」老媽已經學會故做生氣的罵：「老番顛！」

媽握著你的手，把湯匙往你的嘴裡挪：「放進嘴巴裡呀！」

看著你嘴裡含著飯卻忘記咀嚼，老媽繼續喊：「把飯吞下去，老番顛！」

我一直以為，吃東西是人類基本的反射動作，連小Baby都會的，根本不必教。但是看著你一臉茫然，必須跟著老媽的口令才能勉強吃飯、咀嚼、吞嚥食物。你好像連反射的本能都忘了，連一口飯該怎麼吃都忘了，這叫我看了好心酸……好心酸……更心疼。

「爸，你是不是沒胃口？」我想起來，我們已經吃了整整一年的五穀稀飯。你天天吃五穀米，可能連味蕾都吃的麻痺了。我只好說：「爸，對不起，雖然湖南騾子愛吃辣，但我沒能放進你最愛吃的辣椒。因為醫師規定，要你多吃五穀稀飯……。」我知道醫生要求的是營養均衡，但可惜你吃來淡而無味。知道你又想吃辣了，但怎麼辦，醫師不准你吃辣椒。

你一定不記得了，小時候你牽著我去小街上的麵攤。你只叫一碗陽春麵，卻每次都要舀掉老板娘半罐辣椒醬，弄得整碗湯麵油紅油紅的還發亮。我看得是頭皮發麻，你卻麵湯和著辣椒油歡歡喜喜的整碗麵吞下肚，你曾說：「湖南人吃麵一定要加辣椒，要夠辣夠嗆那才夠味道」。

你也許不記得了，小街麵攤的老板娘只要一看到你，就作勢要打烊收攤，還半開玩笑的說：「老劉啊，陽春麵可以免費請你吃，但是以後辣椒醬佐料要另外收錢喲。」

你一定不記得了，唸小學一年級的時候，我學著你吃辣，頭一回在碗裡放上小半匙辣椒就辣得舌頭發燙、講話結巴，而你卻拍手高興的大笑，說：「小寶膽子大！小寶好乖！小寶敢吃辣，這才是我的好兒子，這才是真正的湖南人。」

到現在，我確實是得到你的真傳了，在外頭吃麵也要加辣椒，而且要加大辣才過癮，經常惹得老板娘瞪大眼睛說賠本。

爸爸，吃麵的往事，你不會記得了。我知道你一向謙和，不喜歡談自己的事。但我害怕你將來真的會忘記，所以還是要幫你寫下來，將來那一天來到的時候，你到了另一個世界以後，一定、一定要記得喲。

爸爸，你今年八十二歲。

記得鄰居們都怎麼喊你嗎？叫你老劉。

記得老家在那裡？湖南湘鄉，我們是曾國藩的老鄉，但湘鄉現在改叫婁底。

記得怎麼來臺灣的嗎？你是跟著軍隊來的。

記得喲，你是一等一級士官長退伍，而且是咱們眷村裡第一個升上一等一級士官長的優秀阿兵哥。

記得家裡還有那些人嗎？有媽媽、大姐、大哥、二哥還有我。

要記得穿上義肢喲，你有嚴重的糖尿病，右腳截肢了，穿上義肢才好走……。

記得我的名字嗎？「小寶！」，你要記得喲，我曾經是你的小寶貝。

爸爸，我對你其實是有怨恨的……。從你發病確診以來，我就照顧你，這六年來我自認賣命盡力了，但卻只見到你的生命不斷的向後倒退。本來糖尿病截肢後的你還可以穿上義肢，先是拄著拐杖，然後是用助行器。你曾經能夠一步挨著一步慢慢走到活動中心，和那裡的大叔大嬸們閒嗑牙聊兩句，但後來你又加上失智症這個病。唉！後來你只能整天躺在椅子上。

阿茲海默症，這條治療路上的單行道，康復沒有回頭路，即使我加倍用一天三十六小時的精力照顧你，卻絲毫得不到一丁點兒回報。眼看著你的體重愈來愈輕，你從六十公斤掉到三十七；眼看著你的記性愈來愈差，從剛開始忘了錢包放哪裡、鑰匙放哪裡，現在連我的名字你都常常忘記。

照顧失智的你，真的很煎熬，一點成就感都沒有。

「爸爸，你的腦子現在究竟停留在什麼地方？那裡是個什麼樣的世界啊？」

凝視您無神的雙眸，我讀到了，其實你比我更辛苦。在那個我摸不到也搆不著的地方，你認不得我們這群兒女，認不得周遭的環境與朋友，也認不得家在何處。那必定是一個孤獨又恐懼的地方，你害怕嗎？多想陪著你踏踏實實的走一走……。

「呃……回家，我要回家！」你說。

「這裡就是你家呀！你要回哪個家？」我說。

「我要回家，嗯……回家……！」你很堅持。

你說「回家」這兩個字的意思我知道，這時候，它代表的是散步。因為語言退化的關係，「回家」，對你來說就是「散步」的同義詞。

現在是半夜一點鐘，推著輪椅帶你繞行眷村散步。這時候的眷村，暗黑的天空裡通常有月娘陪伴。其實，我也喜歡聽你講「回家」，因為這是我照顧你的一天中，咱們父子倆少有的歡樂時光。

很多事情你雖然早已忘光，但說來奇怪，從村外走回眷村家裡的這條道路你卻依然記得很清楚。月光下，你指揮著我左轉右拐，抄小巷、走捷徑，我們曬著月亮，把小小的大鵬眷村繞完一圈，只需要三十分鐘。散步回家的你，好像清醒了，彷彿你記得回家的路。

爸爸，你要記得喲，這條散步的小路是我們的祕密，以後回來時要記得喲。

月光下，我們經常是一臺輪椅、兩個人，無數次在幽曲的巷弄中穿進穿出。熟門熟路到幾乎閉著眼睛都能走到，甚至連老鄰居張媽媽家的土狗也懶得抬頭瞧我們一瞧。土狗寧願低頭趴在馬路曬月亮，也不想理會夜夜都來散步的熟悉腳步與兩張老面孔。

「狗都不理我們！」沒關係，我還有你，你還有我，我們還有天上的月娘。

爸爸，你注意到了嗎？村子裡的人愈來愈少了。張媽媽說，政府決定收回眷村土地改建新屋。

老鄰居們已經陸續搬走，年底前，我們可能也得搬新家。

換一個新環境當然好，只是我擔心，到了新家你反而會沒有「家」的感覺，又要重新幫你找到「家」。因為，醫生說，失智症的人只記得他熟悉的環境，只會對老家有記憶，對新家不會有感覺。

「到家囉！」村子繞完兩圈，我們回家了。

「呃……回家囉！回家囉！」爸，你總是把回家兩個字含在嘴裡。但我理解，這時候「回家」對你來說，就是「睡覺」的同義詞。

扶你回房間躺下，終於有機會好好再端詳你。看著下午才替你剃好的三分頭、看著你深鎖的眉頭、看著你眼睛旁邊愈深愈沉的皺紋、看著你失去彈性愈往下撇的薄薄嘴唇。

「爸，你真是老了，你失憶的腦袋在想些什麼呢？」真想鑽進你的小腦袋裡，感受此刻的你，究竟是痛苦、害怕、無奈還是恐懼？

喔，我不能要求太多，我該感謝老天爺又給了我們美好的一天，我們還能再散步回家。因為，此刻的你，胸膛還能規律的上下起伏。但醫生說，終有一天，你遺忘的症狀會從腦部慢慢移轉到嘴巴，就像今天你忘了咀嚼嘴裡的食物；遺忘還會向下蔓延，蔓延到氣管，蔓延到肺部。最後，你會遺忘呼吸、遺忘心跳、遺忘散步……，還有，遺忘我。

眼睜睜看著死亡的腳步一步步向你靠近，我知道，你正在漸漸離開。

而我……，我卻無能為力。

我知道，最後你一定會忘了我。但是又怎樣，我告訴自己，只要我記得你就好。

寫這封信給你，其實我知道它永遠寄不出去。不過，它會在你最終的那一日，連同你從前習慣穿著的那隻義肢一併燒化給你。

憑著這封信的內容，它會幫你找回這一世的牽掛，喚醒你對今世、對我們這個家庭吉光片羽的記憶，陪伴你走完今世最後的一程。最後……，真正的忘記。

「小寶……小寶……」我彷彿聽到你在呼喚我的乳名。

這個名字，過去的一年你都沒有叫過……，是你想起來了嗎？

天色微明，我彷彿再次聽到：「小寶，去休息吧！」

似幻似真，我眼前的你竟也變得恍惚。

且容我寫一首新詩做為紀念。

《爸正漸漸離開》

爸爸，請醒來
雖然此刻你躺在我身邊
但是我感覺的到
你正漸漸離開

從你把鑰匙放進玻璃瓶
從你把拖鞋塞進棉被
從你買酒不付錢，我早該知道

你正漸漸離開

彼時不諒解，為何你總躲在角落生氣
不體會，老照片為何你一看再看
不了解，為何你老是忘了回家的路
原來，你正漸漸離開

未來，是無邊無際的幽谷
卻只見你在谷底踽踽獨行
多想拉你回來，但
你已漸漸離開

他們說：這是阿茲海默症
我只祈望，你快步走出幽谷
偶一回眸，請記得再喊一次我的名
那個……，你曾賜予我的名字

爸，我們打贏了！

失業的老爸，
為了年幼的兒子跟人打了一架。
贏得一場小小衝突，
卻勾起老爸的童年往事。
打架贏得的喜悅，
化解深埋心底的陳年憾事……

一

老吳剛被公司裁員，暫時找不到工作，半個月來都窩在家裡上網、看電視。

老婆下班買菜回來，他很識趣的接手幫忙摘菜、刮洗魚鱗……。不過，一邊做家事，深鎖的眉頭依舊洩露他為生計擔憂的心事。

「沒關係啦！」老婆安慰他，「你不是參加了幾家公司的面試嗎？我相信過兩天就會有好消息。」

老吳嘆了口大氣沒說話，低著頭繼續把空心菜細細分段。

「好了，剩下的我自己弄，你去接小豪吧。」老婆看老吳沒反應，催促他，「你現在既然在家，就去接孩子，一會兒要開飯了。」

「小豪是不是暫時別去安親班了？趙老師那裡，一個月學費也不便宜。」老吳停止摘菜的動作，想跟老婆討論家計。

「沒問題啦，小豪下課去趙老師家寫功課，他有同學陪，有伴兒比較好。」老婆安慰他，「你放心，家裡還有預備金夠付房貸，再撐個半年不是問題。」

老吳欲言又止的還想說些什麼，電話鈴卻突然響起。老吳接起電話，就像電影裡的分割畫面，老吳與電話那頭的安親班趙老師開始對話：

「你們家子豪在我們安親班。」

「妳是趙老師嗎？我是子豪的爸爸，我馬上去接他。」

「您要過來嗎？很抱歉，那就麻煩您趕快來一趟。」

「是什麼事嗎？」老吳直覺有點不對勁。

「嗯，小狀況啦，安親班的櫃子壞了，有些小狀況需要釐清。」

「是子豪弄壞的嗎？」

「嗯，這有點小複雜，您若方便，就請您趕快過來一趟。」

老吳掛上電話，老婆走出廚房，小小緊張的問：「怎麼了嗎？」

「小豪出了點小麻煩。」老吳說：「可能弄壞了安親班的櫃子。」

「小豪沒事吧！」老婆邊說邊摘下身上的家事圍裙。

「當然沒事。」老吳還笑老婆的神經緊張，「最多就是小孩子吵吵架，撞壞安親班的東西而已，不必大驚小怪。」

「要不要我去？」老婆問。

老吳猶豫了一下，說：「嗯，還是我去吧，反正我現在沒事。妳繼續煮菜，我們一會兒回來吃晚飯。」

「也好。」老婆穿回圍裙，回廚房裡繼續忙。

二

習慣運動的老吳，俐落的穿上布鞋走路過去。

十一月的天氣，白天變短，夕照提前。一個月前的這個時候，通常他還在辦公室裡為工作打拚。失業的此刻，踏著夕陽接小孩下課，心裡卻有點不踏實，感覺就是怪怪的。

不過，糾結的心情沒能維持太久，六、七分鐘的路程很快走到。老吳來到小豪就讀的國小校門口，趙老師的安親班就開在國小對面的巷子裡。

老吳家為了兒子上下學方便，所以選擇趙老師家庭式的安親班。還好，離學校近，讀小學三年級的小豪，下了課就能自己到安親班報到。通常他會乖乖的寫完學校作業，複習完功課，然後自己走路回家吃晚飯。

一樓的大門沒鎖，老吳走過種滿玫瑰和薔薇的小小花圃，進門後，他順手把大門給帶上鎖上。進到安親班辦公室就發現纖瘦的兒子小豪，另外，還有偶爾會到家裡來玩的胖小子阿富，兩個同班同學直挺挺的坐在大辦公桌的一側。另一邊，則坐著一名個頭相對高大的男生，這男生正低頭哈腰滑手機。

氣氛有些凝重，老吳盯著兒子看了一眼，立刻和坐在辦公桌前的矮胖婦人趙老師點頭打招呼。

「你是子豪的爸爸嗎？」一臉嚴肅的趙老師問的很生疏。

「是的，我是。」老吳恭敬的向老師歉身致意，「妳是趙老師嗎，我們家子豪還好吧。」

「是還好啦！只是，有一些小狀況。」趙老師站起身來，帶老吳只走了兩步路就拐進隔壁教室。她指著滿地的混亂，說：「你看！」

老吳看到一張差不多有小豪身高的抽屜櫃翻倒了橫躺在地，抽屜裡的考試卷、文具、紙張散落一地。更糟糕的是，一臺本應該是放在櫃子上的大電視機砸在地上……，現場只能用滿目瘡痍四個字形容。老吳下意識的回頭看看辦公室裡的小豪，確認他沒有受傷才放下一顆擔心。

「是子豪弄壞的嗎？」老吳問趙老師。

「不是，爸爸，不是我。」子豪在三公尺外的辦公桌旁搶著辯解：「是立華，都是立華害的啦。不信，你可以問阿富。」

小孩子沒頭沒腦的辯白，老吳一時還理不出頭緒，只能跟著趙老師走回辦公室。但見胖小子阿富一個勁兒的點頭，贊同子豪剛才的說法。另一側的男孩卻跳起來大叫：「那裡是我？都是你們兩個，是你們兩個一起踩上去，抽屜櫃才會翻倒的。」

「爸，他騙人，他還掐我和阿富的脖子。」子豪向老爸投訴，「是立華說的，如果我們不跟他一起踩櫃子，他就要掐死我們。」

老吳翻開兒子的衣領，發現脖子上真有紅紅的明顯掐痕。坐在一旁的小胖阿富也急急忙忙翻衣領想跟老吳訴苦。

「你才是騙子，你這個小不點，矮冬瓜。」眼前的男生當著老吳的面嘲諷子豪的矮小身材，高個兒的立華說：「是你先罵我蠢蛋的，我們才打賭敢不敢去踩抽屜櫃。最後是因為胖子阿富太重，櫃子和電視才倒下的，都是你們這兩個矮冬瓜和大摳呆害的啦。」

「立華，你給我坐下，坐下來講話。不可以這麼沒禮貌。」趙老師喝斥的高個子男孩，確認就是兒子口中的立華。

「我為什麼不能講話？」立華自以為理直氣壯，「我爸爸說，我們家有繳學費，我們就有權利要求老師。我就是要站著講話，不可以嗎？。」

「你給我坐下，你們家是怎麼教的？這麼沒禮貌！」趙老師怒氣沖沖的問他：「你爸爸什麼時候到？」

「我早就LINE他了，他說在路上，馬上到。」立華根本不甩趙老師，講完話就坐到一旁去，學大人抖著腳，自顧自的滑手機玩手遊。

阿富這時怯生生的舉手，說：「老師，我有打給我爸爸。爸爸說，他還在加班，晚一點才回來。」趙老師摸摸阿富的頭，安撫阿富別著急、沒關係。

趙老師跟老吳說明這起意外的始末。她說，立華，就是那個正在玩手遊的王立華，他比子豪和阿富高一個年級，是這學期才跟著在產物保險公司當襄理的老爸遷到這裡學校就讀的。也是一個星期前，才剛來安親班試讀。立華的個性活潑，喜歡在同儕裡當老大。翻倒的抽屜櫃就是立華、子豪和阿富三個人一起跳上去搖晃的傑作。趙老師說，翻倒的櫃子扶起來整理一下就好，但是砸壞的電視機沒辦法修，她希望三個孩子的家長共同分攤損失。

「對不起，對不起。」老吳不斷表達歉意，雖然他目前失業，有潛在的經濟壓力。但他還是跟老師說，翻倒抽屜櫃、砸壞電視機的事，只要老師認為子豪有錯，他一定負起責任，三個人均分，該賠多少就賠多少。

三

門鈴響了，滑手機的立華興沖沖的打開大門。

一個寬肩膀、理平頭、戴金邊眼鏡，鏡框後面還有一對銳利眼神的男人走了進來。他不發一語，直接站到那個叫王立華的男孩身邊，像似在給他撐腰。

「王先生呀！剛剛在電話裡說不清楚，您能過來真是太好了。」趙老師簡短寒暄後，轉頭向他介紹老吳，「這位是吳先生，是吳子豪的爸爸。至於阿富的爸爸，要晚一點到。」

王襄理沒直接回應趙老師，也沒跟向他點頭致意的老吳回禮打招呼。他只低頭問自己的兒子，說：「這是怎麼回事？」

一聽到有人發問，趙老師、子豪和阿富都搶著說話，異口同聲的想解釋。

「安靜！」王襄理不耐煩的說：「我在問我兒子，問你們的時候再說話。」

立華把剛才說過的話重新倒帶說了一遍。他爸爸則不時瞇起眼睛看看桌邊的子豪和阿富，更伸長脖子看隔壁翻倒的抽屜櫃。

等王立華一講完了，趙老師便說：「王先生，你先別誤會，我沒有要指控那一個孩子，我只是要找到真相，要讓小孩學習負責任。」

「喔。」王襄理一副有聽沒到，不以為然的表情，他跟趙老師說：「我要單獨問我們家阿立幾個問題。」

沒等趙老師表示意見，王襄理一聲：「走！」，拉著兒子就走進砸壞電視的教室，還把房門給關了起來。

老吳看著他們父子走開。他直覺這對父子太沒有禮貌，他認為事情的真相還沒弄清楚，這對父子不該在這個時候單獨關起門來講悄悄話。

老吳很想做些什麼來阻止王襄理，他本來想去敲門。但不知怎麼搞的，老吳這時候卻突然緊張起來。他感覺到胸悶、手心出汗、喉嚨發癢，正當他想咳嗽的時候，王襄理打開了房門。

王襄理銳利的眼神從子豪梭巡到阿富身上，就像他平常鑑定完車禍肇事責任一樣，學舌法官似的宣判說：「是阿富站上去，櫃子才倒下來的！」

「不是的！」阿富哽咽的說：「是立華要我們站上去的，我是最後一個。」

「你閉嘴！」王襄理惡狠狠的盯著阿富：「你是最後一個站上去的，就是因為你站上去，櫃子才倒的，不是嗎？小胖子。」

老吳看不下去了，沖著王襄理，「立華的爸爸，你是不是過分了點！」

「什麼？」王襄理瞪眼一看，聲音一沉：「我在說阿富，你少管閒事。」

「子豪，我們走。」老吳同時牽起阿富的手，說：「阿富啊，別等你爸爸了，跟我們一起走。我們先回家。」

老吳牽著兩個孩子繞過王襄理，然後回頭跟趙老師說：「趙老師，至於賠償的事情，既然我們子豪有參與，到時候我們會出三分之一的錢。」

「我不賠！」王襄理沖著老吳和趙老師說：「我檢查過了，你們家買的是ＸＸ牌生產的抽屜櫃，它根本就沒有固定住，站上去本來就會有翻倒的危險。電視新聞都有報導了好不好？你們都不看新聞的嗎？還好我兒子沒受傷，要不然，我還要你們安親班賠償咧。」

「這，這，這是怎麼一回事？」趙老師一臉無奈的說：「這……這真不知道該說什麼才好。」

老吳卻出聲力挺老師，他對王襄理說：「小孩犯錯，做大人的就要承擔……」

「已經說過了，叫你少管閒事。」王襄理講話有口臭：「反正我們家是絕對不會賠的！」

老吳不想再搭理王襄理，他讓兩個孩子走在前頭，三個人正準備離開安親班。

四

這時候，卻聽到背後的男孩立華跟他爸爸說：「爸，那個矮冬瓜吳子豪，就是他，剛才就是他罵我笨蛋的。」

「他罵你笨蛋？」老吳聽見王襄理父子的高聲對話，「那個矮冬瓜才是蠢蛋咧，他們父子倆看起來都像蠢蛋。」

已經走到門口的老吳忍不住轉身說：「王先生，你今天真是太過分了，在小孩面前你可以收斂一點嗎？」

「我在跟我兒子說話，你少管閒事。」王襄理抬高下巴回嗆。

「小豪，你們先回家。」老吳抿了抿嘴唇，「聽話，快走，先回家。」

子豪聽爸爸的話，跟阿富兩個人先走上了人行道，老吳墊後跟著，走到了門口只稍稍停頓了一下。王氏父子卻緊緊跟在老吳後面，連半刻都不肯等，搶著就要走出安親班。

「吳先生，小心！」趙老師緊張的出聲，但話沒說完，衝突已經發生。

「你站這裡幹什麼？想耍流氓嗎？」王襄理沖著老吳說，「給我小心點，讓開！」

王襄理比老吳高出小半個頭，他看老吳站在門口不動，突然就朝老吳的肩膀猛力一頂，老吳一個重心不穩，整個人栽進種滿玫瑰和薔薇的花叢裡。

老吳的腦筋瞬間一片空白，他不敢相信，這個人渣竟然會有這樣的流氓行徑。老吳爬出花叢的同時心想：「硬拚不行！」，看準了王襄理的金框眼鏡，二話不說，一拳就揮掉他的鏡框。王襄理眼前一黑，旋即被老吳撲倒在薔薇花圃裡。

兩個男人像打橄欖球一樣重重摔倒在地。

他們在草地上滾了兩圈，王襄理找不到眼鏡，老吳卻已經把他撲倒在地，並且先發制人，用手肘死命勒住他的脖子。王襄理愈想掙扎，老吳就把他的脖子鎖的愈緊，瘦高的王襄理被壓制在地動彈不得。

趙老師一看這衝突的場景，著急的放聲哭喊：「別打了，別打了。快來人阻止他們……，快打電話報警，快點報警哪！」

在趙老師的哭喊聲中，老吳鬆手停了下來，他站起身還想拉王襄理起來。

王襄理摸摸脖子，蹲在地上以極端受辱的低姿態罵說：「滾開！」

老吳和王襄理就這樣分隔了一公尺相互對峙。

「不要這樣，不要這樣嘛。」趙老師見他們雖然分開了，卻仍是手足無措的說：「這……這……真是……真是的……。」

兩個男人背對背站著，都在拼命喘大氣。

幾個放學後聚在門前看熱鬧的小鬼，原本看得目瞪口呆，現在架打完了，他們又模仿起大人的死樣子嬉鬧追逐。

「回家，都回家去。」趙老師邊驅趕小孩邊鎖門，還一邊嘟噥著說：「都幾歲人了，幾歲人了，還當著小孩子的面打架……。」

老吳混身是汗，他很熱，現在只要一吸氣，兩片肺葉就像火燒。他原本就不太順暢的喉嚨裡，現在好像又多添了不知名的東西卡得更緊，連吞嚥口水都覺得困難。

老吳沒再理會和他對打的王襄理，他拍拍身上的塵土，拖著腳步走上人行道，子豪和阿富仍驚訝的站在原地等他。老吳突然覺得支氣管裡一陣痙攣，劇烈的咳嗽過後，他用力咳出了半顆米粒大小的碎痰塊，還帶出一股腥羶的臭味。

小豪看到爸爸咳嗽，他也哽咽了。小豪抽抽答答的想哭，老吳一回頭，伸手摟住兒子的肩膀安慰他。

五

父子倆走在前頭，阿富跟在後面，三個人在人行道上慢慢走。

沒走幾步路，老吳聽到王襄理甩車門的聲音，接著又發動引擎。但他們沒有回頭繼續走，王襄理的車子超越他們的時候，排氣管裡還冒出薄薄的白煙，怒氣沖沖的絕塵而去。

小豪終於忍不住，抹起眼淚，老吳伸手把兒子摟的更緊。

走到分岔路口時，阿富說：「我要回家了，我爸爸會找我。」

阿富和小豪揮手，在黯淡的暮色中分道揚鑣。

阿富也哭了，胖小的身軀往回家的方向跑去。

小豪看著小胖同學跑走，自已又哽咽了起來。老吳則安慰兒子說打架不好，他跟兒子說：「對不起！不該讓你看到這種事情。以後不要隨便打架喲。」

兒子抹去眼淚，點點頭。父子倆就這樣摟著走著，快到家的時候，老吳放開兒子的臂膀。但小豪卻牽起老爸的手，稚氣的問：「立華他爸爸有可能會帶小刀嗎？」

老吳詫異的看了小豪一眼，心想，這孩子怎麼會問這種問題？

「不可能，他是產險公司的襄理，不可能帶刀。」老吳的回答其實很心虛。

「那如果他手上有棍子呢？如果他拿棍子，該怎麼辦？」小豪的疑問或說擔心顯然一路上隱藏了很久。

「不知道。」老吳聳聳肩，語重心長的說：「人在生氣的時候，很容易喪失理智。所以，打架真的不好。」

「爸，立華的爸爸比你高嗎？。」小豪略帶傻氣的問。

「嗯……」老吳也忍不住說：「是比爸爸高一點，所以呢？」

「嘿嘿嘿，反正我們打贏了。」子豪抿著嘴笑。

走到公寓底層時，老吳看到四樓客廳的燈點亮了。黑暗中，家裡散射出溫暖，老吳有一股莫名的感動。

「爸，你好棒！」小豪突然很驕傲的說。

「別傻了，快上去吃飯。」老吳跟兒子說：「上去跟你媽說我沒事。我想在樓下站一會兒吹吹風，馬上就回去。」

小豪三步併作兩步，興沖沖跳著階梯上樓回家。孩子的喜悅藏不住，在樓下都能聽到他大喊：「媽！媽！我跟妳說……。」

六

老吳站在公寓樓下，街燈一盞一盞亮了起來。

他額頭上的汗水已乾，衣服的內襯裡還有一些些潮濕的感覺。晚風吹撫，他想起小時候，想起他瘦弱、矮小、削肩沒肉的父親。

老吳從小就敬愛他的父親，因為老爸夠聰明，他是全眷村裡第一位晉升一等一級士官長的人。但是聰明的老爸，卻因為老吳小時候去偷挖鄰居的幾條地瓜，而和興師問罪的鄰居打架。

過去，老吳一直不願回想老爸那次的戰況，因為狀況很糟。老吳瘦小的老爸被高壯的鄰居壓在地上，那個混蛋鄰居用膝蓋狠狠頂住老老吳的肩膀，老老吳被壓制在地上動彈不得，情況非常不好，結局更是難堪。但老吳那時候只有小豪現在的年紀，只能看著老爸為了自己偷地瓜挨揍，而當時的小男生卻只能站在路邊哭泣。

老吳清醒的時候一直不敢回想那場因他而起的鬥毆，但那糟糕的畫面卻不時從他的噩夢中跳出來。更糟的是，老吳對老爸的所有記憶，彷彿只停留在那一刻敗戰的難堪。即使老爸過世多年，他對老爸卻還是有一句「抱歉！」沒說出口，它就像一口死痰哏在喉頭，多年來，這股怨氣一直讓他胸悶莫名難受⋯⋯。

老吳倚在大門吹風，老吳的老婆卻從公寓急忙忙下樓。

「搞什麼嘛！你沒事吧？」妻子焦急的查看老吳的臉和手，看到沒什麼大礙，才放心說：「上去洗澡，該吃晚飯了。」

「爸，吃飯囉！」小豪站在陽臺窗戶邊叫他。

老吳走在前頭，牽老婆的手爬上四樓。

七

小豪洗完澡端端正正的坐在餐桌前，老吳說：「等什麼，吃飯哪。」

「要等爸爸一起吃！」笑嘻嘻的小豪難得這麼守規矩。

「你要不要先去洗個澡？」老婆管老公像在管兒子，但隨口又說：「隨便你，你們先吃，我再去燙盤蝦子。」說完，轉身鑽回廚房。

「好棒囉，加菜嘍！」小豪的欣喜藏不住，卻又像似要保守父子倆的祕密，他小小聲的跟老吳說：「爸，我們打贏了！」，說的好像那場勝仗他也有參與。

老吳如釋重負拍拍兒子的手背，慎重的說：「從現在開始你更要聽話，以後去安親班必須更有禮貌，不可以到人家家裡打來打去。」

小豪聽到這裡，臉上泛起捉狹的詭異笑容，說：「你還不是⋯⋯。」

「從明天開始，不要再跟王立華一起玩了！」老吳嚴肅的告誡兒子：「不可以隨便亂碰別人家的東西。」

兒子直視著老吳，點點頭。

老吳卻感覺喉嚨不舒服，一陣劇烈的咳嗽，又咳出半粒米大的碎痰塊，還伴隨一陣輕微的腥臭味。

「嗯……」小豪扮鬼臉大笑說：「好臭，好臭。爸爸好臭。」

老婆端出一盤燙蝦子，看著呵呵笑的父子倆說：「吃飯，吃飯，你們父子倆在傻笑什麼？」

「你們先吃，我去沖個澡！」

老吳走進浴室，對著鏡子裡的自己，他雙手奮力握拳，低聲喊：「耶！」

難得的自我感覺良好。

也許是支氣管比較暢通了，抑鬱的胸悶也因此獲得抒解。他一邊淋浴，一邊哼唱起小時候熟悉的校園民歌。

蒸騰的霧氣中，童年的噩夢彷彿也跟著逸散而去。

老媽的新寵

狗兒子！
究竟指的是狗還是我？
寡居的老媽新養了一隻狗，
狗和真正的兒子在爭寵……

老媽最近有了新寵！佔據了老媽整顆心。

別誤會，老媽的新寵是一隻狗，一隻叫作Ki－Ki的狗。

我在北部工作，南部老家只剩下寡居的老媽守望老房子。擔心她寂寞，隔一段時間就回去看看。

公式化淡而無味的探訪，最近卻因為一隻寵物狗的出現激盪起漣漪。才跨進老宅大門，老媽懷抱著西施犬，興沖沖的指著我和狗說，「Ki－Ki你看，是誰回來啦！是你哥哥，是阿俊回來啦。」

我臉上當下浮出三條線，心想：「我何時多了隻狗弟弟？」

記憶裡，老媽一向不喜歡養寵物。小時候我和弟弟想要養狗。她就用臺語罵說：「討債呀！人攏吃不飽了，還飼狗？不准飼！」

出身鄉下貧農的母親，沒讀過書也不識字，窮怕了，總擔心家計。因為父親在部隊裡士官的薪俸確實菲薄，老媽一方面擔心養狗麻煩，更害怕我和弟弟人都吃不飽了，那來的食物給狗吃，所以從來不准我和弟弟養狗。

老媽沒養狗，家裡卻養著四個小蘿蔔頭，這對老芋仔家庭來說，堪稱食指浩繁。四個小蘿蔔頭中，我努力從鄉下的高中考上北部的國立大學，就像當年多數的下港青年一樣，藉著聯考的成功完成華麗的轉身。當年，我幾乎是以逃難避禍的心態汲汲於逃離鄉下，逃出老芋仔家庭微弱的庇護，逃進大臺北城。藉著努力讀書，在荊棘叢中闢開一條生路。畢業後，繼續跟隨多數下港青年的奮進腳步，順理成章的工作在臺北、謀生在臺北、結婚在臺北、生活在臺北。

至於老家和老媽，距離三百公里遠，時空的隔離，加上母子間智識的嚴重代溝，偶爾的聯繫只剩下打電話。從打公共電話的古早年代一直到現代的智慧型手機，每次打電話回家，話筒那頭老媽的聲音卻經常讓我不知所措。

「阿俊仔，你在臺北好嗎？身體嗳顧厚好。」老媽總是反複同樣的臺詞，「臺北卡冷，嗳注意多穿衫……嗳吃厚飽！」

「好，好，我知影。」我也總是敷衍著，「啊，家裡好嗎？」報平安的電話這頭我也總是不知所云的敷衍。

由於距離遠、分隔久，母子間本就不多的話題愈來愈少，打電話變成公式性的問候。我和老媽的對話經常言不及意，每回匆匆掛電話前，老媽的結語永遠都是：「阿俊哪，你在臺北嗳吃厚飽、穿厚燒，不可寒到……。」

這種公式性的對話，從我上大一開始持續到此刻的中年，母子間的電話溝通其實只剩下似有若無的連繫。老媽的叮嚀從不考慮盛夏溽暑，就算臺北已成了大蒸籠，她的交代卻依舊是「你嗳穿厚燒」；也不管我已日漸痴肥的身裁真正需要的是減肥，她卻一再重複，「你嗳吃厚飽！」

每回就在「你嗳吃厚飽、穿厚燒」跳針式的叮嚀中，我掛斷老媽的電話。每每也為自己的不貼心自責難過，但只要拿起話筒，甜言蜜語卻還是說不出口。

老爸過世後，老媽每天更是除了煮三餐，既沒有人需要侍侯，也沒有人需要她照顧。暮年的老媽一個人守著一個家，沒什麼了不起的家事可做，僅剩的一丁點家事，她做了幾十年，幾乎是她生存的全部意義。

沒事可做，生活少了重心，她存在意義似乎愈來愈微弱。

很多時候，老媽都是一個人守著電視機，被無聊的節目催眠，電視有看沒看無所謂，她早把客廳的沙發睡成了臥床，小小的電視，竟成為老媽世界裡的全部。一天二十四小時，家裡的電視機至少要開十八個鐘頭。

打電話回家問候，隔著話筒就能聽到電視裡的嘈鬧。要老媽把電視機的聲音關小，話筒那頭，老媽的回答卻叫人哭笑不得，她總是說：「嘸通關掉，嘸通關掉，電視嘜打厚開，嘜有人的聲音，要不然會遭小偷，而且……而且我會很無聊。」

這突兀的電話對話很有畫面感，更有超現實的孤絕感。

電話的彼端，老媽一手捏著電視搖控器，一手握著室話電話筒，但嘴裡唸叨的卻是，「嘜有人的聲音，要不然我會很無聊……。」老媽好像忘了，正跟她講話的不是電視機，而是電話這頭的我。我有點擔心，老爸曾經罹患的失智症，會不會又讓老媽大禍臨頭？

也許是出於對老媽歉疚，最近我趕搭夜車回老家的次數比以前更多。回家的路上，心情開朗。不論是出於贖罪還是真心掛念，我漸漸明白，無論我飛得再遠，我也只像一只風箏，線的那一頭永遠牽著老媽的思念。老媽就像繫在我心頭的一條線，我飛得愈遠愈久，線的另一頭就拉扯的愈沉愈痛。

不過，所有的感情負疚都禁不起現實的衝撞。每每我懷著歉意進門，卻總是被老媽過度的噓寒問暖給澈底打敗。老媽總愛問：

「肚子餓不餓？我去買肉丸好不好？」

「熱不熱？不要只吹電風，或者要不要開冷氣？」

「錢夠不夠用，貸款還剩多少？」

「孩子有沒有用功讀書，現在念幾年級了？」

那些早就有答案的疑問句，老媽卻總是不識趣的問個不停。

雖然我知道老媽只是想找個人聊聊天，但是一遍又一遍回答相同的問題之後，我的禮貌逐漸失去了耐性。她過度的噓寒問暖聽起來就是嘮叨，常常為了「要不要吃橘子？要我幫你剝皮嗎？」這類芝麻綠豆點的小事惹得我發脾氣，搞得母子倆的感情急凍。

矛盾吧！就因為知道老媽寂寞，我才下了班趕搭夜車跑三百公里回家。進了家門，卻聽不得老媽開口，她一講話，我心頭的火山就翻騰。她在客廳裡三句話沒講完，我的火山已經爆發，逆子頂撞老媽的鄉土劇情，經常上演在我家。

我不相信和老媽有母子犯沖、相剋這類迷信的講法，卻真覺得我們母子倆真的有那麼點「情深緣淺」。理智上，我知道老媽的噓寒問暖是善意，但感情上，我卻對過度的呵護感到多餘甚至憤怒。

情感與理智分了家。每次回老家，跟老媽總說不上幾句話。搭夜車回來是最好的藉口，總托辭說自己睏了，勉強在老家待過一宿，隔天又胡扯說要趕上班，用這個爛理由再度快快的逃離她的視線。

母子間糾葛的緊張關係，在Ki－Ki出現後有了改善。

「Ki－Ki你看，是誰回來啦！」老媽抱著一隻西施犬，指著我，跟狗說：

「是你哥哥，是阿俊回來啦！」

「老媽把狗當兒子了？」我心裡當然不是滋味，難道兒子本該跟狗一樣？

但當我發現老媽不再跟前跟後跟著我打轉，不再問我要不要吃肉丸？不再問我要不要吹冷氣？甚至不再問我吃橘子要不要幫忙剝皮等等傻問題的時候。我才驚覺：「老媽不一樣了！」，我必須認真看待老媽的新寵Ki－Ki。

Ki－Ki是隻西施犬，牠是老媽的朋友轉送給她的，狗齡六歲。牠有一雙下垂的大耳朵，圓圓的眼睛常常被前額的留海遮住。就一隻狗來說，Ki－Ki不算有型或者特別漂亮。但重要的是，這隻狗經常表現出熱情和聰明，總喜歡圍在老媽身邊打轉，牠要吃、要喝還會撒嬌。老媽笑嘻嘻的說：「Ki－Ki像個野小孩，就跟你們小時候一樣。」

小時候，我們真的是野孩子。眷村的小孩嘛，呼朋引伴整天在外面玩，只有餓了、累了才知道回家。回家的第一件事就是找老媽，跟現在的Ki－Ki一樣，也是圍著老媽要吃要喝的。

我想試著逗弄老媽懷抱中的狗兒子，卻意外引來Ki－Ki的連聲狂吠。

「噓……噓……」老媽溫柔的安撫懷中的Ki－Ki，說：「乖，乖，哪是哥哥耶！是哥哥耶！你最乖了。」帶過四個孩子的老媽知道，眼前Ki－Ki的吠叫聲中沒有惡意，反而是出於動物本能的爭寵。經過老媽的柔聲安撫，Ki－Ki果然收斂起爭寵的撒潑，乖乖的重新躺回老媽懷抱。

但我對眼前的這隻「狗兄弟」卻不能完全敞開胸懷，想當年，老媽把養寵物當作是奢侈浪費，所以一直不讓我養狗。但現在，為了眼前的這一隻，老媽居然捨得花錢買狗食、打預防針，還送牠去寵物店剪毛。過去省吃儉用到幾近摳門的老媽，現在卻被一隻寵物犬給澈底改變。

有了Ki－Ki後，老媽的生活重心轉變了，她不再全天候守在電視機前打瞌睡。每天她會固定在早晨、下午和晚上，一日三次帶Ki－Ki出門散步蹓躂。Ki－Ki的回報也很直接，就是整天跟前跟後黏著老媽。我想，子女不在身邊的老媽，是Ki－Ki讓她重新找回被需要的感覺，讓她再次覺得自己很重要。

除了遛狗，老媽更關心Ki－Ki每日的飲食。前陣子，享譽全臺的一種知名狗食爆出含有毒素，新聞報導說，很多人的愛犬都因為吃了這種狗飼料不幸殞命。老媽卻一直誇獎懷裡的Ki－Ki，「阿彌陀佛！還好我們Ki－Ki的嘴刁，有毒的狗食都不吃，要不然就慘囉，Ki－Ki最聰明。」

老媽不再繞著我問東問西，我是一則以喜、一則以憂。喜的是，老媽找到Ki－Ki這個新寵；憂的卻是，我發覺，老媽居然愛跟狗說話更甚於找我聊天。

兩天短暫的探親之旅很快結束，為了顧腹肚，我真的必須北返回去上班了。臨行前，我在房間裡整理行李，老媽在小花園裡修整她種植的茉莉。隔著一扇窗，卻聽到老媽對著她腳邊的愛犬說話。

「Ki－Ki呀！阿俊在臺北吃頭路，等一下嘜回去臺北打拚！」

「Ki－Ki呀！阿俊小時候最愛吃我們南部的肉丸！」

「Ki－Ki呀！阿俊下次回來，可能要等到過年才會回來囉！」

老媽把她想跟我說的話，透過Ki－Ki講給我知道。聽著她這樣跟Ki－Ki說話，反而加深人子的悵然。

Ki－Ki已然成為老媽最忠實的聽眾，牠取代遊子成為老媽的生活重心。

不過，我也有話想跟Ki－Ki說：

謝謝Ki－Ki，慶幸老媽養了你，是你讓老媽的生活重新有了寄託。

謝謝Ki－Ki，是你膚慰了老媽的孤獨，減輕人子的愧疚。

但是Ki－Ki，我嚴肅的告訴你，你喚起了我的忌妒。我嚴重的警告你，老媽是我的，不是你的。老媽雖然表面上很疼你，甚至多過對我的關心。但是，你，你永永遠遠不可能跟我稱兄道弟。

我知道，要治癒我和老媽之間嚴重疏離的最有效方法，就是讓她說話，並且聽她說話。

所以，回到臺北後，即使老媽依舊會在話筒裡說：「俊仔，你嗳吃厚飽、穿厚燒……」這種聽了幾十年不變的公式關懷。老媽的老話，我還是會聽。

這樣的電話，我還是會一直繼續打。

做為人子，我絕不會也不該輸給Ki－Ki這隻狗兒子。

修改遺囑

丈人退休後，本來開心的預立遺囑，
他把房產、存款全給了小舅子。
但過了不久，丈人卻深感後悔，
是什麼理由讓丈人變卦？
哈哈，修改遺囑我就是最大受益人，
如果是這樣，那該有多好……

一

陪岳父在房間看電視，他突然跟我說：「你要幫忙我殺掉她！」

「啊！殺人？你當真？」如果岳父當真，那可不得了。

不過，我知道，岳父老了，老得有點兒輕微失智，再加上他經常一個人關在臥房裡看電視，一看八、九個小時。看到頭腦昏沉，說話詞不達意，表達上並不清楚。所以，「殺人？」，絕不可能。

但我知道岳父真正想表達的是什麼。因為接下來他又說：「你要幫我狠狠的、狠狠的揍她一頓！」

「要多狠？」我看著他老人家，假裝正經的問：「甩她一耳光夠不夠？」

岳父把目光移開電視，認真的說：「一個耳光不夠，要狠狠甩她兩巴掌！」

岳父口中的「她」，指的是與他同住的兒媳婦——美玲。

岳父其實是不贊成暴力的，至少十幾年前，他還在國小當校長的時候是堅決反對體罰學生的。當時，美玲剛剛到學校報到，擔任數學老師的她很愛打學生手心，只要成績沒達到標準，就有人會挨揍。擔任校長的岳父曾經苦口婆心的勸誡這個未來的媳婦不要打學生，岳父還要美玲在教學以外的事情都不必太認真，更不要計較我小舅子佳家待人處事的粗枝大葉。

岳父對許多事情都很淡然，但現在居然叫我去甩他兒媳婦巴掌。我想，他們中間肯定有問題。

我問他：「美玲怎麼了嗎？她對你不好嗎？」

岳父從抽屜裡拿出一本存摺，說：「美玲偷我的錢！」

岳父攤開存摺簿給我看，他說：「我退休後每個月還有八萬塊，都被她給領光光。」岳父癟了癟沒戴假牙而凹陷的嘴說：「我問那個幫忙送信的，送信的那個人……。」岳父搔搔只剩下幾莖灰白雜毛的頭頂，一時語塞說不出話來。

「你是說郵差嗎？」我替他補充。岳父老了，有時候會想不起要講什麼或記不得人、事、物的具體名稱。

「對對對……，郵差，送信的是郵差嘛。」岳父彷彿溺水者抓到一根稻草的喜悅，他說：「那郵差跟我說，可能是你家媳婦兒領走的。我家的媳婦兒不就是美玲嗎？是美玲把我的錢領走了。」

我仔細看存款明細，發現每次發退休俸的隔日，至多是隔兩日，大半存款就都被提領走，餘額只剩下一萬塊，應該是留給岳父當零花的。

「她不但偷走我的錢，她還要害死我！」岳父一激動就會誘發氣喘，咽喉裡發出嘘嘘沙啞的氣息聲。他趕忙以反射動作從口袋裡摸出噴霧劑，往氣喘咻咻的喉嚨裡噴藥。

「爸，你別急別急……」我關掉吵吵嚷嚷的電視，扶他慢慢躺下。其實，兩年前岳父的老年失智症狀就逐漸明顯。於是，他趁著還清醒就把房地產和存款陸續過戶給我的小舅子佳家，至於退休金就全交給兒媳婦美玲去管。不過，老人家的錢不在身邊，不安全感就愈來愈嚴重。他擔心美玲偷他的東西，更憂心自己會被兒媳婦遺棄。

我試著安撫他，「美玲對你還好啦。三餐，她都有煮給你吃呀。」

「沒有！」岳父堅決的說：「我都是自己煮自己吃，我才不吃她煮的東西。她煮的東西難吃死了，我沒牙齒，嚼都嚼不動！」

二

「咚、咚……」臥室外的廚房傳出磁盤砸落水槽的連聲巨響。

「這是我們家的事，妳管不著！」美玲在廚房裡尖聲咆哮。

接著又是「咚」的一聲巨響，又一個倒楣的磁盤被砸進水槽裡。

我循著聲響悄悄走進廚房，卻發現老婆佳惠站在大開的冰箱門前與她的弟媳婦美玲怒目對視。

「什麼叫做『你們家的事？』，他是我老爸耶。」老婆怒嗆美玲，「一盤青菜，妳居然反複微波。妳讓我老爸連續吃三天微波過的菜尾地瓜葉，妳這不是太過分了嗎？」

「是他自己要吃的！」美玲也扯開喉嚨回嘴。

「妳不知道菜尾反複加熱會產生亞硝酸鹽，會致癌嗎？」老婆真的生氣了：「虧妳還是老師咧，連這點常識都沒有。」

「是妳老爸自己捨不得丟，我又沒叫他吃菜尾。」

「妳們住在一起，妳就不能幫幫他老人家嗎？」

「咚！」又一個衰鬼磁盤摔進水槽，美玲恨恨的說：「這下剩菜全都摔掉了，這樣妳滿意了吧。」

佳惠卻得理不饒人，繼續追問：「還有，為什麼我老爸浴室裡的塑膠止滑墊妳不把它鋪滿？」佳惠很不悅的說：「妳不知道浴室裡的墊子不固定住，不把它全部鋪滿，老人家很容易滑倒受傷嗎？」

「大姐，妳管天管地管菜尾，連浴室也要管，妳不覺得自己管的太多了嗎？」美玲跟佳惠頂嘴：「我沒有特別對不起妳老爸。我們家不只妳爸的浴室裡沒鋪滿，我們樓上樓下三間浴室也都沒鋪滿，這樣排水方便也比較乾淨，難道妳不懂嗎？而且，我們家從來也沒有人因此摔倒過。」她忿忿的甩上冰箱大門，對著佳惠嗆聲：「大姐，我再說一次，這是我家的事！妳要是不高興，可以叫妳老爸搬去臺北，去臺北跟妳們一起住呀。」

一聽說要把老丈人弄到臺北，我急忙搶前一步隔開她們姑嫂，我說：「別衝動，有話好說，有話好說嘛！」

其實，岳父要住哪裡這個老話題，老婆早和我商量過。兩年前，丈母娘過世，丈人賣掉臺南的舊屋，理所當然的搬去跟小舅子一家人住。只不過，丈人一向自主意識強，他和脾氣同樣倔強的美玲打從學校當同事開始，就沒有真正和平相處過，同住一個屋簷下，大大小小的紛爭更是沒斷過。所以，佳惠一度和我商量，打算接她老爸到臺北跟我們擠一擠。還好，老丈人不肯，他嫌我們臺北又吵、又擠、生活又不方便，他寧願住在他習慣的臺南。

「不要！」岳父不知什麼時候站在自己的房門口大聲說：「我不要去臺北。臺北的房子那麼小，我才不去湊熱鬧。我要住在這裡，這房子是我買的，我要跟我兒子住，我要跟佳家住！」

佳家是我的小舅子，但岳父似乎忘了，小舅子佳家此刻正在越南的臺廠當臺幹，他根本長年不住家裡。平常就只有兒媳婦以及一對孫子、孫女跟他同住。

「佳家不在家啦，你昏頭啦，還佳家咧！」美玲一看送走老爸的話題又沒搞頭，立刻表現出不耐煩。她拿出掃帚大動作掃地，像似要把擋在冰箱前面的佳惠一併掃出去。

「妳做什麼？」佳惠擋住美玲清掃的動線：「我還在跟妳說話呀！」

「滿地的花生殼，妳沒看到嗎？」美玲沒好氣的說：「每天都這樣，要掃妳老爸邊吃邊丟的花生殼。請妳讓開，好嗎？」

美玲很快清掃完地上的花生碎屑，接著又以極誇張的大動作，碰碰作響的打包水槽裡的破碗盤和垃圾桶裡的廚餘。

「垃圾，這麼多垃圾。」美玲拎著垃圾袋意有所指的向佳惠挑釁，「我要出門倒垃圾，妳可以讓開嗎？」

美玲的氣場強大，根本想連佳惠都一併打包拿出去丟掉，佳惠只能悻悻然的把路讓開。

三

眼看著弟媳婦出門，佳惠和我扶著她老爸坐回臥房裡的大椅子。

「她都不煮給你吃嗎？」女兒問地有些心酸。

「沒關係的啦！」岳父因為常年氣喘，咽喉發出高音頻的咻咻聲。尤其在生氣之後，喉嚨彷彿有痰哏在那兒起起落落，只能靠著嘴巴吸氣吐氣，岳父說：「我自己煮自己吃，我有自己的規律，這樣反而自在。我不要她煮，不要麻煩她啦，不要耽誤她上班的啦。」

岳父一句話裡連講了三個「不要」。這種凡事「不要」的口頭禪我再熟悉不過，因為他女兒，也就是我老婆佳惠，她們父女倆的死個性簡直一模一樣。

猶記得丈母娘剛過世時，岳父原本就打算把銀行存款和賣掉舊屋的錢全都贈與給小舅子佳家。但他形式上還是問了問佳惠，岳父說：「啊……，都給妳弟弟好不好？妳願不願意簽同意書？還有，妳要不要也放棄繼承我那五分農地？」

什麼都不要的老婆當時就說：「不要，不要，我什麼都不要！」剛剛經歷母喪的佳惠哭著說：

「媽媽都沒了，房子、存款都留給弟弟吧，我什麼都不要。」

看吧，我老婆就是這種死個性，和她老爸一個樣，總是把「不要」掛在嘴邊。我雖然不服氣，但身為女婿，老婆都不爭了，法律上我也沒有權利主張財產分配，只能把已經到嘴邊想說卻沒說出口的「放屁」兩字，硬生生給吞回去。

佳惠拆封了一包堅果遞給她老爸，「爸，以後要多吃堅果，醫生說多吃堅果對身體好。」

其實，我老婆是孝順的。自從她十八歲到臺北讀書就沒住在家裡，跟我結婚後，更只有逢年過節才回臺南老家看她爸媽。基於傳統的舊思維，理智上我可以理解，老丈人在考慮遺產的時候只想到獨子佳家，他跟佳惠唯一講的就是要求她拋棄繼承。可是，當佳家繼承財產之後，原本客客氣氣的佳家和他老婆美玲就都變了樣，特別是對我丈人的態度。

佳惠非常看不慣弟媳婦對自己老爸幾近虐待的行徑，所以，這兩年她返鄉探視老爸的次數頻繁了。但嫁出去的女兒常回娘家，卻被美玲視為多管閒事。

我的體會更是不堪，老婆是出於孝心才主動放棄繼承，但讓人心酸的卻是，佳惠的孝心只換到弟媳婦無情的踐踏。

佳惠捏了一把堅果想塞進她老爸手裡：「吃堅果呀，爸！」

「不要，我想吃花生！」岳父推開佳惠的堅果，倔強的示意我，要我從抽屜裡取出一包帶殼花生給他，同時還要我把他的存摺放回抽屜。

就在抽取轉換的同時，我瞥見抽屜裡他早前預立好的遺囑，我很想打開來再看一看。不過，只一秒鐘的猶豫，我立刻提醒自己，這一次我得放聰明點，不能再讓自己陷入險境。這會危害我……喔，不，我差點又說錯了，做女婿的沒有繼承遺產的權利。我要說的是，這可能會危害到我老婆的財產繼承權。因為，今年初回來過年的時候，我犯下了錯誤，那已經讓佳家和美玲夫妻倆對我產生戒心，我必須小心。

四

回想今年春節回來探視岳父，佳家也從越南返臺過年，一家人團圓吃飯。

這事現在想起來都覺得丟臉，岳父本來是心疼佳惠和他的兩個外孫，因為她們母子三人擠在我開了十幾年的國產老車裡南北奔波。年初二那天，我們一車四個人，一路從臺北塞車塞了六個多小時才回到臺南。吃晚飯的時候，岳父當著大家的面跟佳惠說：「妳們家也該換一輛大一點的車子了吧，兩個小朋友擠在後座很不舒服吧。」岳父還豪氣的說：「買車的錢，我出！」

但沒等佳惠回答，餐桌另一頭卻有人搶話了：「我們也要換新車！」，原來是美玲有意見，她說：「我們的車也太小了，有時候還要載爸爸出門，實在太擠了。」

「妳幾時載過我？」岳父的反應很直接，不過他只小小聲說：「我都是騎自己的電動代步車。」

佳惠狠狠看了美玲一眼。但她不想破壞年節吃團圓飯的氣氛，便安撫她老爸：「不要，不要啦。」然後溫柔的對我說：「我們家的小車舊歸舊，但開習慣了，再多開兩年也沒問題的啦，對不對？」

老婆都說不要了，我還能說什麼？我只能點點頭向老婆陪笑臉。但其實我心裡想的卻是，岳父如果肯出錢，我當然樂意換一臺新車。

「沒關係啦，佳惠，就換一輛吧！」一杯白酒下肚，岳父很阿沙力的說：「妳媽過世，妳什麼都沒要，就給妳買一輛新車當作補償。錢，我還有。」

我一見機不可失，立刻舉杯向岳父賀新歲並且致謝。但一口酒還沒吞下肚，坐我對面的美玲卻發出冷冷如鬼魅的聲音說：「爸，你那來的錢哪？你的錢我都拿去買債券基金了，將來要給你兩個孫子出國唸書的。錢都綁死了，那來多餘的錢給大姐買車呀？」

美玲的話聲甫落，難得回臺灣的佳家也替自己老婆幫腔：「你給姐姐買新車，那我也要。」為了聲援老婆，佳家把自己也搭進來攪和，他說：「如果姐姐可以買車，那美玲的車子也開了好多年，我們也要一輛。」

我小舅子的個性就一點不像他老姐更不像他老爸。說難聽一點，他講話的口氣更像他老婆，總是刁蠻的把「我要、我要、我也要……」掛在嘴邊。

「那太好了，那我們就一家換一輛吧。」我大概是兩杯黃湯下肚太亢奮，喜滋滋的開起玩笑：「過完年，老爸家裡就有兩輛新車囉。」

「姐夫，錢從哪裡來？」美玲一手往老公佳家的碗裡夾菜，一副不屑的對我說：「我爸只是隨口說說，姐夫怎麼就當真了。」

「我是講真的！」岳父突然站起身說：「去，去房間把我死後的那個……，那個……什麼拿出來。」岳父不知是氣暈了還是老人失智症又犯了，有時候他就是會記不起或想不起想要講什麼的具體名稱。

於是，我試著幫他，我問：「你的什麼？你是說你的遺囑嗎？」我多言多語多問了一句我的心裡話，我說：「爸，你是要修改遺囑嗎？」

岳父點點頭。

老婆卻皺起眉頭瞪著我。

只有美玲和佳家當作沒聽到。沒人採取行動，沒人去拿岳父抽屜裡的遺囑。

「姐夫，你是不是管太多了？」佳家瞪我，臉色鐵青。這幾年，他在越南幫臺灣廠商做生意，生意人一向和氣生財的，但現在他卻臭著一張臉對我，然後語氣堅定的說：「不管是遺囑還是遺產，那都是我們家裡的事，你只是半子，不關你的事。」小舅子竟然拿民法親屬篇跟我說嘴，說我沒有繼承權，不應該對他爸爸的遺產說三道四。

「是財產！」我用法律專業糾正佳家的錯誤。我說：「岳父大人現在還好好活著咧，生前立下的遺囑只能算贈與。只要老爸同意，遺囑當然可以撤銷也可以修改。」

餐桌上的鬥嘴沒完，一向講究和諧的岳父習慣性的退縮不吭氣了。老婆也要我閉嘴不要再說，但是佳家卻沒完沒了，一副乘勝追擊的模樣說：「我說了嘛，這是我們家的事。」面對財產，小舅子完全把我當作外人，他說：「是姐姐自己說她什麼都不要的，而且她也簽名放棄繼承了，怎麼能反悔呢？」

「是呀，是那一條法律規定女婿可以管到丈人家的財產？」佳家的老婆也在一旁幫腔，美玲說：「錢是佳家他爸爸的，他愛給誰就給誰。姐夫也讀過法律吧？這是民法的基本常識吧？」美玲一句輕蔑的言語堵住我的嘴，她要我這個做女婿的別管她們家裡「錢」的事情。

接下來，她們夫妻倆一搭一唱，說出來的話很臭，簡直比放了三天的廚餘更臭更讓人噁心。只可惜，當時我沒有錄音錄影存證，要不然，用公然侮辱罪來告他們，搞不好還能打贏官司……。嗯……，順便還能把岳父的遺囑真的改一改。

不過，從法律上衡量，我一時站不住腳。所以，我只好保持做姐夫的風度，我一直微笑，儘量讓自己顯得輕鬆，好讓他們夫妻倆更加抓狂。因為學法律的我了解，一般人對於輕易得來的財物，內心是更懼怕更擔心失去它。所以像繼承或贈與這樣輕易得來的錢財，因為怕失去，就會更想牢牢握在手裡。相反的，如果是靠自己努力工作掙來的，多半則會表現出格外珍惜。

「靠努力獲得的會珍惜擁有」對比「靠贈與得到的更恐懼失去」，其實是兩種完全不同的情緒。我利用了佳家他們恐懼失去的情緒，所以，我保證不會再主動提起修改岳父遺囑的事，好讓佳家她們保有最大的利益。不過，為了不辜負岳父的好意，我也有巧妙的堅持。最後，我們一個屋子底下的兩家人達成共識，有了共同決議，嘿嘿……，那就是，我們決定用岳父的錢幫各家各買一輛新車。除此之外，在佳惠善意的堅持下，也幫她老爸換了一輛新的老人代步車。

五

「一個耳光不夠，真想狠狠甩她兩巴掌！」站在車庫前的岳父又抱怨起來：「她的新車每次都擋住我的老人車。早知道，就不給她買車了。」

本來我要陪岳父騎他的老人代步車出去走走，但此刻，他的代步車被美玲新買的轎車擋住了出口，氣得他直想罵人。是的，我也很想幫岳父的忙，幫他甩美玲兩巴掌。但我是學法律的，我不可能採取暴力手段把自己逼入絕境。所以，我只能蹲下身子，跟著佳惠一起搬動她老爸的代步車。

我們夫妻倆費了九牛二虎之力，一吋一吋的挪移，終於把岳父的代步車移出車庫外頭。但回頭一看，岳父卻杵在鞋櫃前猶豫不決，他喃喃自語：「該穿什麼鞋出門呢？」

岳父老了，失智症前期的症狀讓他顯得更老邁，不就是外出散散步嘛，有那麼難做決定的嗎？剛剛他才為了該不該穿外套出門而猶豫不決，現在又為了要穿拖鞋還是球鞋下不了決定。

「就穿球鞋吧！」我替他做了決定：「公園雖然就在附近，還是穿球鞋比較不會跌倒受傷。」於是，岳父乖乖的穿上了球鞋，興奮的像個要出門遠足的男孩。

「我的花生……」岳父沒忘記他最愛的零嘴，「還有水壺……。」

「水壺我去拿！」佳惠進屋前特別交代我：「小心照顧我爸，我去趟菜市場，你們先過去。」

六

跨坐在代步車上的岳父就像個老小孩，過馬路的時候根本不看交通號誌。明明黃燈已經亮起來了，他還莽撞的以時速八公里的頂級車速往前衝，讓小跑步跟在後頭的我嚇出一身冷汗。還好，鄉下地方，紅綠燈一般只供參考，既沒有警察站崗也沒有車輛衝撞。花不到十分鐘，我們就抵達社區的小小公園。

岳父熟練的站在三人一組的扭腰器，他把雙臂搭在扶手上，輕輕的扭擺起來。我也站上扭腰器，陪著他嘻嘻哈哈的舒展筋骨。

「你那五分農地，現在在做什麼？」我試探性的問岳父。其實，我早知道岳父繼承了祖產五分農地。不過，他一介文人教師，拿不動粗重農具，幾十年來，農地都給別人承包種水菓，自己收一點兒租金。

「在種芒果！」岳父在運動器材上邊扭邊說：「你想要嗎？」

我深深吸了一口氣，心裡非常想說：「要！我要這五分地。」

但是我又不想撕破臉，因為，這五分地已經連同存款、房舍全都寫進了生前遺囑，全都由佳家繼承。身為女婿，我不想再冒冒失失的為了這五分農地和小舅子夫婦不愉快。

「你想要呀，」岳父說：「下回我找人寄一大箱給你，給你吃個夠。」

天哪！我是自做多情過了頭，岳父講的是芒果，我想的卻是土地。

岳父扭一扭腰，突然又發起牢騷：「一個耳光不夠，真想狠狠甩她兩巴掌！」

「又來了！」我心裡念叨，真不懂，這次回來，岳父怎麼老想著甩美玲巴掌？

「她要把我送去安養院！」岳父停止扭腰，眼神茫然看著前方，說：「我就要變成孤單老人了，我要被他們拋棄了。」

「她們怎麼能這樣對你？你的財產不是都給她們了嗎？」我滿腦子想的還是遺囑上的存款、土地，還有他一個月八萬多元的退休金。他月領八萬，周休七天，比我周休二日領的還要多。這些錢，現在全進了美玲和佳家的銀行帳戶，我和我的佳惠一毛錢都沒分到。她們拿了錢，居然還要把他送去安養院。

「佳惠知道嗎？」我問。

岳父點點頭，說：「怎麼辦？我不要，我不要一個人去安養院等死。」

我知道，即使岳父現在是自己煮、自己吃，他也已經習慣一個人的獨處方式，他還沒有接受自己衰老的事實。但即使衰老的生理現象不可逆轉，老人家還是希望有自主決定的權力，他想要過他自己的人生。媳婦兒不想和岳父同住，她要強行送岳父去安養院，這等於是硬碰硬的要打破他老人家的生活習慣。硬生生送他進陌生的環境，岳父當然難以接受。

看著眼前沮喪的老丈人，我一時不忍，脫口而出：「那你要搬到臺北，跟佳惠和我們一起住嗎？」但話才出口我就後悔，岳父一直嫌棄我們臺北的房子太小太擠。

「除非……」我開始幻想：「除非我把臺北的小房子變大變寬。但這必須他給錢，有錢就能讓我買新房，讓岳父住進臺北新的大房子。」我滿腦子的奇思怪想已經像孫悟空的筋斗雲滿世界亂竄，翻一個筋斗來回就可以十萬八千里。但岳父大人卻不動如山，我問他要不要去臺北？他卻悶不吭聲。

沉默了半天，他終於開口。但一開口，卻差點讓我從扭腰器上跌下來。他老人家又是那句：「我真想狠狠甩她兩巴掌！」

「我知道，我也很想幫你甩她兩耳光。但是我不能……」我說的有點洩氣。

「我不要一個人去住安養院！」

「我知道。可是如果你不搬到臺北跟我們住，我就無法阻止她們送你去安養院。」接著，我說：「你嫌臺北的房子小，是嗎？你若想在臺北住大一點的房子……」我狡猾的說：「有一個方法，我可以教你。」

岳父眼睛突然一亮，表現出很有興趣的樣子。於是，我附在他耳朵旁，詳詳細細的告訴岳父我的計畫，以及接下來他必須執行的作法。

七

「首先，你必須先挑起美玲的怒氣，先讓她罵你。」這個簡單，美玲早就看丈人不順眼了，即使當著鄰居公開辱罵丈人也是常有的事。

「然後……」我又告訴岳父，我告訴他一定要留下明確的傷痕當作證據。頭部或臉部的傷痕最容易被看見，但是又不能傷的太嚴重，萬一傷及性命就前功盡棄。於是，我比手畫腳的跟他說：「譬如在浴室裡，你用你的額頭撞牆壁，或者甘脆狠一點去撞馬桶。」我手腳併用，示範了如何用頭去撞牆的動作。

我突然想起他浴室的樣子，補充說：「我注意到了，你浴室裡的止滑板根本沒有固定住嘛，那是很容易滑倒的。」

接著，我再次示範用頭和臉去撞擊牆壁的姿勢，我說：「這樣的效果最好，你可以摔得很自然，頭和臉的傷痕很容易就被人看見。」

「會痛嗎？很痛嗎？」岳父像一名怕痛的孩子一樣發問。

這個問題卻頓時讓我愣住了。但我不想騙他，我誠實的跟岳父解釋：「會，會痛！你頭上或臉上可能會有一大塊明顯的瘀青，甚至會隆起一個大大的疱。」

「這樣喲……。」丈人有點畏縮。我知道，因為連我，光是用想的也覺得痛。

「可是就痛這麼一次，只要痛一次你就不必一個人去住安養院了。」我繼續描述我的計畫：「因為，只要你頭上有明顯的瘀青，我就可以告美玲和佳家她們不孝，甚至可以告他們虐待。但你一定記得要拍照，要把頭上的傷痕拍下來當證據。只要你受傷，我就可以幫你修改遺囑，撤銷你給佳家的贈與。你把你自己的錢拿回來，然後到臺北買一間大一點的房子，到臺北去跟佳惠一起住。」我雖然用了些簡單的法律用語，但是「你把自己的錢拿回來」這幾個字絕對夠直白，我相信岳父肯定聽得懂。

「那我就不必去住安養院了嗎？」岳父要的正是這個答案。

我點點頭，同時拍拍他的肩膀做為鼓勵。

岳父也點點頭，並且握緊拳頭像似下定決心。

然後，我們把計畫中每一階段的重點再複習了一遍：

第一、我們先回去激怒美玲，讓美玲發飆罵他。重點是，罵人的過程要讓我用手機拍攝下來，錄影存證。

第二、岳父要在浴室裡跌倒，頭部或臉上要留下瘀青。重點是，他摔倒的時候，美玲必須要在家，不管在樓下或是樓上都行；而我和佳惠必須都不在家，我們要有岳父受傷時的不在場證明。

第三、有了公然辱罵和受傷的證據，岳父先前預立的遺囑就可以作廢。重點是，他拿回他的錢，我就接他到臺北住大一點的房子，不會讓他一個人去住安養院。

翁婿倆完善了修改遺囑的計畫，岳父的眼神由黯淡頓時轉成奕奕生輝。

他像小伙子一般著急發問：「立刻行動嗎？」

我附和著說：「立刻就行動！」

我們兩人立刻跨坐上他的雙人座電動代步車。我在前座狂催電門，後座的岳父則張開雙臂展翅飛翔，像個頑皮的孩童正要迎向璀璨的未來。只不過，岳父的老人代步車就算電門催到極限，時速也不過八公里，根本跑不快。

半路上，我們遇到拿著花生米和水壺的佳惠，她正走向小公園要和我們會合。我沒有停車，她在後頭大喊追問：「你們要去哪兒？」

「回家……，我們先回家……。」嗯，我想我沒說完的句子應該是，「先回家，先讓老爸和美玲大吵一架。」

八

我們的代步車還沒到家，遠遠卻看見大門口有紅色的警示燈在閃爍。一輛救護車停在家門口，幾名愛管閒事的鄰居圍在車庫前面探頭探腦。

「怎麼了？怎麼了？」岳父緊張的要往屋裡擠，腳底下一個踉蹌差點兒跌倒，幸好被我一把扶住。

「有人受傷啦！」鄰居們議論紛紛，「好像是你們家的美玲受傷了。」

這時候，只看見虛弱的美玲在救護員的攙扶下跨出大門，她額頭上裹著厚厚的紗布還滲出殷紅的血。

「妳怎麼啦？是誰打妳啦？」岳父的關心卻讓一向多話的美玲講不出話，因為她已經痛得臉部扭曲，痛到閉上了嘴巴。

「她是在浴室裡跌倒的，額頭和下巴撞在馬桶上。」救護員說。

「啊！怎麼會這樣？」我心底一陣驚呼。按計畫，這不是應該發生在岳父身上的嗎，怎麼這情節會應驗在美玲身上？

「請讓開路，我們要送她去醫院檢查。」救護員邊喊邊動作，送走傷患。

九

從醫院回來後，美玲的額頭密密實實的縫了十多針。接下來的幾個禮拜，她從額頭到眉骨都是一片紅腫瘀青，像似被人甩了幾十個狠實的巴掌。看來，岳父原本想狠狠甩她巴掌的憤怒，已經由二樓浴室裡的馬桶代勞了。

「快，快把浴室的止滑板全部鋪滿！」岳父著急說：「錢，我出！」

我知道，不是岳父對美玲的氣消了，而是他看到美玲慘摔的模樣，讓他覺得好痛。怕痛的岳父自己掏腰包，花錢請人連夜施工，而且是把樓上樓下三間浴室的止滑板全給鋪滿鋪實，還牢牢固定住。

岳父看著全新鋪好的浴室，他完全不為錢心疼，反而感慨的說：「這世上最笨的事情就是：有一天，我人死了，我的錢還沒花完。」

美玲經過這麼一摔，她原本送岳父去安養院的計畫暫時中止了。

岳父可以繼續過著他自己想過的生活，即使依舊只是在房間裡看電視、剝花生、吃菜尾……。就算只是這樣，岳父他也覺得自在。

至於修改遺囑到台北買房的計畫咧？暫時取消！

也可能永遠取消，只要岳父覺得好。就好！

【後記】螢幕背後　一幕幕精采人生短篇

記者，曾是我重要的工作經歷；新聞，也曾是我主要的生活。

新聞工作多年，我把學生時代接受的文學戲劇訓練帶進了工作，以不同於一般新聞人的視角看見新聞背後不一樣的人生。職場三十年，駑鈍如我，即使年過半百依舊夢想著能寫出一些作品。我謹記浪漫青年時代學到的一句話：「沒有認真生活，就不會有好作品。」而我的生活記憶，大多停留在新聞工作。對新聞以及新聞環境的觀察和體會，就是我生活的重要成分。

不管網路酸民對當下記者職業如何標籤化甚至污名化，但我認識的媒體人當中還是有不少人滿懷工作熱情，只希望好好做事，好好生活。我不想計較成敗或毀譽，只想忠於自己、告訴自己，並且告訴世人，「憑藉熱情努力活著，藉著回顧與反芻過往工作的點滴，我要寫我知道的新聞背後，一幕幕人生的小品。」

文學創作從來都不簡單。雖然我曾經出版過「收視率萬歲」、「收視率葵花寶典」兩本媒體評論雜文，也曾為古董收藏家王度老師代筆過「論交亙古」文物散記上下兩集，但真正的文學作品卻僅有一九八七年獲得文建會舞臺戲本獎的《歸鄉》。所以這本短篇小說集，是我早該知曉天命卻又不肯認命的嘔心之作。

這本文學創作是我小說文體的處女作，我受到國內外許多作家的影響和啟發。藉由書籍閱讀，我向前輩們學習並索取靈感。這些我喜愛的作家包括易卜生、莫泊桑、契訶夫、歐亨利和艾加凱磊特。華文大師部分則包括莫言、張系國、侯文詠、吳念真、張嘉佳……。這些前輩作家，他們像希臘神話裡的普羅米修斯，從至高無上的天神宙斯手中為人類盜取火苗，給了人類光明和熱力。而我則從前輩作品裡找到智慧的火光，進而激發出一篇篇寫作的靈感。

媒體工作上，我曾經在採訪中切入新聞主角的人生重點，在編輯臺上，我也用自己的意志編輯了別人的人生。但我卻深刻了解，螢幕背後有更多溫情、悲情和令人動容的故事。攝影鏡頭背後的真實人生，往往比螢幕前的展演更精彩。這些真實刺激的場面，新聞鏡頭拍不到、編採會議編不出、螢幕裡更看不到。於是，知道它們的人不多，關心它們的人更少。但，新聞既是我的工作也是我的生活，我想就透過這本短篇小說集，把原本屬於新聞的故事用戲劇的元素還原它們，讓一般讀者在生活中也能品味也能體會：「原來……，在新聞之外，真實的生命故事更精彩。」

新聞工作讓我不自覺的路過新聞人物的世界，這些「路人」的故事也躍進我的生活。我想透過小說重新編寫他們的故事，把它們夾藏進年輪的縫隙。希望向前推展的時間巨輪能帶給讀者一點點力量，多一點去面對真實生活的力量。

螢幕背後的故事恁多，但是在這本小說輯裡，我個人的選擇沒有寫下駭人聽聞的歷史事件或者風口浪尖的驚爆內幕，也沒去扒糞政府官僚的因循散漫。我講述的多是工作中的殘影和感慨，以及路人朋友的經歷和新聞事件的另類視角。在下班回歸真實生活之後，我用一顆好奇心填補中年人工作之餘的殘影，用創作的熱情支撐無數個未眠的深夜，用一個又一個被遺忘的新聞故事編輯屬於我自己的人生。

對於有感觸的人來說，工作背後的故事永遠說不完。對於到了中年卻還愛遐想的我來說，螢幕背後的真實故事給了我更多另類省思。

真實生活的體會永遠嘗不盡。我只能告訴自己，「想寫就寫，能寫就寫。認真生活，好好活著最重要。至於其它……，沒有其它。」

若你有幸翻閱本書。此刻我只想告訴你，「看完它，繼續走你該走的路，編輯屬於你自己的人生。」

每時每刻你有你的全新世界，你有你的工作你的生活，你得自己用心過。#

社會科學類　PF0227　Viewpoint40

收視率背後的祕密

作　　者 / 劉旭峰
責任編輯 / 徐佑驊
圖文排版 / 林宛榆
封面設計 / 楊廣榕

發 行 人 / 宋政坤
法律顧問 / 毛國樑　律師
出版發行 / 秀威資訊科技股份有限公司
114台北市內湖區瑞光路76巷65號1樓
電話：+886-2-2796-3638　傳真：+886-2-2796-1377
http://www.showwe.com.tw
劃撥帳號 / 19563868　戶名：秀威資訊科技股份有限公司
讀者服務信箱：service@showwe.com.tw
展售門市 / 國家書店（松江門市）
104台北市中山區松江路209號1樓
電話：+886-2-2518-0207　傳真：+886-2-2518-0778
網路訂購 / 秀威網路書店：https://store.showwe.tw
國家網路書店：https://www.govbooks.com.tw

2019年3月　BOD一版
定價：470元

國家圖書館出版品預行編目

收視率背後的祕密 / 劉旭峰著. -- 一版. -- 臺
北市 : 秀威資訊科技, 2019.03
面；　公分. -- (社會科學類 ;
PF0227)(Viewpoint ; 40)
ISBN 978-986-326-667-9(平裝)

1.大眾傳播 2.通俗作品

541.83　　108002529

讀者回函卡

感謝您購買本書，為提升服務品質，請填妥以下資料，將讀者回函卡直接寄回或傳真本公司，收到您的寶貴意見後，我們會收藏記錄及檢討，謝謝！如您需要了解本公司最新出版書目、購書優惠或企劃活動，歡迎您上網查詢或下載相關資料：http:// www.showwe.com.tw

您購買的書名：________________________________

出生日期：________年________月________日

學歷：□高中（含）以下　□大專　□研究所（含）以上

職業：□製造業　□金融業　□資訊業　□軍警　□傳播業　□自由業

□服務業　□公務員　□教職　□學生　□家管　□其它____

購書地點：□網路書店　□實體書店　□書展　□郵購　□贈閱　□其他

您從何得知本書的消息？

□網路書店　□實體書店　□網路搜尋　□電子報　□書訊　□雜誌

□傳播媒體　□親友推薦　□網站推薦　□部落格　□其他________

您對本書的評價：（請填代號　1.非常滿意　2.滿意　3.尚可　4.再改進）

封面設計____　版面編排____　內容____　文／譯筆____　價格____

讀完書後您覺得：

□很有收穫　□有收穫　□收穫不多　□沒收穫

對我們的建議：________________________________

____

____

____

請貼
郵票

11466
台北市內湖區瑞光路 76 巷 65 號 1 樓
秀威資訊科技股份有限公司 收
BOD 數位出版事業部

(請沿線對折寄回，謝謝！)

姓　　名：________________　年齡：________　性別：□女　□男

郵遞區號：□□□□□

地　　址：____

聯絡電話：(日)________________　(夜)________________

E-mail：____